本书由广西社会主义学院资助出版

统一战线九讲

艾新强 著

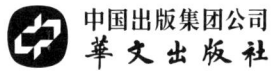
华文出版社

图书在版编目（CIP）数据

统一战线九讲 / 艾新强著. -- 北京：华文出版社，2020.12
ISBN 978-7-5075-5366-6

Ⅰ. ①统… Ⅱ. ①艾… Ⅲ. ①统一战线工作 - 研究 - 中国 Ⅳ. ①D613

中国版本图书馆 CIP 数据核字（2020）第 209099 号

统一战线九讲

著　　者：	艾新强
责任编辑：	刘超平　寇　宁
出版发行：	华文出版社
地　　址：	北京市西城区广外大街 305 号 8 区 2 号楼
邮政编码：	100055
网　　址：	http://www.hwcbs.com.cn
投稿信箱：	hwcbs@126.com
电　　话：	总编室 010-58336239　　责任编辑 010-58336222 发行部 010-58336267
经　　销：	新华书店
印　　刷：	三河市燕春印务有限公司
开　　本：	710mm×1000mm　1/16
印　　张：	15
字　　数：	230 千字
版　　次：	2020 年 12 月第 1 版
印　　次：	2020 年 12 月第 1 次印刷
标准书号：	ISBN 978-7-5075-5366-6
定　　价：	48.00 元

版权所有，侵权必究

序　言

　　前不久到广西壮族自治区讲学，见到艾新强教授，得知他最近写了《统一战线九讲》一书，并期望我为之作序。大凡请人作序，无非两种情况。一是作序者是名人大家，作序有提携之意。二是原作水平不高，作序有增色之美。但这两种情况对艾新强教授的这本书并不适用。首先，我不是什么名人，虽然先后在中共中央党校、中央社会主义学院执教四十余年，著述不少，但从事统战理论研究却是半路出家，并无力作见闻于世，在这一方面名气并不见得比艾新强教授大到哪里去。聊以自慰的是职务高一点儿，但也已是退休之人，起不到什么提携作用。其次，艾新强教授的这本新作并不存在水平不高的问题。恰恰相反，其水平之高出乎我的预料。作者对统一战线的一系列基本理论问题、对马克思主义经典著作中的统一战线思想、对中国共产党的统一战线理论与实践，进行了深入细致的研究，理论功底之扎实、历史知识之丰富、语言文字之生动，都是难能可贵的。说句实话，我是抱着学习的态度来阅读他的这本新作的，并不奢望为其增色。

　　话已至此，再写下去似无必要。但既然作序，总要说点什么吧！我想，不妨循着艾新强教授提及的大统战思路，谈谈我对习近平总书记关于统一战线是实现中华民族伟大复兴的重要法宝这一思想的一点理解。

　　"统一战线是党的事业取得胜利的重要法宝，必须长期坚持。"这是党的十九大报告关于统一战线地位、作用的一句概括性的话。党的事业既是一以贯之的，又是具有阶段性特点的，所以展开说，统一战线是夺取革命、建设、改革事业胜利的重要法宝。习近平总书记在中央统战工作会议上指出："在革命、建设、改革各个历史时期，我们党始终把统一战线和统战工作摆在全党工作的重要位置，努力团结一切可以团结的力量、调动一切可以调动的积极因素，为党和人民事业不断发展营造了十分有利的条件。"当前，我国仍处于改革开放时期，仍然要重视发挥统一战线的法宝作用。但是我们也要注意到，党的十九大报告做了一个重大的政治判断：中国特色社会主义进入新时代，这是我国发展新的历史方位。进入新时代，意味着近代以来久经磨难的中华民族迎来了从站起来、富起来到强起来的伟大飞跃，迎来了实现中华民族伟大复兴的光明前景。这个新时代是全体中华儿女勠力同心、奋力实现中华民族伟大复兴中国梦的时代。也就是说，这个新时代已经不同于我们所历经的革命、建设、改革的历史时期，其鲜明的标志就是要实现中华民族的伟大复兴。而实现新时代中国共产党的这一历史使命，需要统一战线提供广泛力量支持。因此，习近平总书记在庆祝中国人民政治协商会议成立65周年大会上的讲话中提出："统一战线是中国共产党夺取革命、建设、改革事业胜利的重要法宝，也是实现中华民族伟大复兴的重要法宝。"

"统一战线是实现中华民族伟大复兴的重要法宝"，这是习近平总书记关于加强和改进统一战线工作的重要思想的核心要义，对于新时代巩固和发展最广泛的爱国统一战线具有十分重要的指导意义，由此派生出一系列具有创新性的统战理论观点。概括起来说，一是把人心向背、力量对比看作决定党和人民事业成败的关键、最大的政治，把统一战线上升到实现国家治理体系和治理能力现代化的高度来认识，强调统战工作是我们党治国理政必须花大心思、下大气力解决好的重大战略问题；二是把协商民主作为实现党的领导的重要方式，强调通过发扬民主、广泛协商，可以使统一战线广大成员更加普遍地认同党的主张，更加自觉地团结在党的周围、跟党走；三是把正确处理一致性和多样性关系确立为统战工作方针，强调一方面要不断巩固共同思想政治基础，包括巩固已有共识、推动形成新的共识，另一方面要充分发扬民主，尊重差异，包容多样，找到最大公约数，画出最大同心圆；四是明确联谊交友是统战工作的重要内容，也是统战工作的重要方式，强调统一战线工作做得好不好，要看交到的朋友多不多、合格不合格、够不够铁，领导干部要带头广交、深交党外朋友；五是提出形成党委统一领导、统战部牵头协调、有关方面各负其责的大统战工作格局，强调统战工作是全党的工作，必须全党重视，大家共同来做，形成工作合力。

关于习近平总书记的这些重要思想，艾新强教授的这本新作多有论述，这里只是强调一下，以期引起读者重视。

是为序。

中央社会主义学院原副院长、教授张峰

2018 年 7 月 30 日

前　言

呈现在读者面前的这本书，是笔者在学院内外、自治区内外多次授课时使用的材料的基础上充实、加工而成的，是笔者多年学习马列主义统一战线理论、统一战线史的成果汇报。撰写此书的目的，一是通过讲解统一战线的若干基本问题，为统一战线学的学科建设提供更加宽广的视角和更加新颖的视点；二是"探赜索隐，钩深致远"，正本清源，厘清容易让人们产生误解的某些基本问题，为更加深入地贯彻落实党的十九大和中央统战工作会议精神奠定更加坚实的思想认识基础；三是尽可能深入浅出，用通俗易懂、生动活泼的语言，理论与实际、历史与现实相结合的写作手法，宽广深远的历史视野，努力使统一战线走出象牙之塔，为统一战线教育培训提供一本参考资料。鉴于本书的这些特点和目标，故名之曰《统一战线九讲》。

既然名之曰"讲"，自然有其缘起。2015年4月，笔者撰写了《统一战线若干问题之我见》一文，文中探讨了统一战线的起源、统一战线的功能、《共产党宣言》与统一战线的关系、如何理解"统战工作是全党的工作"等问题。文章主要是根据马列主义经典作家的论述、我国古代统一战线事例以及中央统战工作会议精神写成，里面有不少新的看法、新的见解。文章甫一完成，就作为"统一战线若干问题研究"专题课的教案在本人所在学院第十七期党外中青年干部培训班使用，教学效果很好；半个月后又在全区统战部长培训班、党外正处级干部培训班上用于教学，反映同样好。于是，笔者决心将其写成书，书名暂定为《统一战线九讲》。刚定下这件事，安徽社会主义学院和贵州社会主义学院先后函邀笔者前往讲学。笔者欣然接受邀请，将课程内容做些调整，就在安徽社会主义学院省市党外处级干部培训班和贵州社会主义学院党外干部文化专题班再次讲授，反映也很好。此后一段时间，笔者对这一问题可以说是"中心藏之，何日忘之"，因而积极地思考并查阅相关资料，写作此书的愿望随之越来越强烈,准备工作愈益充分,劲头也更足了。于是,笔者在同年10月底动笔,12月中旬写出初稿,后又数易其稿,最后形成目前的规模。

需要说明的是,全书以广义统一战线为统领,于必要处尽量兼顾狭义统一战线,并对大统战的含义以及相关概念做了简要辨析;每一讲都是笔者认为比较重要,需要统战实际工作者和理论工作者掌握的重要内容,因此在体例上并不强求一致和自成体系;书中参考了不少资料,既能继承前人的已有成果,又能尽量以己言道己意,持之有故,言之成理,因而颇多新意。笔者自认为已经尽了最大努力,并将继续做出努力,同时希望更多的同志共同努力,群策群力服务于统一战线学的构建和发展。《诗》曰:"高山仰止,景行行止。"虽然此路陡峭险峻,攀登绝非易事,心却仍应向往之。

笔者平庸浅陋,于工作之余成此拙作,若以抛砖之劳,得引玉之获,恰如童心于灿烂星汉之憧憬,自不待言。

艾新强

目　录
CONTENTS

第一部分
统一战线的若干基本理论问题

第一讲　统一战线的含义 ……………………………………………（2）
　　一、统一战线概念的提出 ………………………………………（2）
　　二、狭义统一战线的含义 ………………………………………（7）
　　三、广义统一战线的含义 ………………………………………（10）
　　四、研究广义统一战线含义的意义 ……………………………（15）
　　五、统一战线概念的广泛应用 …………………………………（19）

第二讲　统一战线的起源 ……………………………………………（22）
　　一、原始群的联合行动：统一战线的种子 ……………………（24）
　　二、氏族、部落的联合行动：统一战线的萌芽 ………………（25）
　　三、部落联盟：统一战线的雏形 ………………………………（30）
　　四、国家的问世：统一战线的诞生 ……………………………（34）
　　五、几点结论 ……………………………………………………（40）

第三讲　统一战线的本质和基本特征 ………………………………（44）
　　一、统一战线本质的研究现状 …………………………………（44）
　　二、统一战线的本质 ……………………………………………（46）

三、统一战线的基本特征 …………………………………………(55)

第四讲　统一战线的基本功能……………………………………(62)
　　一、统一战线功能的研究概况简评 ……………………………(62)
　　二、统一战线巩固自身团结的基本功能 ………………………(64)
　　三、统一战线争取中间势力的基本功能 ………………………(70)
　　四、统一战线分化敌对势力的基本功能 ………………………(76)

第二部分
经典著作中关于统一战线的基本理论原理

第五讲　《共产党宣言》：统一战线的纲领 ……………………(85)
　　一、《宣言》不仅是党的建设纲领，也是党的统一战线建设纲领……(86)
　　二、《宣言》统一战线思想中值得注意的两个问题………………(96)

**第六讲　《共产主义运动中的"左派"幼稚病》：统一战线的战略
　　　　策略** ……………………………………………………(106)
　　一、写作背景与目的 ……………………………………………(107)
　　二、对"左派"影响统一战线巩固和发展诸种错误观点的批判……(109)
　　三、巩固和发展统一战线的战略策略原则 ……………………(117)
　　四、理论意义和实践意义 ………………………………………(125)

第七讲　学习列宁关于统一战线的妥协策略思想 ………………(129)
　　一、列宁关于统一战线妥协策略思想的基本内容 ……………(130)
　　二、学习列宁关于统一战线妥协策略思想的体会 ……………(144)
　　三、列宁关于统一战线的妥协策略思想对社会人际关系的适用性………
　　　　………………………………………………………………(149)

第三部分
中国共产党的统一战线

第八讲　中国共产党领导的统一战线与我国历史上统一战线之比较 …… (153)
　　一、中国共产党领导的统一战线与我国历史上统一战线之同 …… (154)
　　二、中国共产党领导的统一战线与我国历史上统一战线之异 …… (163)

第九讲　全党要营造大统战工作格局 …………………………… (175)
　　一、大统战的含义及相关概念 ……………………………………… (175)
　　二、习近平新时代中国特色社会主义思想与大统战工作格局 …… (176)
　　三、全党树立大统战思想观念的必要性 …………………………… (182)
　　四、如何理解"统战工作是全党的工作"的论断 ………………… (186)
　　五、全党如何牢固树立大统战思想观念 …………………………… (197)

附录　巴黎公社的又一重要原则：建立尽可能广泛的统一战线 …… (199)
　　一、巴黎工人阶级的国际联合 ……………………………………… (201)
　　二、巴黎工人阶级自身的团结统一 ………………………………… (207)
　　三、巴黎工人阶级与农民的联盟 …………………………………… (213)
　　四、巴黎工人阶级同其他社会政治力量的联盟 …………………… (217)

参考文献资料 ………………………………………………………… (220)

后记　学与思的回眸 ………………………………………………… (223)

第一部分
统一战线的若干基本理论问题

第一讲
统一战线的含义

唐初名臣魏徵在《谏太宗十思疏》一文中说："求木之长者，必固其根本；欲流之远者，必浚其泉源。"统一战线的含义问题就是统一战线学的"根本"和"泉源"，是最基本的问题，它直接关系着统一战线学的研究对象、基本原理、原则、范畴、规律、思想、历史发展等，没有对它的科学界定，统一战线学就建立不起来。这个问题搞不清楚，对我们当前和今后的统一战线实际工作也会产生一定影响。因此，搞清楚统一战线的含义，既具有学术意义，也具有实践意义。这一讲，笔者就讲解统一战线的含义这一问题。

一、统一战线概念的提出

统一战线概念不是"国产货"，而是外来语，它的英文原文为"United Front"。这是个合成词，可翻译为联合战线或联合阵线，也可翻译为统一战线。在中国共产党的早期文献中，"United Front"被译为联合战线或联合阵线，一直到20世纪20年代后期，才逐步普遍译为统一战线。统一战线是一个政治概念，属于政治上层建筑的范畴，就它的内涵来说，是指政治联盟、政治联合。

无产阶级统一战线思想是马克思主义基本的政治思想之一。1847年6月，根据马克思、恩格斯的提议，主要由德国工人和手工业者组成的秘密团体正义者同盟改组为共产主义者同盟，由马克思拟定的"全世界无产者，联合起来"[①]

[①] 中共中央马克思、恩格斯、列宁、斯大林著作编译局：《马克思恩格斯选集》第1卷，人民出版社1995年版，第307页。

的新口号取代了原有的"人人皆兄弟"的口号。共产主义者同盟实际上是世界上第一个共产党。这个新口号实质上是一个统一战线口号。1848年2月,马克思、恩格斯为共产主义者同盟起草的纲领《共产党宣言》(以下简称《宣言》)正式发表,标志着马克思主义、科学社会主义的诞生。《宣言》不仅为战胜欧洲资产阶级建立的剿杀共产主义的"神圣同盟"而提出"联合的行动,至少是各文明国家的联合的行动,是无产阶级获得解放的首要条件之一"[①]这一光辉论断,从理论上强调了统一战线的重要性,解决了无产阶级自身的团结统一问题,而且为争取和团结广大同盟军提出了"共产党人到处都努力争取全世界民主政党之间的团结和协调"[②]的原则要求,还论述了共产党必须将原则的坚定性与策略的灵活性结合起来、将长远目标与近期目标结合起来,以及在联合中坚持独立性等统一战线的战略策略原则,从而为无产阶级统一战线学说奠定了坚实的理论基础。

但是,作为无产阶级统一战线思想主要创始人的马克思、恩格斯,直接使用"统一战线"概念的次数却极少。重庆社会主义学院罗振建、吴文华主编的《统一战线学研究》一书下了很大功夫,许多问题发前人所未发,颇富新意。据这本书统计,在《马克思恩格斯全集》第1—50卷中,共有6处使用"统一战线"这一概念。[③]其中,恩格斯使用一次,也是最早的一次。1840年9月,他在《知识界晨报》上发表了《唯理论和虔诚主义》一文,其中写道:"在同宗教的黑暗势力进行斗争的任何情况下,我们都应该结成统一战线。"[④]这是恩格斯第一次提出"统一战线"这一概念,并提出运用统一战线政治策略开展反对宗教神秘主义的现实斗争。此外,他在1892年3月8日致德国社会民主党领导人奥古斯特·倍倍尔的书信中也提及统一战线:"如果射击开始得过早,就是说,在那些老党还没有真正相互闹得不可开交以前就开始,那就会使他们彼此和解,并结成统一战线来反对我们。"

---

① 中共中央马克思、恩格斯、列宁、斯大林著作编译局:《马克思恩格斯选集》第1卷,人民出版社1995年版,第291页。
② 同上书,第307页。
③ 罗振建、吴文华:《统一战线学研究》,重庆出版社2005年版,第29页。
④ 中共中央马克思、恩格斯、列宁、斯大林著作编译局:《马克思恩格斯全集》第41卷,人民出版社1982年版,第133页。

马克思使用了两次"统一战线",第一次是1860年6月13日,马克思在《普鲁士新闻》一文中说,巴伐利亚国王马克西"建议摄政王在水上同力求与普鲁士修好的南德各邦举行一个会议,并且在这个大会上显示一下反法的统一战线"①。第二次是在他致路德维希·库格曼的信中。1869年,爱尔兰人民广泛开展争取赦免被英国政府囚禁的芬尼亚社社员的运动,当遭到英国政府拒绝后,遂在伦敦举行大规模的示威游行。这一民族解放运动震撼着英国,不但成为当时英国的重大政治事件,而且成为英国无产阶级和第一国际高度重视的重要问题。马克思和第一国际站在爱尔兰人民一边,揭露英国政府的殖民主义政策。马克思认为,在宗主国革命形势不成熟的条件下,殖民地被压迫民族的解放运动,可能成为打击殖民主义、促进无产阶级革命的决定性力量。所以,马克思呼吁英国无产阶级要坚决支持被压迫的爱尔兰人民的民族解放运动。马克思在1869年11月致路德维希·库格曼的信中指出,在这个问题上,如果英国的无产阶级还没有和统治阶级的政策一刀两断,其结果是英国人民还得受统治阶级的支配。"他们必然要和统治阶级结成反对爱尔兰的统一战线。"② 此外,马克思引用过一次他人所说的统一战线概念,即1860年5月28日,马克思在《加里波第在西西里。——普鲁士的状况》一文中引用普鲁士摄政王在议会开幕式上的话:"德国将用统一战线来对付任何侵犯共同的祖国的独立和完整的企图。"③

马克思、恩格斯二人共同引用过一次统一战线概念。在《马克思恩格斯全集》中,这是唯一一次提到无产阶级统一战线。1873年,马克思、恩格斯在《社会主义民主同盟和国际工人协会》一文中,引用了巴枯宁1872年4月5日给弗朗西斯科·莫拉的信。巴枯宁鼓吹无政府主义,主张依靠农民和流氓无产者自发暴动,在二十四小时内废除一切国家,建立个人"绝对自由"的无政府社会,反对任何纪律和权威,反对无产阶级革命和无产阶级专政,因进行派别活动,于1872年被开除出第一国际。他曾写信给弗朗西斯科,疯狂地攻击马

---

① 中共中央马克思、恩格斯、列宁、斯大林著作编译局:《马克思恩格斯全集》第15卷,人民出版社1963年版,第74—75页。

② 中共中央马克思、恩格斯、列宁、斯大林著作编译局:《马克思恩格斯选集》第4卷,人民出版社1995年版,第376页。

③ 中共中央马克思、恩格斯、列宁、斯大林著作编译局:《马克思恩格斯全集》第15卷,人民出版社1963年版,第66页。

第一讲
统一战线的含义

克思、恩格斯及其领导的第二国际，说："真令人痛心，在这个可怕的危机时期，正当要决定整个欧洲的无产阶级好几十年的命运的时候，正当无产阶级、人类和正义的一切朋友应当兄弟般地联合成为反对共同敌人——即组成为国家的特权者世界——的统一战线的时候，那些过去为国际出过很多力而现在被权威主义的恶欲推着走的人，不去到处建立那个唯一能够制造力量的自由联盟，却竟然堕落到造谣撒谎、制造分裂……"① 显而易见，第一次明确提出无产阶级统一战线的，不是无产阶级革命导师马克思、恩格斯，而是无政府主义的鼻祖巴枯宁。

列宁、斯大林和共产国际都曾使用"统一战线"概念。最早使用"统一战线"概念的是斯大林。十月革命前夕的1917年7月16日，斯大林在俄国社会民主工党（布尔什维克）彼得格勒组织紧急代表会议上的讲话中，指出孟什维克与社会革命党人已经同"护国派结成联盟"来反对革命，因此不能和他们联合，但是，这两个党中的有些人是愿意同反革命做斗争的，布尔什维克准备在革命"统一战线中同他们联合起来"②。这个"革命统一战线"显然是无产阶级及其政党领导的统一战线。

十月革命胜利之后的1919年、1922年，列宁曾多次使用统一战线的概念，揭露社会革命党、孟什维克结成反革命的联盟破坏社会主义革命的面目，但他比斯大林晚了两年。列宁最早使用了"工人阶级统一战线"的概念，将马克思、恩格斯提出的"全世界无产者，联合起来"的口号，发展为"全世界无产者和被压迫民族联合起来"的口号，亲自领导建立了共产国际，指导世界无产阶级革命和殖民地半殖民地国家的民主革命。1919年3月，列宁在共产国际成立大会上提出了争取群众到无产阶级方面来，达成工人阶级的统一和实现统一战线策略的任务③，这实际上就提出了建立世界范围的革命统一战线的口号、方针和政策。苏维埃政权建立之初，俄共曾与左派社会革命党联合执政，实行

---

① 中共中央马克思、恩格斯、列宁、斯大林著作编译局：《马克思恩格斯全集》第18卷，人民出版社1964年版，第514页。

② 中共中央马克思、恩格斯、列宁、斯大林著作编译局：《斯大林全集》第3卷，人民出版社1955年版，第114页。

③ 中共中央马克思、恩格斯、列宁、斯大林著作编译局：《列宁选集》第4卷，人民出版社1995年版，第536页。

多党合作制，但 1918 年夏左派社会革命党参加叛乱，企图推翻俄共的领导，俄共不得不加以镇压，形成了一党制。这是当时的历史政治条件造成的。列宁 1919 年 7 月 31 日在全俄教育工作者和社会主义文化工作者第一次代表大会上发表演说，还首次使用了"社会主义统一战线"概念。他说，当有人责备俄共是一党专政，而提议"建立社会主义统一战线时，我们就说：'是的，是一党专政！我们就是坚持一党专政，而且我们决不能离开这个基地'"①。他强调俄共（布）决不能与反苏的孟什维克和社会革命党建立什么"社会主义统一战线"。从此，无产阶级及其政党的统一战线概念开始广泛地在世界各地被使用，成为共产国际和各国共产党战略策略的重要内容。

在中国共产党内，最早使用"联合阵线"概念的是陈独秀。1922 年 5 月 23 日，陈独秀在广州参加第一次全国劳动大会后，撰写了《共产党在目前劳动运动中应取的态度》一文，并发表在《广东群报》上，指出共产党、无政府主义者、国民党及其他党派，在劳动运动中应围绕同一目的，"互相提携，结成一个联合战线"②。同一时期，党的其他领导人毛泽东、蔡和森、恽代英等也都相继在不同场合使用过联合战线或民主联合阵线的概念。1922 年 6 月 15 日，中共中央第一次发表对时局的主张，指出在未取得政权以前，根据中国的政治经济现状和历史进化过程，无产阶级在目前最重要的工作，就是应该联络民主派共同进行反对封建式军阀的革命，以达到军阀覆灭后能够建设民主政治的目的。中共中央鲜明地指出：我们党的方法，就是"邀请国民党等革命民主派及革命的社会主义各团体，开一个联席会议，在上列原则的基础上，共同建立一个民主主义的联合战线，向封建式的军阀继续战争"③。这是中国共产党在文件中首次使用联合战线概念。1923 年 6 月，中国共产党"三大"的主要任务是讨论通过全体党员加入国民党和建立以国共合作为基础的统一战线的策略方针。

中国共产党领导人中最早使用"统一战线"概念的是瞿秋白。早在大革命时期的 1925 年 8 月 18 日，瞿秋白在《向导周报》第 125 期上发表《"五卅"

---

① 中共中央马克思、恩格斯、列宁、斯大林著作编译局：《列宁全集》（第二版增订版）第 37 卷，人民出版社 2017 年版，第 128 页。
② 《陈独秀文章选编》中卷，生活·读书·新知三联书店 1984 年版，第 182 页。
③ 中国共产党第二、三次代表大会资料选：《"二大"和"三大"：中国共产党第二、三次代表大会资料选编》，中国社会科学出版社 1985 年版，第 47 页。

后反帝国主义联合战线的前途》一文,指出:"反帝国主义的民族统一战线已经成为事实。"所以"五卅"以后,反对帝国主义、废除不平等条约已经不只是宣传口号,"而成了群众斗争的实际目标了"①。由此开始,民族统一战线也成为党的领导人表述这一时期统一战线的主要用语。

从马列主义经典作家,到中国共产党领导人毛泽东、邓小平、江泽民、胡锦涛、习近平等,虽然都高度重视统一战线和统一战线工作,且根据形势发展,与时俱进地提出了既丰富又深刻的统一战线思想,但都没有给"统一战线"下过完整的经典性定义。而从上述统一战线概念的提出过程中,我们可以看出:历史上既有无产阶级及其政党的统一战线,也有其他阶级、政党等政治势力的统一战线。也就是说,统一战线有积极、进步与消极、反动之分。这些统一战线与我们今天通常说的统一战线相比,有着更加广泛的意义。

二、狭义统一战线的含义

从人类社会发展史来看,统一战线是人类懂得相当早、运用得相当多的一种联合战略和策略。有关研究表明,统一战线是一种客观存在的历史现象,有其自身发生、发展、消亡的过程和规律,我们应该把它作为一门科学来认识、研究。

最早提出统一战线是一门专门科学的是毛泽东。1945年5月31日,毛泽东在中国共产党的七大上明确提出:"统一战线是一门专门科学,我们党内有很多人还没有学会,很多人不善于同党外人士合作,我们要学会这一门科学。"② 1979年3月16日,李维汉在中央统战部召开的统战系统干部大会上,重申了"统一战线是一门科学"的提法,强调"我们要认真总结经验,摸到规律,有所发现,有所创造,有所前进"③。有人根据毛泽东的以上论述,认为:"毛泽东所说的统一战线及其科学,仍然是指无产阶级统一战线特别是中国共产党领导的统一战线及其科学,还不是自从阶级社会以来不同社会政治力量结

---

① 转引自中央统战部研究室:《统一战线100个由来》,华文出版社2010年版,第3页。
② 中共中央文献研究室:《毛泽东著作专题摘编》(上),中央文献出版社2003年版,第589页。
③ 中共中央统战部研究室、金陵之声广播电台编辑部:《统一战线工作手册》,南京大学出版社1986年版,第87页。

成的统一战线及其科学。"这话表面上看似乎是正确的,但是,如果结合毛泽东在另外一些场合所说的话来看,恐怕未必如此。下面,我们就看一看毛泽东眼中的统一战线究竟是个什么样子。

1925年,毛泽东在《中国社会各阶级的分析》一文中开宗明义地指出:"谁是我们的敌人?谁是我们的朋友?这个问题是革命的首要问题。中国过去一切革命斗争成效甚少,其基本原因就是因为不能团结真正的朋友,以攻击真正的敌人。革命党是群众的向导,在革命中未有革命党领错了路而革命不失败的。我们的革命要有不领错路和一定成功的把握,不可不注意团结我们的真正的朋友,以攻击我们的真正的敌人。"① 在这里,"中国过去一切革命斗争"的提法,显然是包括了刚开始不久的中国共产党领导的新民主主义革命里的具体斗争和此前其他一切政治势力领导的各种革命。

毛泽东在读司马迁《史记·陈涉世家》所写的批注中指出,陈胜、吴广有"二误":一误是成功忘本,脱离了本阶级的群众;二误是任用坏人,偏听偏信,脱离了共过患难的干部。其结果是众叛亲离。② 这里,毛泽东虽然没有明确使用"统一战线"这一概念,但他谈的显然是统一战线问题。

根据薄一波的回忆,毛泽东在中华人民共和国成立初期还说,清朝所以能统治中国二百六十余年,就因为统治者一开始就制定了一条统一战线政策,用汉人和其他民族的人,以少数团结了多数。③ 毛泽东为什么这么说呢?清朝入关时,汉族和其他少数民族人口已达八千余万,满族人口只有三百余万,满族人以绝对少数统治绝对多数,以一个落后的民族统治一个文化深厚的古老帝国,面临着随时被消化掉的危险。为了解决这一问题,清统治者采纳了洪承畴、范文程、宁完我等人的建议,实行三大政策:一是改封已投降的蒙古可汗为藩王或公爵,并将皇室大批公主嫁给蒙古王公,结成姻亲关系,以稳定蒙古地区;二是尊重藏区信奉的喇嘛教,建黄寺,迎接达赖进京,敕封班禅尊号,以稳定藏区;三是统治集团"习汉文,晓汉语",了解汉人礼俗,倡导儒家学说,同时继续推行科举取士,开设博学鸿词科,给汉族士人打开晋升之路,稳

---

① 中共中央文献研究室:《毛泽东著作选读》上册,人民出版社1986年版,第4页。
② 张贻玖:《毛泽东读史》,中国友谊出版公司1992年版,第43页。
③ 薄一波:《七十年奋斗与思考》上卷,中共党史出版社1996年版,第519页。

第一讲 统一战线的含义

定中原乃至整个汉文化区域。从清朝近三百年统治的历史来看，通过这三项重大举措来巩固和发展统一战线是成功的，因此，毛泽东才有了如上说法。

由上可见，毛泽东提出统一战线是一门专门科学时，其中包括了自阶级社会问世以来各种社会政治力量结成的统一战线及其科学，并且希望中国共产党从以往关于统一战线的经验教训中汲取智慧，不要再犯破坏统一战线的错误，以便将革命引向胜利。这就使我们有了研究统一战线学的任务。要研究这门科学，就需要我们回顾和总结前人在统一战线方面已有的成就和经验，以便在此基础上有所发展、有所创新。

一般来说，学术界基本上都主张统一战线的含义有广义和狭义之分。根据马克思主义经典作家的论述，以及在马克思主义指导下的统一战线实践，狭义统一战线专指无产阶级及其政党领导和组织的统一战线，即指无产阶级及其政党为了完成本阶级的历史使命，实现各个时期特定的战略目标和任务，团结本阶级各个阶层、派别，并同其他阶级、阶层、集团、政党和一切可以联合的力量，在一定的共同利益基础上，结成广泛的政治联盟，或进行联合行动。简而言之，无产阶级统一战线就是无产阶级在巩固自身团结基础上与其他一切社会政治力量的联盟或合作。它的根本问题是无产阶级解放运动中的自身团结统一和争取同盟军的问题。它的基本特征有四个。第一个特征是：无产阶级及其政党是统一战线的领导者和组织者。第二个特征是：无产阶级统一战线以马克思主义理论为指导。第三个特征是：无产阶级统一战线具有广泛的群众基础。第四个特征是：无产阶级统一战线的目的和任务贯穿于革命、建设、改革的全过程。中国共产党作为中国无产阶级、中国人民和中华民族的先锋队，领导和组织的统一战线经历了民主联合战线、工农民主统一战线、抗日民族统一战线、人民民主统一战线四个阶段。从党的十一届三中全会胜利召开开始，中国共产党领导和组织的统一战线进入第五个阶段，即爱国统一战线的新阶段、新时代。我国现行报刊上使用的统一战线概念一般特指我国新阶段、新时代的爱国统一战线。而我国现在的统一战线，就是在中国共产党的领导下，在长期的革命斗争中建立和发展起来的以工农联盟为基础的，包括全体社会主义劳动者、社会主义事业建设者、拥护社会主义爱国者、拥护祖国统一和致力于中华民族伟大复兴爱国者的统一战线。

这里需要特别说明的是"文化大革命"时期的"革命统一战线"的提法。"文化大革命"开始后，统一战线这方面甚至不能开展正常的活动和工作，原有的"人民民主统一战线"被更名为"革命统一战线",这个所谓的"革命统一战线",实际上是革了统一战线的命。"文革"期间,林彪、江青两个反革命集团肆意践踏党的统一战线理论和政策,全面否定1949年以来的统一战线工作,疯狂地迫害和打击民主党派和各方面党外人士,各民主党派、工商联和人民政协也先后被迫停止活动。宗教信仰自由政策遭到破坏,他们强行禁止信教群众的正常宗教生活,把宗教界爱国人士甚至一般信教群众当作"专政对象"。统战部门也被戴上"投降主义""修正主义"的帽子,被诬蔑为"牛鬼蛇神的庇护所""资本主义的复辟部",统战系统的干部被称为"资产阶级的孝子贤孙"等,被夺了权,甚至停止了活动。那时候可以说"风雨如晦,鸡鸣不已",群魔乱舞,混乱无序,整个统一战线遭到严重破坏。

三、广义统一战线的含义

学术界普遍认为,统一战线有广义和狭义之分。既然如此,要研究统一战线学,就不得不将它分为广义统一战线学和狭义统一战线学。狭义统一战线学就是研究马克思主义统一战线思想指导下的统一战线相关问题的科学。而广义统一战线学则是研究包括马克思主义统一战线学在内的全部统一战线问题的科学。狭义统一战线和广义统一战线二者是相比较而存在,彼此吸收、相互促进的关系,研究得好,都是对统一战线学的发展做贡献。

广义统一战线这门科学,包括我国古代的和国外的统一战线谋略。研究广义统一战线时,首先遇到的问题就是:什么是广义的统一战线?对于广义统一战线的含义和范围,1949年以来,党政官员乃至统一战线实践领域和理论界的看法出奇地一致。如有人认为,广义统一战线"是不同阶级、阶层、集团、党派直至民族、国家等社会政治力量,在一定历史条件下,为了共同的利益和要求(目标)而组成的政治联盟和进行的联合行动"。有的认为:"广义的统一战线是指在阶级社会里,不同的阶级、阶层、政党、集团乃至民族、国家之间,从自身的根本利益出发,为实现某一共同目标而采取的联合行动或结成的政治联盟。"还有的说:"统一战线就广义而言,是指不同的政治力量(包括阶级、阶层、政党、集团乃至民族、国家等)在一定的历史条件下,为了实现一定的共同目标,在某些共同利益的基础上结成的政治联盟。"笔者遍查能找到

第一讲
统一战线的含义

的所有谈到广义统一战线含义的论著，惊异地发现大家的基本看法大同小异，无一例外地认为，广义的统一战线只存在于不同政治力量（阶级、阶层、政党、集团乃至民族、国家）之间，而对于同一政治力量内部有无统一战线问题则无一人提及，显然是认为其中不存在统一战线问题。笔者不赞同这种看法，有如下四个理由。

第一，社会分为不同的阶级、阶层和不同的政治集团，这是统一战线的社会基础。政治斗争是阶级斗争的集中表现，在政治斗争中，存在分清敌、我、友的问题，需要解决反对谁、依靠谁、争取谁、联合谁的问题。一个阶级、一个集团要实现自己的政治目的，需要有更多的支持者，既需要本阶级、本集团的支持和拥护，也需要借助别的阶级、别的集团的力量，并使反对势力最大限度地被孤立起来。这一点，对无产阶级是如此，对历史上的其他阶级和社会政治力量也是如此，不应该存在什么例外。因此，可以说，广义统一战线除了存在于各种政治力量之间，也应该存在于同一政治力量内部。

第二，无产阶级需要加强内部团结统一，其他阶级同样需要加强内部团结统一。无产阶级要取得革命胜利，首先要实现无产阶级自身的团结统一。为什么这么说呢？工人阶级是最先进、最革命的阶级，但工人阶级本身也不是铁板一块，它内部的情况也是很复杂的，有很多区别，有政治派别的区别，有地域的区别，有职业的区别，还有宗教信仰的区别，等等。所以，工人阶级内部的团结统一问题是个很大的问题，需要把许多不同的派别、集团联合起来。这里就有个统一战线问题。马克思、恩格斯早就以深邃的目光看到这个问题，所以在《共产党宣言》中突出地强调了无产阶级只有以革命团结代替他们由于竞争而造成的分散状态，组织成为政党，才能更强大、更坚固、更有力，顺利完成自己的历史使命；强调"共产党人到处都努力争取全世界民主政党之间的团结和协调"[①]，要同"其他工人政党"联合。因为共产党人不是同其他工人政党相对立的特殊政党，"共产党人的最近目的是和其他一切无产阶级政党的最近目的一样的：使无产阶级形成为阶级，推翻资产阶级的统治，由无产阶级夺取

---

① 中共中央马克思、恩格斯、列宁、斯大林著作编译局：《马克思恩格斯选集》第1卷，人民出版社1995年版，第307页。

政权"①。最后号召："全世界无产者，联合起来！"只有实现了自身的团结和统一，才能为组织同盟军奠定坚实的基础。无产阶级这种政治力量要实现自己的政治目的，首先需要搞好自身的团结。同样，历史上其他的政治力量也需要搞好自身的团结。因为他们内部也不是铁板一块，也存在这样或那样的政治派别和不同的地域、职业、宗教信仰、思想群体，这些群体也会有不同的利益和诉求，其中自然也就存在统一战线问题。

第三，历史事实表明，某些政治力量内部也有统一战线问题。例如，商朝的人十分重视对祖先的祭祀，商王武丁祭祀祖先时，酿成了"肜日"事件。祭祀的第二天，武丁采纳了祖己的建议，对这件事做了妥善处理，正德修政，使天下咸欢，从而"殷道复兴"。晋献公去世前，留下遗言，让大臣荀息拥立幼子奚齐继位为君，荀息应允。但是，群臣中里克、丕郑父等人不愿意拥立奚齐为君，希望迎立逃亡在外的公子重耳回国继承君位。由于作为上卿的荀息没有处理好与里克等人的关系，不仅导致奚齐和他的异母弟弟卓子先后被杀，而且使晋国陷入政局动荡。逃亡梁国的公子夷吾为了回国为君，不仅卑辞厚礼贿赂秦穆公及其使者，许诺把河西之地割给秦国，作为答谢；而且还许诺赏给里克大片土地。然而，他回国为君后，却食言而肥，还重用亲信，将先朝旧臣一概疏远，甚至恩将仇报，将里克等几位大臣诛杀，导致"群臣多有不服者"②。由于国内人心不一，离心离德，晋惠公在晋国与秦国的韩原之战中战败被俘。这是晋惠公没有正确处理大臣内部不同派系利益关系的结果。而晋文公重耳回国即位后，汲取了惠公的教训，妥善地处理了大臣中的派系矛盾，稳定了国内政局；普遍封赏曾跟他一起逃亡在外的功臣，使他们"无不感悦"；还赦免、任用了连续两次追杀自己的仇人，安抚先朝旧人；等等。这些举措不仅保证了晋文公成功地平定吕省、郤芮之乱，稳定了国内政局，也为他争霸中原奠定了国内的人心基础。

子产执政时期，郑国国内公族势力强大、矛盾尖锐。如望族伯石名利心较重，为了稳定国内政治局势，子产就用城邑贿赂伯石，来争取伯石归心；大臣伯有死了，子产立公孙泄和伯有之子良止为大夫来安抚人心；大臣丰卷被驱逐

---

① 中共中央马克思、恩格斯、列宁、斯大林著作编译局：《马克思恩格斯选集》第1卷，人民出版社1995年版，第285页。

② 冯梦龙：《东周列国志》，上海古籍出版社2012年版，第180页。

第一讲
统一战线的含义

逃到晋国，子产请求国君不要没收丰卷的田宅，等丰卷回国返还给他。子产的妥协"安大"政策，使郑国显贵得到保护，不仅维护了郑国政局的稳定，也使子产在朝中的威望得到进一步提高。蔺相如在赵国危难之时出使秦国，不辱使命，"完璧归赵"；后又陪赵王出席渑池之会，使赵王免受秦王之辱，功盖赵国，"群臣莫及"，深得赵王信任，被拜为上卿，位在廉颇之上。为赵国屡立战功的大将廉颇对此十分恼怒，不甘处相如之下，还散布说："今见相如，必辱杀之！"相如听到这话后，每到朝会的时候，就经常称病不去，以免与廉颇相会，还对门客说："以秦王之威，天下莫敢抗，而相如廷叱之，辱其群臣。相如虽驽，独畏廉将军哉？"他所考虑的是，如果"两虎共斗，势不俱生，秦人闻之，必乘间而侵赵……国计为重，而私仇为轻也"①。廉颇听说这话后，深感惭愧，遂肉袒负荆到蔺相如府上谢罪，最后两人相持而泣，由此结为刎颈之交，共同为赵国建功立业，使强秦不敢加兵于赵。有人有感于此，遂赋诗加以歌颂，曰："自古齐心可填海，蔺公逸举汗青长。"有一出戏叫《将相和》，就是反映这一历史事实，并加以虚构充实的剧目，很有教育意义。这样正反两方面的事例都很多，可说是不胜枚举。这说明，一国之内，甚至一国之内同一阶级、同一阶层内部也存在着不同的利益群体，不能妥善地处理这些群体之间的关系，也会破坏统一战线。这已经是一个无须争论的事实。

第四，从理论上看，一种政治力量的内部也是存在不同派别和利益群体的。《左传·僖公二十四年》引用《诗经》的话"兄弟阋于墙，外御其侮"，意思是：兄弟在屋里打架，但要共同对付外来侵侮。这里虽有比喻之意，但也表明了人际关系方面存在统一战线的问题。这句古训在抗日战争时期经常被有爱国心、主张共同抗日的人所引用，说明这句话中的"兄弟"已经不仅仅指狭义的兄弟，而是广义的兄弟党、兄弟集团之意了。毛泽东曾说："我们这个党不是党外无党，我看是党外有党，党内也有派，从来都是如此，这是正常现象。"② 虽然那个时期的毛泽东说这话，意在先承认山头、照顾山头，再缩小山头、削平山头，但却指明了政党、国家、民族等内部不同派别和各种各样利益群体的客观存在。

---

① 冯梦龙：《东周列国志》，上海古籍出版社2012年版，第690—691页。
② 中共中央党校理论教研室：《历史的丰碑：中华人民共和国国史全鉴·政治卷2》，中央文献出版社2005年版，第760页。

既然一种政治力量内部存在着不同派别、存在着不同的利益群体，自然就存在统一战线问题。另外，延安时期，毛泽东说过，所谓政治，说到底就是把我们的人搞得多多的，把敌人的人搞得少少的。这里的"政治"在很大程度上指的就是统一战线，因为政治的核心问题是政权问题，政权的核心问题是人心向背问题。可以说，这简短的两句话鲜明地揭示了广义统一战线的实质和精髓。这里"多多的"人，理所当然地不仅包括属于不同政治力量的人，也包括每种政治力量内部的人。用一句话来概括就是：某些政治力量内部也存在反对谁、依靠谁、争取谁、联合谁的问题，即存在统一战线的问题。

2013年，笔者出了一本书，叫作《读〈史记〉学统战》。在这本书的"前言"中，笔者已经提出了广义统一战线的定义，当时是这样说的："在阶级社会里，不同的阶级、阶层、政党、集团乃至民族、国家之间及其内部，从自身的根本利益出发，为实现某一共同目标而采取的联合行动或结成的政治联盟。"[①] 这本书出版后，笔者感到这一定义表述上不完整，有可能引起歧义。现在，综合前面的论述，对广义统一战线的定义似乎可以做这样的修正：在阶级社会里，不同的政治力量（阶级、阶层、政党、集团乃至民族、国家）之间，以及这些政治力量各自内部不同派系、利益群体之间，从自身的根本利益出发，为实现某一共同目标而采取的联合行动或结成的政治联盟。简单地说，统一战线就是不同政治力量之间和某些相同政治力量内部不同利益群体之间的联合。这些联合起来的不同政治力量和群体就构成了统一战线的主体。马克思、恩格斯所使用的统一战线概念实际上就是指广义的统一战线。尽管他们很少使用统一战线概念，但却大量使用了"联盟""同盟""盟友""联合""合作""同一""协议"等与统一战线相同或近似的概念。在我国古代也没有统一战线概念，但《左传》《孙子兵法》《战国策》《韩非子》《史记》《三国志》等古籍中，频繁地使用"交""盟""合交""寻盟""结好""求成""合纵""连横"等词语，这些词语都属于广义统一战线的范畴。世界近现代政治生活中还有"加盟""盟国""盟军""伙伴关系"等词语，也应该属于广义统一战线的范围。

那么，为什么会出现人们一致认为广义统一战线的范围不包括政治力量内部这种情况呢？笔者认为大概有以下几个方面的原因。

---

① 艾新强：《读〈史记〉学统战》，华文出版社2013年版，第1页。

一是对于广义统一战线,特别是我国古代和国外的政治力量内部的统一战线,由于时间和空间上距离较远,人们大多为知识面所限,知之不多,理解不深,又疏于探讨,而存在于我国当代的政治力量内部的诸多统一战线问题,如民族(不是指中华民族,而是指国内各少数民族)内部的统一战线问题,如社会主义建设者内部的工农联盟等,范围太广,了解起来工作量太大,难于把握,又不属于统一战线系统的工作范围,人们不愿意对这些做认真的思考和深入的探讨,因而才把广义统一战线与狭义统一战线拿来做简单的类比,认为广义统一战线不应该存在于同一政治力量内部。

二是统一战线学学科建设发展缓慢。虽然毛泽东、李维汉早就提出,统一战线是一门科学,但统一战线理论界不少人认为统一战线仅仅是科学社会主义的重要组成部分,在科学社会主义诞生、世界社会主义运动发端以后才有了统一战线。其实,这种统一战线只是狭义统一战线。在一些人看来,只有狭义统一战线才是统战学研究的对象,而广义统一战线则不属于统战学研究的范畴。有的人甚至认为,我国古代根本没有统一战线。基于这种认识,人们只将眼光放在狭义统一战线上,而很少甚至根本不理睬广义统一战线。即便是这种狭义的统一战线学,学科发展也十分缓慢,虽然人们长期呼吁,但统一战线学科至今也没能真正确立下来,更不要说更多地关注广义的统一战线了,搞不清楚其中最基本的定义问题自然也就在情理之中,不难理解了。

三是一些人厚今薄古,甚至否定历史的继承性和相似性,认为广义统一战线与我们的实际工作距离较远,研究它对我们今天的统一战线工作既无学术价值,又无实际意义。如有人认为,当下的统一战线工作中还有很多问题没搞清楚,能把这些问题搞清楚就不错了,哪有时间和精力去搞那些古代甚至国外的统一战线;再如,有人抱着历史虚无主义态度,认为搞那些天高地远的东西没什么用处,不研究广义的统一战线,照样能把今天的统一战线工作做好;等等。基于这种认识,人们普遍形成了忽视广义统一战线的观念。

四、研究广义统一战线含义的意义

实际上,进一步深入研究广义统一战线,特别是将某些政治力量内部的重要关系纳入统一战线学的研究范围之中,具有重要的理论、学术意义,也具有重要的实践价值。

一是从学科建设来说。统一战线学是关于统一战线普遍规律的科学。既然统一战线是一门科学，那就应该将它作为科学来研究。任何一门学科都有自己的基本问题，都有其含义、范围、对象、结构、原理、范畴、规律等。可以说，下定义是建立学科的第一步，定义是整个学科大厦的基石。基本定义搞不清楚或确定不了，学科的研究就难以开展下去，即使能够开展下去，也是步履维艰，困难重重。习仲勋同志说过，统一战线理论"是一座大可攀登的科学高峰"[①]。要攀登这座高峰，就需要厘清广义统一战线的含义，特别是将某些政治力量内部的重要关系纳入统一战线学的范围之中，这对统一战线学的学科建设具有奠基意义，它的学术意义、理论意义不容忽视、不言而喻。

二是从历史经验的重要性来看。认真总结统一战线历史经验，对做好统一战线工作非常重要。邓小平指出："总结历史是为了开辟未来。"[②] 重视总结经验，善于运用经验指导和推动社会发展，是中国共产党长期坚持、行之有效的工作方法。中国共产党是一个善于总结、汲取历史经验的马克思主义政党，也是一个珍视历史经验并在实践中不断丰富历史经验的政党。每一次对重要历史经验的科学总结，都开辟了革命、建设和改革的新局面，推动了革命、建设和改革的高速发展。现在，我们拓宽视野，从广义统一战线的视角，重视总结古今中外历史上其他阶级、阶层、集团、政党等政治势力在建立、巩固和发展统一战线上正反两方面的历史经验，善于运用这些经验指导和推动统一战线未来的发展，这也是从事统战工作的一个重要工作方法。古今中外历史上，凡有政治建树的历史人物都重视运用统一战线来为自己的政治利益和目标服务，也留下一些可资借鉴的历史经验。数千年的历史多次向我们昭示：得道多助，失道寡助。凡执政者善于运用正确的统战谋略，则国泰民安、经济发展、社会稳定和谐；反之，则民怨沸腾，国祚短促。凡进步势力运用正确的统战谋略，就会众擎易举，"虽弱必强"；反之，则天下皆怨，虽大必弱。尊重历史、珍视历史是中国共产党的优良传统。作为统战工作者，如果不研究古今中外的统一战线历史经验，不了解广义统一战线，就

---

① 转引自中央社会主义学院理论学习中心组：《画出最大的同心圆——习近平总书记在中央统战工作会议上重要讲话精神学习讲座》，中共中央党校出版社2015年版，第196页。

② 《邓小平文选》第3卷，人民出版社1993年版，第271页。

不能认识和把握统一战线的发展规律,也就不能更好地推进统一战线工作。

三是从统一战线在全党工作中的重要性来看。统战工作涉及方方面面,范围大,任务重,而统战部门所做的统战工作只是其中的一小部分。习近平同志强调,统战工作是全党的工作,它不光是统战部门的事。① 因此,深入研究广义统一战线,特别是把某些政治力量内部的重要关系纳入统一战线学的范围,有利于中国共产党更好地树立统一战线工作是全党工作的理念,对内能够胸怀更加宽广地容纳、协调各方,进一步增强包容性,更加重视统战工作的社会性,使党和政府有关部门更加重视做好我国各个阶层、各个群体、各个民族的统战工作,处理好他们的利益关系,照顾他们的利益诉求和政治愿望,并将他们的意见表达纳入民主和法治的轨道,从而进一步巩固党的阶级基础和群众基础;对外以邻为伴、与邻为善,加强中国人民同世界各国人民大团结,为国内各项建设赢得更加广泛的力量支持与和平的外部环境。

四是从统一战线部门的工作来看。中国共产党统战系统所从事的统战工作范围较窄。深入研究广义统一战线,将某些政治力量内部重要关系纳入统一战线范围,有利于统战部门汲取经验,增长智慧,"他山之石,可以攻玉",做好狭义统战工作;有利于统战部门进一步加强对统战对象和范围的研究,更加实事求是、与时俱进地做出适当调整,深入把握统战对象的诉求、意见和建议,协调关系、化解矛盾、凝聚力量;有利于统战部门与党委、政府有关部门,以及人民团体进一步搞好协调和沟通,在做好党外代表人士工作的同时,也做好其他人的工作,做好中国各民族、各阶层、各利益群体的工作,不断巩固和壮大爱国统一战线,形成"智者尽其谋,勇者竭其力,仁者播其惠,信者效其忠"② 的大好局面,从而使党的执政基础更加广泛、更加坚实、更加牢固。

五是从敌对势力对中国共产党和我国的丑化、攻击来看。统一战线广泛存在,古今中外概莫能外。世界历史上各种政治、军事联盟层出不穷,如公元前60年,罗马共和国出现了庞培、克拉苏和恺撒这三位风云人物。他们达成相互支持的秘密协议,通过各种手段左右老兵、无产者、在职官员,共同控制罗马政权,

---

① 《巩固发展最广泛的爱国统一战线 为实现中国梦提供广泛力量支持》,载《人民日报》2015年5月21日第1版。

② 《谏太宗十思疏》。

史称"前三头同盟"。之后克拉苏战死，庞培被刺杀，"前三头同盟"政治以恺撒建立独裁统治而告终。公元前44年，恺撒被刺身亡，罗马内战再起。公元前43年，恺撒派的安东尼、雷必达、屋大维公开结成了新的三人同盟，史称"后三头同盟"，铲除政敌，在公元前42年击溃了共和派军队，在公元前40年划分各自势力范围。当屋大维地位巩固后，就剥夺了雷必达的军权，打败了安东尼，成为罗马唯一的独裁者，共和国就此告终，罗马历史进入帝国时期。这是古代的事例。还有近现代的例子，如19世纪初欧洲的反动国际联合组织"反法同盟""神圣同盟"，"一战"时的"协约国""同盟国"，等等。就是当代，各种联盟活动也随处可见，如北大西洋公约组织、联合国、不结盟运动、欧洲联盟等；有些国家名称中也有联合、合众字样，如美利坚合众国、大不列颠及北爱尔兰联合王国等；有的政党也以"联盟""同盟"等作为自己的名称，如南斯拉夫共产主义者联盟、非洲社会民主政党联盟、中国民主同盟等。可见，联合、联盟、结盟、合作、协作等，都是国际上通用的词语。也就是说，统一战线具有普遍性。

统一战线并不是无产阶级及其政党——共产党的专利。无产阶级、共产党搞统一战线，敌对势力也搞统一战线。共产党自问世时起，就不断遭到敌对势力的联合围攻。1917年十月革命胜利后，14个帝国主义国家组成联军共同进攻苏俄，妄图将这个新生的红色政权扼杀在摇篮之中。随着东欧剧变、苏联解体，两极格局终结，西方敌对势力仍然抱着冷战思维不放，并力图在社会主义改革中影响社会主义国家的第四代、第五代人民，妄图达到"和平演变"的目的。究其实质，就是向社会主义国家渗透，构筑反共统一战线，颠覆共产党的领导和社会主义制度。道理很简单，当一个国家或几个国家里的工人阶级走向社会主义，尤其是走向共产主义时，其他国家的资本家不可能对这种情况毫不在乎，袖手旁观。

资产阶级虽然搞统一战线，但他们并不直接称之为统一战线，而共产党却直接称之为统一战线，因而有不少人误认为统一战线只有无产阶级、共产党、社会主义国家在做，其他阶级、其他组织、其他国家不搞。这就给一些别有用心的敌对势力以口实，诬蔑共产党搞"政治阴谋"，借此居心叵测地恶毒丑化、攻击共产党。如果我们认真研究广义统一战线，正本清源，恢复统一战线的本来面目，使人们懂得古今中外的任何政治力量都需要和其他可能联合的政治力量进行联合，结成各种形式的同盟，这是不以人的意志为转移的，是社会历史发展的客观规律，无产阶级及其政党开展统一战线活动乃理所当然，否则自己就难有立足之地,更不可能取得革命、建设和改革的胜利,那么敌对势力对社会主义的丑化和攻击就会失去依据,不攻自破。

五、统一战线概念的广泛应用

笔者2016年在《云南社会主义学院学报》第2期发表了《统一战线若干问题之我见》一文。在这篇文章中,笔者把统一战线划分为三种类型。一是国家层面的统一战线,就是我们平时所讲的那种政治性统一战线。建立和巩固这种统一战线的主体是国家或执政党,具体操作者是国家或执政党有关机关及其公职人员,包括参政的社会团体和政党。构建统一战线的目的随着历史的发展而变化,不能一概而论。大体说来,是为了夺取政权,或者维护国家政局稳定、长治久安,促进国家各项建设的顺利、快速发展,同时也是为了巩固和扩大国家或执政党的群众基础、阶级基础。二是社会层面的统一战线,主要是指非国家所有的企业、社会组织、学术团体、同乡会、校友会等建立的统一战线。这些团体的统一战线建立得如何,对自身的生存和发展至关重要。三是个人层面的统一战线,主要是指个人为了某种目的建立和发展的统一战线。这种统一战线,平常我们称之为人际关系。①

国家层面的统一战线就是政治性统一战线,用统一战线这个概念来表述它自然不成问题。但其实,统一战线的概念还可以更广泛地使用。一是政治统一战线一经产生,就会对社会生活产生广泛的影响,并需要通过经济、文化、社会生活领域的合作来实现。这样一来,统一战线工作不只存在于政治领域,它还深入经济、文化、社会生活领域,深入企业、单位、社区、村镇等社群的基层社会生活之中。我们可以将统一战线概念类比到政治生活领域之外,将经济组织、文化组织、社会组织之间的合作、联合等也说成是统一战线,比如各种行业协会、横向经济联合体,或是资源的共同开发利用、科学技术上的联合攻关等。二是政治统一战线对社会生活产生影响的同时,自然会对社会的组成分子——个人产生影响。个人为达到某种目的,也会将统一战线联合、合作的原则运用到实现个人目的之中。周谷城先生在《要注意研究统一战线的历史》一文中,将这种每个人为

---

① 参见艾新强:《统一战线若干问题之我见》,《云南社会主义学院学报》2016年第2期。

人处世的方法和策略称为个人统战术。① 从这个角度说，由于人的本质属性是社会性，因此人只有加入社会，与他人、与社会结成统一战线，才能生存和发展。显然，这种统一战线与我们所说的政治性统一战线已有本质区别，绝不能混同视之，甚至等量齐观。由于社会层面的统一战线与个人层面的统一战线讲的都是社会关系，都属于社会学研究的基本内容，因而我们不妨称之为社会性的统一战线。

建立这种社会性统一战线的目的各异，有的是正面的、积极的，有的是中性的，有的却是消极的，甚至是反动的。好的、正当的应当提倡、鼓励，坏的、消极的需要加以反对和禁止。如20世纪初年的"法轮功"就是反动的邪教团体，它宣扬歪理邪说，蛊惑人心，丑化党和国家的形象，与党和国家争夺人心，以达到其不可告人的目的。诸如此类的社会性统一战线带来的消极甚至破坏的作用，已经引起党中央的高度重视，并在全面从严治党的过程中，制定有关文件对党内那种通过不正当手段建立统一战线的行为加以限制，有些地方还把这一问题作为重点问题，在"两学一做"教育实践活动中认真加以解决。2016年版的《中国共产党问责条例》第六条第三、第四款规定对"好人主义盛行、搞一团和气"及"团团伙伙、拉帮结派"等问题要实行问责。《关于新形势下党内政治生活的若干准则》明确规定："党员、干部特别是高级干部不准在党内搞小山头、小圈子、小团伙，严禁在党内拉私人关系、培植个人势力、结成利益集团。"习近平总书记强调："党内决不能搞封建依附那一套，决不能搞小山头、小圈子、小团伙那一套，决不能搞门客、门宦、门附那一套，搞这种东西总有一天会出事！"② 习近平总书记在党的十九大报告中指出："坚决防止和反对宗派主义、圈子文化、码头文化。"③ 习总书记的话值得全党同志高度重视。

反对宗派主义、圈子文化和好人主义，是中央巡视工作的重要内容之一。根据中央第三巡视组的巡视反馈意见，天津市委在2016年11月召开深入推进圈子文化和好人主义问题专项整治工作会议。会上，市委书记李鸿忠从几个方面给圈

---

① 中共中央统战部理论研究中心、中国统一战线理论研究会：《第二次全国统战理论会论文选》，华文出版社1989年版，第16页。
② 中共中央文献研究室：《习近平总书记重要讲话文章选编》，中央文献出版社、党建读物出版社2016年版，第116页。
③ 本书编写组：《党的十九大报告辅导读本》，人民出版社2017年版，第62页。

子文化和好人主义"画像",揭示了圈子文化的实质,指出了圈子文化和好人主义对天津政治生态的严重危害。一是它破坏党的集中统一,直接挑战中央权威。圈子文化从本质上看,是基于个人主义、利己主义形成的,事实上是宗派主义、山头主义利益集团或联盟的表现。形形色色的"亲信圈""亲属圈""官商圈""官场圈""社交圈",受欲望驱动,丢掉"四个意识",违背"四个服从",无视政治纪律和政治规矩,团团伙伙、搞小圈子,结党营私,就是在弱化、消解、分化、分解党的集中统一领导。二是圈子文化不绝的根子在于党性弱化、在于政治上不敢担当。圈子文化和好人主义把社会生活、家庭生活、朋友亲情那一套引入党内生活,把市场经济"等价交换"引入政治生活。在这些关系网和利益链、人情和欲望面前丧失底线、一败涂地,从根本上说是党性问题。面对圈子文化、好人主义不敢坚持原则,就是政治上不敢担当的表现。三是它们严重破坏了天津的政治生态,是影响政治生态、影响干部队伍、影响天津发展的"内伤",已经成为不可容忍之痛。圈子、场子、骗子、帽子、票子"五子登科"之间势必衍生毒害社会的副产品,形成无形的黑线、黑链,如继续任由其蔓延下去,就会积重难返,产生严重的负面影响,代价巨大。李鸿忠强调,要"以刮骨之勇、雷霆之力、穿石之功,坚决打赢这场政治硬仗""要把整治圈子文化、好人主义作为严肃党内政治生活、营造风清气正政治生态的要害之举、关键之举来落实,撕开脸皮、动起真格、直起腰杆,把党员干部从形形色色的枷锁中解放出来,营造干事创业强大气场"①。圈子文化和好人主义,其实就是消极的社会性统一战线对党内政治生活的渗透,其害处极大,理应受到批判和禁止。

---

① 魏彧、刘雅坤:《以刮骨之勇雷霆之力穿石之功 坚决打赢专项整治这场硬仗》,载《天津日报》2016年11月22日第1版。

第二讲
统一战线的起源

统一战线究竟是怎样产生的呢？学习过社会发展史的人都知道，人是由类人猿经过漫长的历史逐渐演化而来的。毛泽东在《贺新郎·读史》这首词中形象地描绘了类人猿演化为人的状况："人猿相揖别。只几个石头磨过，小儿时节。"刚刚与猿分道扬镳不久的原始先民们以简单的石器为工具，他们还处在懵懂无知的小儿一般的时节。此时原始先民靠什么为生呢？无非就是上山打猎，下海捕鱼，或者采集野生植物。我们就拿上山打猎来说。单独的个体捕捉温顺的小型动物自然不成问题，但凶猛的大型动物又怎么办呢？譬如山上有一只猛虎，如果想捕获它，凭单人力量去猎捕，那不仅不能捕获它，还很可能成为老虎的一顿美餐。要实现捕获老虎的目的，就必须多找几个人一起去。这是一件有危险的事，大家为什么要一起去呢？肯定是事先商量好，打到老虎大家一起分肉吃。就这样，大家合伙实现了打老虎的目的，大家合伙打老虎的统一战线就产生了。当然，这种统一战线还是原始的统一战线，还不能与后世、当下的统一战线相提并论，因为它只是社会性的统一战线，还不具有政治性、阶级性。

也许有人会问：这样说怎么跟我们平时知道的不一样呢？有没有依据？

依据是有的，就是革命导师恩格斯撰写，并于1884年10月在苏黎世出版的《家庭、私有制和国家的起源》（以下简称《起源》）一书。这本书是恩格斯研究远古人类社会的名著，是马克思主义的光辉经典。说起这本书，就不能不提美国著名人类学家、民族学鼻祖——路易斯·亨利·摩尔根。摩尔根是一位律师，有自己的律师事务所。他所处的那个时代，美国还残留着一些尚未开化的原始部落。摩尔根在工作之余，经常深入印第安民族易洛魁人的驻地，与当地印第安人

第二讲 统一战线的起源

交朋友，仔细观察他们的生活方式。他与印第安人建立了深厚的感情，并于1847年被易洛魁人中的塞尼卡部落鹰氏族收养为其成员，这是印第安人对友好的外族人的一种优礼。由于与印第安人同吃同住同生活，摩尔根能够深入地了解印第安人一直不向外界透露的风俗习惯，以及他们的政治、经济、文化、社会组织、婚姻、家庭、艺术、宗教等情况，掌握了极其丰富、十分可靠的第一手资料。有了这些田野调查的基础，摩尔根才能对原始社会进行剖析。在此基础上，1851年摩尔根发表了他的第一部研究印第安人的主要著作《易洛魁联盟》。之后，他开始着手整理搜集到的材料，通过研究，写出了第二部重要著作，即《人类家族的血亲和姻亲制度》。1871年以后，他将大部分时间放在撰写《古代社会》之中，这是他毕生最重要的一部著作。1877年，摩尔根的代表作《古代社会》一书出版。在书中，摩尔根以其渊博的学识和精辟的分析，描述了古代社会的生活面貌，记述了古代文明演进的过程。它既是一部内容翔实的历史著作，又是一部见解独到的人类学著作，它的观点和材料为后世大量引用，对历史发展和学术研究产生了重大影响，特别是为马克思主义的丰富和完善提供了许多有价值的材料，影响甚巨。

1881年至1882年，马克思认真研读了摩尔根的《古代社会》一书，大为赞赏摩尔根的观点，并写下了十分详细的摘录和批语，试图用唯物史观来阐述摩尔根的研究成果。但是，马克思没有实现自己的这一心愿就逝世了。恩格斯继承马克思的遗志，根据马克思的《路易斯·亨·摩尔根〈古代社会〉一书摘要》，写出了《起源》这部伟大的经典著作，终于使摩尔根的研究成果得到马克思主义的科学阐述。1919年7月11日，列宁在斯维尔德洛夫大学所进行的题为《论国家》的演讲中，对《起源》做了高度评价，认为它是"现代社会主义主要著作之一，其中每一句话都是可以相信的，每一句话都不是凭空说出，而都是根据大量的历史和政治材料写成的"[①]。然而，十分遗憾的是，长期以来，对于这部著作，人们只是把它作为人类学、民族学、国家学说和婚姻家庭学说著作，抑或是作为历史唯物论著作等来研究，这无疑是正确的，也出了不少可喜的研究成果，但至今尚无人将它作为统一战线学著作来研究。而对于人类的起源、家庭的起源、私有制

[①] 中共中央马克思、恩格斯、列宁、斯大林著作编译局：《列宁选集》第4卷，人民出版社1960年版，第43页。

的起源、国家的起源乃至法的起源等,都有人研究,但对于统一战线的起源,时至今日,却几乎无人问津。这种状况不能不影响统一战线学学科建设的顺利发展。笔者认为,《起源》也是马克思主义统一战线学的经典著作,它出色地回答了统一战线的起源和它初始阶段的演变问题。因此,笔者依据《起源》,并参阅其他一些有关著作,对统一战线的起源问题进行讲解。

一、原始群的联合行动:统一战线的种子

恩格斯在《自然辩证法》一文中指出,根据达尔文的描述,类人猿是"成群地生活在树上"①的。通过长期的劳动,类人猿逐步转变为人,这个过程大概有几十万年的时间。

早期的人类,由于自然条件的变化,不得不离开森林,迁徙到靠近河流的大草原居住,用天然的木棍和石块作为工具,开始时主要以采集野生果实充饥,后来又进行少量的渔猎活动。这时的原始人蒙昧无知,杂乱交配,还没有一定的生活习俗和社会组织。《起源》指出:群婚就是"整群的男子与整群的女子互为所有,很少有忌妒余地的婚姻形式"②。开始时,"人们一出世就已经结了婚——同整个一群异性结了婚"③。我国的《吕氏春秋·恃君览》对此也有描述,说:"其民聚生群处,知母不知父,无亲戚兄弟夫妻男女之别,无上下长幼之道,无进退揖让之礼,无衣服、履带、宫室、畜积之便,无器械、舟车、城郭、险阻之备。"

人是社会性的动物,这种社会性的主要表现就是群居共处。对于原始人来说,群居是人性的需要,也是同大自然做斗争以生存和发展的需要。一方面,由于在地面比在树上更容易受到狼虫虎豹的侵袭,原始人不得不"以群的联合力量和集体行动来弥补个体自卫能力的不足"④。《起源》指出,正因为如此,大猩猩和黑猩猩也"能够以不多的数量生存下去"⑤。这恰恰证明了原始人群居的必要

---

① 中共中央马克思、恩格斯、列宁、斯大林著作编译局:《马克思恩格斯选集》第4卷,人民出版社1995年版,第374页。
② 同上书,第31页。
③ 同上书,第77页。
④ 同上书,第30—31页。
⑤ 同上书,第30页。

性和其优越性。这一点我们可以从现在许多动物的群居生活中发现明证。另一方面，原始人起初是用石块、木棒等粗糙的工具打猎，要想捕获大而凶猛的野兽，不利用群体的力量通过围猎方式，是不可能达成目的的。在此需要指出的是，在生产力水平极低的情况下，原始人的群居规模不能太大，也不能太小，只能保持一定的规模。究竟多大才适宜，这要考虑是否影响共同行动的速度和效率，还要考虑能否保证群体的生活资料来源。罗振建、吴文华在《统一战线学研究》一书中认为，大概保持三五十人的规模比较合适[1]，笔者认为这比较有道理。如此就不难解释群居的原始人由一群分化为数群以及接纳其他人入群的原因了。

《吕氏春秋·恃君览》说："凡人之性，爪牙不足以自守卫，肌肤不足以捍寒暑，筋骨不足以从利辟害，勇敢不足以却猛禁悍。然且犹裁万物，制禽兽，服狡虫，寒暑燥湿弗能害，不唯先有其备，而以群聚邪。群之可聚也，相与利之也。"这就生动而又清楚地揭示了原始人群聚的目的——"相与利之"。在这里，"人之性"指的是人的本能和与生俱来的本领。人的本质属性是社会性，人只有加入社会之中，与他人、社会结伙行动，才能生存和发展。特别是在生产力十分低下的原始社会里，个人凭着自身的本能和本领，是难以对付险恶的自然环境的，不得不联合起来共同面对大自然。恩格斯在《德国的革命和反革命》中指出："没有共同的利益，也就不会有统一的目的，更谈不上统一的行动。"[2] 这种联合是人类联合之始，为后世更高层次和更大程度的联合奠定了基础。因此，我们可以说，原始人群的这种联合是统一战线的源头。或者形象地说，这种联合之于统一战线就像种子之于植物，有了种子植物才能发芽、生长，最终成熟。

二、氏族、部落的联合行动：统一战线的萌芽

随着人工取火和弓箭制造技术的出现，社会生产力发展到一个新的高度，人类结束了群居野处和杂乱交配的状态，由漂泊到结屋定居，结成了血缘家庭，实行内婚制，同辈的兄弟和姐妹之间互为夫妇。接着，又先排除了同胞的、后排除

---

[1] 参见罗振建、吴文华：《统一战线学研究》，重庆出版社2005年版，第47页。
[2] 中共中央马克思、恩格斯、列宁、斯大林著作编译局：《马克思恩格斯选集》第1卷，人民出版社1995年版，第490页。

了旁系的兄弟和姐妹之间的婚配，让普那路亚家庭代替了血缘家庭。在普那路亚家庭中，实行外婚制，且实行共夫和共妻，就是一个家庭中的姐妹留在家庭内，兄弟则到另一个家庭中去，同那一家留下的姐妹婚配。这些丈夫不再称兄弟，改为互称普那路亚，意即"亲密的同伴"或"伙伴"；这些妻子也由互称姐妹改为互称普那路亚。人类由渔猎经济发展到以畜牧或种植经济为主，结成构屋而居的普那路亚家庭，就进入氏族社会的全盛时期。实行普那路亚家庭外婚制，必然形成一个界限分明的、共认出自一个共同女祖先的血缘社会集团，并在这个集团内逐渐形成一定的社会制度。恩格斯指出，氏族制度，在绝大多数场合下，都是从普那路亚家庭中直接产生的。"氏族作为社会单位出现以后，氏族、胞族和部落这整个社会组织就怎样以几乎不可抗拒的必然性（因为是天然性）从这种单位中发展出来。"① 随着生产力的发展、人口的增加，一个母氏族派生出几个子氏族，几个氏族组成一个胞族，或者较大的氏族。由于胞族是建立在相同血缘基础之上的，胞族之间仍保持着密切的关系，彼此互不通婚。几个胞族组成一个部落。部落内的每一个婚配集团，就是一个独立的氏族，一个独立的社会组织、独立的经济单位，后人把它叫作氏族公社。

  氏族和部落内部设有议事会，它是氏族、部落的管理机构。每个氏族都设有议事会，还有一个或两三个民选的酋长和一个军事首领。氏族议事会是氏族的最高权力机关，直接处理有关氏族的重要事务。氏族酋长，按照本氏族的习俗或传统习惯，主持处理氏族的日常事务。军事首领只有在发生战争时，才负责主持各项军事活动。氏族的成年男女是议事会的成员，没有任何条件限制。郭沫若认为，《周易》的同人卦卦辞中有"同人于野"，而六二爻辞中有"同人于宗"，其中的"野"为野外，"宗"为宗庙，可以认为是周人举行氏族议事会，并就一些问题取得了一致意见。他还说，《周易大传·序卦》里有"与人同者物必归焉，故受之以大有"，应是议事会选举酋长②。部落的议事会由本部落各氏族的酋长组成，部落中一般设有最高首领一至两人，在氏族酋长中选任。部落议事会开会时，全部落成年男女都可以自由参加，但决议由议事会做出。恩格斯指出："这

---

① 中共中央马克思、恩格斯、列宁、斯大林著作编译局：《马克思恩格斯选集》第4卷，人民出版社1995年版，第94页。
② 转引自王子杰：《民主论》，广西人民出版社1990年版，第113页。

第二讲
统一战线的起源

三种集团代表着不同层次的血缘亲属关系,每个都是闭关自守,自己的事情自己管理,但是又互相补充。归它们管辖的事情,包括低级阶段上的野蛮人的全部公共事务。"① 根据恩格斯在《起源》中的论述,这里有两点需要注意:

一是这时的个人无力独自进行渔猎生产,如果离开了自己的血缘亲属,脱离了氏族这个集体,就会陷于孤立,丧失生存条件。这里没有剥削、没有压迫,人们共同劳动、共同消费劳动产品;人们彼此之间相亲相爱,团结互助。

二是氏族、胞族、部落建立的原因,一方面是由于血缘关系,但更重要的另一方面是出于氏族、部落之间的抢婚和血亲复仇,以及部落之间的战争等斗争的需要。对于血亲复仇,恩格斯比较详细地讲述了易洛魁人的氏族,特别是塞尼卡部落的氏族的情况:同氏族人必须互相帮助、互相保护,特别是在受到外族人伤害时,要帮助其报仇。个人依靠氏族来保护自己的安全,而且也能做到这一点;凡伤害个人的,就是伤害了整个氏族。因而,从氏族的血缘关系中便产生了那为易洛魁人所绝对承认的血亲复仇的义务。假使一个氏族成员被外族人杀害了,那么被害者的全氏族就有义务实行血亲复仇。起初氏族会试行调解:行凶者的氏族议事会开会,用道歉与赠送厚礼的方式,向被害者氏族的议事会提议和平了结事件。如果提议被接受,事情就算解决了;否则,受害的氏族就指定一个或几个复仇者,他们的义务就是去追寻行凶者,把他杀死。如果这样做了,行凶者的氏族也没有诉怨的权利,事情就算了结了。"如果部落内发生杀人事件,而行凶者与被害者不属于同一个胞族时,被害者的氏族往往诉诸自己的兄弟氏族;于是这些氏族就举行胞族议事会,把对方胞族作为一个整体进行交涉,使对方胞族也召集自己的议事会,以谋求事件的解决。因此,在这里,胞族又以最初的氏族的资格出现,并且比它派生的较微弱的单个氏族更有获胜的希望。"② 关于抢婚,恩格斯说,一群男子把一个女子抢回来,轮流和她性交。以后,女子就成为那个最先发起抢夺的男子的妻子。在抢夺时,氏族间会发生战斗。对于抢夺婚,《周易》的《屯》

---

① 中共中央马克思、恩格斯、列宁、斯大林著作编译局:《马克思恩格斯选集》第4卷,人民出版社1995年版,第94页。
② 同上书,第88页。

和《蒙》两卦都有描述。如《屯》卦上六爻辞说"乘马班如，泣血涟如"，写的是和对偶婚同时的抢夺婚。抢夺时会发生战斗，女子被抢劫，她不愿意，大哭大喊，哭得非常悲惨。①《蒙》卦六三爻辞说"勿用取女，见金夫，不有躬"，说的就是抢夺者被打死的事。②可见，氏族、胞族的建立有利于血亲复仇，而大家协同一致有利于抢婚。

氏族、胞族联合成部落，除了血缘关系的原因外，主要还是为了对内调解关系，解决各种纠纷；对外派遣使节，宣战与媾和，以保卫本部落的共同利益。部落的对内职能，这里不再多说。至于它的对外职能，恩格斯指出，每个部落都有自己的公有土地，"而为相邻部落所承认，并由部落自己来防卫，以免他人侵占"③。

疆界的不确定，比较容易造成部落之间的矛盾和冲突。为了解决矛盾和冲突，部落议事会这个最高权力机关就负有相应的责任。恩格斯指出："部落议事会特别负有调整同其他部落的关系的责任；它接待和派遣使者，宣战及媾和……在原则上，每一个部落只要没有同其他部落订立明确的和平条约，它同这些部落便都算是处在战争状态。"④

我国远古时期的有巢氏、燧人氏、伏羲氏、女娲氏，就属于原始氏族社会的人物。首先出现的是有巢氏。那个时期，人们"穴居而野处"，既不能避开风寒潮湿，又不胜禽兽虫蛇之害，因而死伤极多，生命朝不保夕。有巢氏为使人民避除此害，研制发明了巢居的居住方式，并教人巢居，至少可以躲避虫蛇、野兽和洪水，有效地保障了人民的安康。《韩非子·五蠹》记载，"上古之世，人民少而禽兽众，人民不胜禽兽虫蛇。有圣人作，构木为巢，以避群害"，号曰有巢氏。

其次出现的是燧人氏。火无处不在，但那时的人们不知道如何才能得到它。燧人氏教人从木头里把它钻出来。《太平御览》记载，当时"有燧明国，不识四时昼夜……国有火树，名燧木，屈盘万丈，云雾出于中间。折枝相钻，

---

① 李镜池：《周易通义》，中华书局1981年版，第8页。
② 同上书，第12页。
③ 中共中央马克思、恩格斯、列宁、斯大林著作编译局：《马克思恩格斯选集》第4卷，人民出版社1995年版，第89页。
④ 同上书，第91页。

则火出矣"。"圣人感焉，因取小枝以钻火，号燧人氏。"燧人氏发明钻木取火后，就用火来烧烤、煎煮食物，并教民熟食，化腥臊避疾病，使人类从"未有火化，食草木之实，鸟兽之肉，饮其血，茹其毛"[①]中摆脱出来，从此食熟饮热，跟其他动物永远分道扬镳，真正过上了人的生活。由于燧人氏发明人工取火法，教民熟食，使人民生活大为改善，人民非常感激他。《韩非子·五蠹》说："上古之世……民食果蓏蚌蛤，腥臊恶臭，而伤害腹胃，民多疾病，有圣人作，钻燧取火，以化腥臊，而民说之。"

接着出现的是伏羲氏和女娲氏。据传说，伏羲氏法力无边。那个时代，无男女之别、长幼之道。《管子·君臣下》说："兽处群居，以力相征。"《春秋世族谱》介绍："华胥生男子为伏羲,女子为女娲。"相传，当时世间洪水滔天，人烟断绝，仅存伏羲、女娲兄妹二人。开始时，他们都很害羞，后来为了繁衍人类，不得已配为夫妇。伏羲氏与女娲氏为了使人类健康长久地发展下去，观天察地，依自然规律，"因夫妇，正五行，始定人道"。所谓"人道"，就是嫁娶之规和礼乐制度。《绎史》引《风俗通》说："女娲祷祠神，祈而为女媒，因置昏姻。"伏羲还始作八卦，"作结绳而为网罟，以佃以渔"，也就是教民众植桑养蚕，耕种渔猎。相传，女娲时，天翻地覆，灾难四起。女娲氏挺身而出，奋力补天消灾，从而拯救了人世。《淮南子·览冥训》说："往古之时，四极废，九州裂，天不兼覆，地不周载。火爁炎而不灭，水浩洋而不息。猛兽食颛民，鸷鸟攫老弱。于是女娲炼五色石以补苍天，断鳌足以立四极，杀黑龙以济冀州，积芦灰以止淫水。"

这四个远古人物的相关传说中，有几点值得注意：一是他们本来都是群居的，如盘古开天辟地后，"因风所感，化为黎氓"，或始则群居，后遭洪水，仅剩兄妹二人，彼此婚配以繁衍人类，再次群居，这反映了内婚制的遗俗；二是女娲氏与伏羲氏大概处于内婚制向外婚制转变的时期，正是他们开始为先民制定较为先进的婚姻礼乐制度；三是这四位杰出的历史人物都为民众解除了患害，立下功勋，深受人们爱戴，被推举为王。其实，说他们是王并不准确，他们是氏族或部落的首领。

回顾了相应的中国历史人物，现在我们还应该回到《起源》上来。从上面

---

① 《礼记·礼运》。

的叙述可以看出，氏族是人们在血缘关系基础上联合而成的，胞族是氏族的联合，部落则是氏族、胞族之间的联合。这种联合与以前的原始人群内部的联合最大的不同就是，原始人群内部联合是为满足与大自然做斗争的需要，而现在的联合则是为适应社会生活的需要，处理人与人、集团与集团之间的关系而形成的。这种联合行动可说是统一战线的萌芽。这种由为自然斗争需要而联合、结盟向为社会生活需要而联合、结盟的转变，表明这种原始人的联合已经有了很大的发展。

三、部落联盟：统一战线的雏形

到原始社会末期，由于生产工具的改革和新的发明的出现，社会生产力进一步发展，社会财富有了增长，剩余产品开始出现；这时社会上出现了一系列不同于前一时期的新情况和新问题。

第一个新情况、新问题是：社会不再是一个所有成员利益一致的统一体，开始逐渐分裂为利益不同、互相对立的社会集团。由于社会分工的出现，人与人之间有了经常性的物物交换，社会剩余产品逐步变为私人财富，出现了脱离生产劳动的商人，商品生产和贸易都迅速发展，这就使私有制产生和发展起来；加上战争俘虏日益广泛地参与生产，促进了生产力的进一步发展，社会财富日益集中在少数人手里。由此，社会日益鲜明地分裂为自由民与奴隶两大部分，自由民又分裂为富人与穷人，富人包括奴隶主和商人。这些利益不同的集团，共处在一个社会之中，出于各自的利益又互相冲突、互相对立。

第二个新情况、新问题是：随着父权制的发生和确立，父权家长制家庭代替氏族成为社会的基本组织单位。普那路亚家庭已经开始向对偶家庭过渡，男女成对婚配，一个男子在许多妻子中有一个主妻，而他也是这个女子许多丈夫中的主夫。随着对偶婚的逐步稳定，对偶家庭也开始向一夫一妻制家庭过渡。在家庭演变的同时，男子在经济生活中的地位逐步提高，家庭中的一切活动逐步由男子发号施令，妇女降到附属和被奴役的地位。父权制最终代替了母权制，财产归子女继承最终成了公认的习俗，男子成了家庭的统治者。

第三个新情况、新问题是：以血缘为纽带的氏族组织，同社会人口的大规模流动和杂居，越来越不相适应。氏族或部落过去长期居住的地区，涌进了大量的外来人口，俘虏来大批的奴隶。这样，同一个地区内，人们的生活方式、信仰、习俗与传统习惯都不相同，继续以血缘为纽带来组织、管理社会生活中的公共事务，就变得很困难，而且越来越不可能实现了。与此同时，不同的人长期杂居在一个地区，在语言、信仰、习俗和生活方式等方面又逐渐融合一致，形成一个民族。于是，旧的氏族组织被按地区划分的与民族相一致的社会组织所代替。

上述新情况和新问题，使得以氏族为单位的社会活动方式日益同生产力的发展和生产关系的变革不相适应。于是，氏族管理社会生活的职能，一部分下移给父权家长制家庭，一部分上移到部落或部落联盟，因为组织超出一个氏族范围的大规模的生产和交换、调整日益尖锐的不同利益集团之间的矛盾、组织日益频繁的对外战争，都不是一个单独的氏族所能办到的。这样，部落或部落联盟就成了管理社会公共事务的主要组织，虽然氏族一级组织仍然继续存在，但它在社会生活中的重要性被逐渐削弱。

各部落长期同无情的大自然顽强地做斗争，各自发展各自的经济和文化，彼此之间既有冲突，又相互交往、相互影响。特别是随着社会生产力的不断发展，一方面，各部落需要加强合作与交流，因而部落之间的相互融合加速了；另一方面，随着私有制的逐渐发展与阶级的日益分化，部落在交往过程中为拓宽活动范围，或者为掠夺其他氏族、部落的财富，抑或是为保卫自己的活动地域和生活资源，常常产生武力冲突乃至大规模的战争。因此，一些血缘关系较近的部落为了在斗争中取胜，就广结盟友，共同采取行动，以图战胜甚至兼并其他部落。不同部落之间因某种原因发生战争时，利害关系一致的部落，为了共同目标，就需要联合起来，推出首领来统率联盟。这种联盟有分有合，是分是合要视客观需要而定。恩格斯说，当部落组织日益增多，经济交往日益密切，矛盾冲突日益频繁时，"住得日益稠密的居民，对内和对外都不得不更紧密地团结起来。亲属部落的联盟，到处都成为必要的了"[①]。"亲属部落间的联盟，常因暂时的紧急需要而结成，随着这一需要的消失即告解散。但在个别地

---

① 中共中央马克思、恩格斯、列宁、斯大林著作编译局：《马克思恩格斯选集》第4卷，人民出版社1995年版，第164页。

方，最初本是亲属部落的一些部落从分散状态中又重新团结为永久的联盟。"①随着个人剩余劳动产品的增多，部落发起以直接掠夺财富和大量掳掠人口充作奴隶为目的的战争，也逐渐成为一种社会普遍现象。这种以掠夺和征服为目的的战争联盟，无论是为进攻还是防御而建立，其特征都已经和阶级社会里联合或联盟的基本特征相类似了。这说明原始人联合、结盟的水平又向前迈进了一大步。只是由于凌驾于社会之上的暴力机关，即国家，还在酝酿而没有产生，人与人、集团与集团之间的矛盾仍然有相当大一部分可凭借氏族部落机构来协调，这时的联合还具有较大的社会性，而它的阶级性、政治性还比较弱。

伏羲氏和女娲氏之后出现的是神农氏。神农氏之时，由于人口增多，光靠猎兽捕鱼及采集野果已不能满足人们对食物的需求。为解决这一问题，神农氏因地制宜，制造农具，教民耕植。《白虎通义》载："古之人民皆食禽兽肉。至于神农，人民众多，禽兽不足，于是神农因天之时，分地之利，制耒耜，教民农作，神而化之，使民宜之，故谓之神农也。"②《周易·系辞下》也说："包牺氏（伏羲氏）没，神农氏作。斫木为耜，揉木为耒，耒耨之利，以教天下。"《周书》记载说："神农之时，天雨粟。神农遂耕而种之，作陶，冶斤斧，为耒耜锄耨，以垦草莽。然后五谷兴助，百果藏实。"种植农业的产生，使人民有了可靠的食物来源。那个时候，只解决食物来源还是不够的，因为人们还不知道哪些食物可吃，哪些不可吃，因而不能避毒除害，多生疾病。人们既无医又无药，患病不得医治，所以病死的人很多，这极大地威胁着人类的发展。为解决这一问题，神农氏不顾生命危险尝百草，使人民能够分辨食物是否可以食用。《淮南子·修务训》云："古者民茹草饮水，采树木之食，食蠃蛖之肉，时多疾病毒伤之害。于是神农乃始教民播种五谷。相土地，宜燥湿肥墝高下，尝百草之滋味，水泉之甘苦，令民知所辟就。当此之时，一日而遇七十毒。"神农氏尝百草，使人民知所避就，极大地减少了人民的疾病伤亡，保障了人类的繁衍，促进了社会的繁荣和发展。

由于神农氏置自己的生死于不顾，致力于为民造福，赢得人民的爱戴，他

---

① 中共中央马克思、恩格斯、列宁、斯大林著作编译局：《马克思恩格斯选集》第4卷，人民出版社1995年版，第92页。

② 《白虎通义》。

被推举为王（部落酋长）。神农氏领导的部落是古夷人部落，活动于今河南东南部。为开拓生产、生活空间，神农氏逐渐向东北拓展，与生活在今山东西南部的另一古夷人部落斧遂氏发生冲突。斧遂氏不肯屈服，神农氏遂北上进攻斧遂氏，把它击败、兼并。这场战争是我国有记载的最早的以征服为目的的部落之间的战争。随后，神农氏从现在的河南淮阳地区迁移到现在的山东曲阜一带，附近各氏族、部落纷纷归服，组成部落联盟，神农氏也就成为黄河中下游各氏族、部落、部落联盟的首领。

当神农氏传位至炎帝时，部落联盟逐渐衰落，维系社会秩序的血缘关系有所松弛，威力减弱，部落之间相互征伐，天下大乱。司马迁在《史记·五帝本纪》中描述说："轩辕（黄帝）之时，神农氏世衰。诸侯相侵伐，暴虐百姓（即'百官'。由于当时部落联盟的某一官职往往由某一部落世代承袭，该部落往往以官为姓，所以，百姓指的是在部落联盟中供职的各个部族），而神农氏弗能征。"黄帝是一位聪慧机敏、仁义敦厚、明察秋毫的非凡人物。为了统一天下，让百姓安居乐业，有熊部落首领黄帝研究气象地理，教民众种植五谷，安抚各地人民，规划土地；顺应自然规律，制定各种制度，研究部落存亡的道理，并在此基础上，经常动用军事力量，征服不来朝奉的诸侯。经过上述努力，"诸侯咸来宾从"，但仍有少数部落首领不归顺，作乱天下。如晋、冀、鲁、豫交界地带有以牛和鸟为图腾的九黎部，它的首领名叫蚩尤。据说，蚩尤及其部落的人骁勇善战，铜头铁额，个个本领非凡。蚩尤带领九黎部落在中原一带兴农耕、冶铜铁、制五兵、创百艺、明天道、理教化，为中华早期文明的形成做出了杰出贡献。蚩尤把九黎部的81个氏族和9个部落联合起来，"蚩尤最为暴，莫能伐"，"蚩尤作乱，不用帝命"，还打败炎帝部落，并将炎帝驱逐到现在河北省的涿鹿一带。

炎帝部落与黄帝部落都居住在黄河中上游的陕西一带，是世代通婚的兄弟部落。炎帝向黄帝求援，黄帝也有向中原发展的意图，因而与炎帝结盟，并联合夏、夷诸部落，与蚩尤大战于涿鹿之野。蚩尤战败被杀。这次战争在我国战争史上十分著名，不少古籍对之都有记载。后来黄帝与炎帝的联盟破裂，黄帝又向诸侯征集军队，率领诸侯联军，在阪泉（今河北省涿鹿以东）之野打败炎帝，入主中原，建都涿鹿山下。自此开始，"天下有不顺者，黄帝从而征之"，中原各部"咸归轩辕（即黄帝）"，"咸尊轩辕为天子，代神农氏"。接着，黄帝驱苗拒狄，东联东夷，使疆域大大扩展，东到大海，西到空（崆）峒（今甘肃省平凉西北），南到长江，北到釜山（今属河北省）。从此，华夏族成为不断融合中原各地众多部落的核心力量。黄帝还通过举任官吏继续巩固和扩大氏族、部落内外的联合，并依靠这种联合，使黄河中下游地区得到开发，成为中华民族的文明摇篮。这种远古时期的联盟，孕育了光辉灿烂的华夏文化，肇基着华夏民族的万世伟业，理所当然地应被看作统一战线的滥觞和雏形。尽管这种联盟在刚开始时还显得不那么精致、完备，但它毕竟是黄帝、炎帝等先民面对生存和发展的实际问题时展示的伟大的智慧结晶，是人类历史上最伟大的政治发明之一，它的意义是怎么估量都不过分的。在这里，让我们重温1980年祭奠黄帝陵的祭文："维我始祖，赫赫扬扬，根深叶茂，源远流长。奠中华民族之初基，启华夏文化之晓光。'人文'初祖，功德辉煌，亘千秋而愈烈，历万世而益昌。维我始祖，勤勤恳恳，不畏强暴，酷爱和平。协和百族，辑睦四邻，兆民以安，四方以宁。洵洵美德，沦肌浃骨，传之五千余年而愈益发扬光大，恢廓昌明。"① 从祭文中，我们可以清晰地看到中华民族共同的始祖黄帝运用联合、联盟谋略肇造华夏民族的伟大功业。

部落联盟之间的战争，不仅中国发生过，在世界上也普遍发生过。荷马史诗是世界文学史上的皇皇巨著。其中《伊利亚特》主要就是叙述希腊人远征特洛伊城的故事。这场战争，实质上就是原始氏族社会向奴隶社会过渡时期，部落联盟之间为掠夺财富而进行的大规模战争。

四、国家的问世：统一战线的诞生

恩格斯在《起源》中论述的一个重要问题就是国家的起源问题。他在把国家和原始氏族组织加以比较时指出，国家有两个基本特征，是与从前的氏族制度完全不同的：第一，"就是它按地区来划分它的国民"②，而在原始社会，氏族是根据血缘集团或亲属关系来划分的。按地区划分国民，表明了以共有财产

---

① 转引自何晓明、曹流、乐胜奎：《中华文化与统一战线》，中国文史出版社2005年版，第26页。
② 中共中央马克思、恩格斯、列宁、斯大林著作编译局：《马克思恩格斯选集》第4卷，人民出版社1995年版，第170—171页。

为基础、以血缘关系为纽带的原始社会的解体。第二,"是公共权力的设立,这种公共权力已经不再直接就是自己组织为武装力量的居民了"①。这些公共权力包括军队、警察、宪兵、监狱、法庭等国家权力机构,从而使国家成为脱离人民、压迫人民的工具。

那么,国家是怎样产生的呢?恩格斯认为,国家的产生是生产力发展的结果。在经历了三次社会大分工(即游牧部落从其他的人群中分离出来、手工业和农业的分工、不从事生产而只从事产品交换的商人的产生)以后,人类社会就进入阶级社会。而这三次社会大分工,无一不是在生产力发展的基础上发生的。完成了这三次分工后,"氏族制度已经过时了。它被分工及其后果即社会之分裂为阶级所炸毁。它被国家代替了"②。

国家机关代替氏族机关,是通过斗争实现的。恩格斯在生动地描述"罗马的氏族和国家"时说:"罗马国家,一开始就表现为这样一种超乎一切的力量,以致防御侵害的权利就转到了它的手里。当亚庇乌斯·克劳狄乌斯被捕时,他的氏族的全体成员,包括他的私敌在内,都穿上丧服。在第二次布匿战争时,各氏族都联合起来,赎回他们的被俘的同氏族人;元老院则禁止它们这样做。"③ 恩格斯通过研究古罗马,揭示了国家产生的过程:国家部分地改造氏族制度的机关,部分地通过设置新机关来排挤它们,最后以真正的国家机关彻底取代它们;同时,受这些国家机关支配,因而也可以被用来反对人民的武装的"公共权力",又代替了氏族、胞族和部落中自己保卫自己的真正的"武装人民"④。随着社会生产力的发展,随着生产资料从原始公有制向私有制逐步转变,争夺生活资料与生存空间的部落战争越来越频繁、激烈。组织战争已经成为部落联盟固定的职能了,这一时期被恩格斯称为"军事民主制时期"。为了更好地对外进行战争、对内进行管理,一方面,联盟内部必须一致行动,组织严密,这导致军事领袖的权力不断加强;另一方面,部落联盟内部贫富两极分化,大量征服得来的部落和奴隶不断反抗,部落联盟机构的权威必须加

---

① 中共中央马克思、恩格斯、列宁、斯大林著作编译局:《马克思恩格斯选集》第4卷,人民出版社1995年版,第171页。
② 同上书,第169页。
③ 同上书,第120页。
④ 同上书,第107页。

强。因此，除原来的部落联盟机构逐渐演变为国家机关外，军队、法庭、监狱等国家机器也出现了。由此可以得出一个结论：国家是人类社会发展到一定阶段的产物，是社会内部矛盾不可调和的结果。

这时，阶级、阶层和不同利益集团的分化，为政治性联合的产生准备了必要条件。不过，氏族、部落机构仍然发挥着协调作用，部落首领仍然是通过人们公平地选举而产生的，人们之间的矛盾还没有激化到普遍使用暴力的程度。然而，经济上占统治地位的奴隶主阶级越来越需要借助政治上的权力来巩固和扩大自己的既得利益。他们需要解除氏族制度的束缚，夺取土地和其他财产的所有权，通过战争掠夺更多奴隶，因而他们要求废除氏族制度，建立奴隶制度，以维护自己的既得利益。且由于要镇压比奴隶主阶级人数多得多的奴隶的反抗，奴隶主阶级既需要建立国家这一暴力工具来维护自己的统治，又需要维护统治阶级的内部团结，同时需联合同盟者，形成一个有利的统治秩序和良好的社会环境。另外，社会上其他阶级、阶层、社会集团等社会政治力量，也围绕国家政权展开了激烈的斗争。为了战胜对手，他们既需要维护内部的团结，也需要分化、瓦解敌人，还需要寻找同盟军，以壮大自身的力量。因此，只有国家形成后，围绕国家政权的政治性联合与结盟才得以产生。

根据《左传·哀公七年》《韩非子·饰邪》《太平御览》等史籍记载，大禹接任部落首领之位的时候，中原各部落已经形成以夏族为中心的部落联盟，禹在这个联盟中的地位已经初具王的性质。他以"天命"为号召，联合并统领众多诸侯与部落征伐三苗，三苗首领被打死，苗军溃退，"四方归之，辟地以王"。然后，"会诸侯于涂山，执玉帛者万国"，这表明当时各部落来会盟都要带财宝朝贡纳税。为了加强对江淮"九夷"（即九个较大的部落）的统治，禹"东巡狩，至于会稽"，在那里朝会各部落首领，古越族部落首领防风氏迟到，禹将其"杀而戮之"。那些没有参加朝见的氏族、部落听说此事，都纷纷向夏王朝进贡称臣。

根据《史记·夏本纪》记载，禹先推举皋陶为继承人，而皋陶不幸去世，不得已"而后举益，任之政"，就是让伯益管理国家事务。禹在东巡的时候死在了会稽，临死"以天下授益"，就是将管理天下的大权交给了伯益。但是，历史发展的结果却是伯益没能继承帝位，禹的儿子启反而继承了帝位。这是怎

第二讲
统一战线的起源

么回事呢？启废除了"禅让制"，登上了帝位。"禅让制"有两项基本要求：一是先帝依据臣民意愿举荐并确定帝位继承人；二是继承人在先帝去世后正式即帝位前，须经臣民认可，臣民认可者可正式即位，不认可者不得即位。伯益没有得到认可，所以不得即位。他没能得到认可的具体原因有两个：一是伯益"佐禹日浅，天下未洽"。所谓"天下未洽"，就是人心没有归顺伯益。伯益做继承人的时间较短，资历较浅，群众基础、社会基础不牢固。二是"禹子启贤，天下属意焉"，"诸侯皆去益而朝启"。启是贤能的，而不像尧子丹朱、舜子商均那样不贤。显然，伯益丧失帝位，启获得帝位，都是人心向背发挥作用的结果。这样，禅让制让位给了世袭制。启即位后不久，在中央设置六种最高官职，即"六卿"，根据各地不同情况制定不同的赋税标准并征收赋税。于是，夏王朝的各级国家政权机关渐渐建立起来了。国家的产生，标志着我国进入阶级社会。

启废除"禅让制"继承帝位，引起夏朝争夺帝位的激烈斗争。丧失帝位的伯益部落首先起来反对，"益干启位，启杀之"①。夏朝西方的同姓诸侯有扈氏不服，起兵反抗。启起兵讨伐，两军在甘地（现在的陕西西安鄠邑区南郊）大战。大战在即，启召开了由六军首领出席的誓师大会。会上，启先说明出师讨伐的缘由，指出有扈氏轻慢天意，背弃正道，并利用那时人们迷信上天的观念，指出上天要断绝有扈氏的国运，他是代表上天来对有扈氏进行惩罚的。以此为基础，启又宣布了赏罚办法，让将士们懂得努力作战才是唯一的方向，从而奋勇向前，直至取得胜利。通过政治动员，夏朝军队的思想认识得到高度统一，战斗力十分强大，最后战胜并"剿灭"了有扈氏。很明显，启的讨伐既假借天命，又恩威并施，力图达到瓦解敌军、争取同盟者和强化内部团结的目的。启消灭了有扈氏，并把俘虏来的人罚作牧奴。其他部落看到有扈氏的下场，没有人再敢反抗，纷纷归附夏朝，形成"天下咸朝"的局面，夏王朝的统治得到诸侯的正式承认。启之所以能巩固自己的统治地位，显然是因为他建立的奴隶制国家能够适应、保障各诸侯即新兴奴隶主阶级利益的需要，能够得到新兴奴隶主阶级的大力支持；这也是因为启能够运用神权来争取民心，号令天下，增强自身合法性。用一句话来说，就是启建立了反对已经过时的氏族制和

---

① 《晋书·束皙传》。

"禅让制"的联盟，这使他赢得了胜利。夏王朝的建立，标志着我国政治性联盟的正式形成。

根据《史记·吴太伯世家》《左传·哀公元年》等史书的记载，启死后传位给儿子太康。太康荒淫无度，专横独断，夏王朝内部分裂，太康与他的兄弟争夺帝位，接着又发生了武观的叛乱。有穷氏首领后羿乘机夺取了夏的政权，太康丢掉了国家政权，与他的弟弟仲康一起逃往东方，不久死去。后羿专权，被其宠臣寒浞所杀。寒浞上台后，骄奢淫逸，东征西讨，人人欲除之而后快。禹的玄孙少康在有仍氏、有虞氏的爱护、帮助下招兵买马，同时广施恩德，暗中收拢、安抚夏朝故人，团结臣民，后又得到忠于夏朝的大臣伯靡及其部落的帮助，反攻寒浞，终于把王位夺了回来。少康执政后，汲取太康"盘游无度"而失国的教训，对外与东夷修好，诸夷来朝，对内任用贤能，安抚人民，恢复、发展生产，王朝统治得以巩固，史称"少康中兴"。让人咋舌的是，仅仅"有田一成（十里见方），有众一旅（五百人）"的少康，竟然能够凭借自己的政治智慧布德收众，广泛团结各方势力，不断扩大势力范围，最终实现了复国大业；更让人赞叹不止的是，他复国后，能够继续推行内治外联之策，实现了夏朝历史上仅有的一次"中兴"局面。明朝诗人孙承恩赋五言诗一首，赞颂少康通过统一战线重振夏朝雄风的功业："夏有少康帝，崎岖离乱间。振衰能自竞，布德更亲贤。践土光前业，明禋配彼天。遂令垂绝绪，复见中兴年。"夏王朝的建立、失国、中兴昭示：内治外联，广泛团结不仅是建国的需要，也是治国的要求。

北魏是鲜卑族拓跋部建立的。拓跋部发祥于现在的内蒙古自治区鄂伦春自治旗阿里河镇西北的嘎仙洞。据传说，在进入匈奴故地前，拓跋氏就已经组成了较为强大的部落联盟，拥有三十六个部落，九十九个氏族。两汉之交，拓跋部在首领推寅的率领下，历经千难万险，南迁到水草丰盛的呼伦贝尔草原，在这里生活了七代。后来，拓跋部又往西南迁徙，进入阴山河套，占有匈奴的故地，并与这里的匈奴人融合。以后又游牧到云中（内蒙古自治区托克托县东北）一带，兼并弱小部落，成为拥有骑士四十余万的塞上强大势力。西晋末年，中原纷扰，西晋并州刺史刘琨为了借助拓跋部的力量与前赵抗衡，请求晋朝朝廷封拓跋部首领猗卢为代公，不久晋爵代王，割给陉岭以北五县作为他的封地。拓跋部的势力进一步壮大，到什翼犍继承王位时，已经发展成控弦百万

第二讲
统一战线的起源

的强大军事集团了。什翼犍在后赵为质子十年,受汉文化的影响,继位后,模仿汉人国家体制,建年号为"建国";仿照西晋建立官职制度,起用一些汉族士人,但仍保留南北部大人等旧有的部落联盟酋帅的名号;改革鲜卑旧习;制定保护王权及私有财产的较原始的律令;组建常备军,使原有的部落武装逐步向镇压内乱和对外扩张的工具转化;定都云中盛乐宫,不久又营建盛乐城,使拓跋部有了政治中心。这个国家虽然相当原始,但它毕竟是初具规模了。显然,与匈奴人、汉人的融合,任用汉人及获得西晋的支持等,是拓跋部发展壮大的重要因素,也是代国建立不可或缺的内外条件。

在公元前8世纪左右,雅典人把4个部落(其中有12个胞族)合并,设置了一个中央管理机关,又在每个部落设置12个诺克拉里,配备武装力量。这个机关,不仅被用来镇压奴隶,而且也被用来压迫和剥削以中小农民、手工业者为主体的下层自由民(平民),即便是新兴的工商业奴隶主也不能分享政权。到公元前6世纪,雅典农民的境况是极其艰苦的,借了财主的债若还不清,财主就会在借债者的土地上竖起债务碑石,借债者就会沦为"六一汉",他们为财主做工,收成的六分之五给财主,自己只留六分之一。如果收成不够缴纳利息,财主便有权在一年后把欠债的农民及其妻、子变卖为奴。有一些农民被迫逃亡异地。雅典实施的德拉古法以严酷著称,对偷窃水果、懒惰等过失都要判处死刑。人们指责它不是用墨水写的,而是用血写就的。雅典民怨沸腾,阶级关系极度紧张,平民武装起义正在酝酿之中。公元前594年,雅典人找到颇负威望的梭伦,希望他来担任首席执政官,调解已经白热化的穷人和富人的冲突,于是梭伦就开始了改革。梭伦在政治上按财产多寡把公民划分为4个等级,每个公民依其等级高低享有不同的政治权利。雅典当时的战神山议事会是国家权力结构的中枢,贵族借助这个机构操纵了立法、行政、司法大权。梭伦恢复公民大会,使之成为最高权力机关,决定城邦大事,选举执政官,一切公民,不管是穷是富,都有权参加公民大会。他设立了新的政府机关——400人会议,即一种类似公民大会的常设机构,由雅典的四个部落各选100人组成,除第四等级外,其他各级公民都可当选;他设立了陪审法庭,每个公民都可被选为陪审员,参与案件的审理,陪审法庭成为雅典的最高司法机关;他废除雅典公民以人身作为抵押所借的一切债务,禁止再以人身作为抵押借债。由国家出钱把因无力还债而被卖到异邦为奴的人赎回,并废除了"六一汉"制度，规定永远禁止把欠债的雅典小农和他们的子女卖为奴隶；他制定新法典取代德拉古的严酷法律，只保留其中有关杀人罪的部分，使整个雅典法变得较有人道色彩。这些改革措施受到氏族贵族的抵制，但得到广大小农、手工业者和工商业奴隶主等平民的热烈支持和拥护。这表明，新兴的奴隶主阶级要巩固自己的统治，既需要发挥国家作为阶级统治工具的作用，也需要巩固自己的执政基础和社会基础，努力增强支持自己的力量。

五、几点结论

通过对恩格斯在《起源》中关于统一战线起源论述的考察，我们可以得出如下几点结论。

一是《起源》在统一战线起源研究中地位重要。众所周知，恩格斯最早提出"统一战线"这一概念，并与马克思一起，在《共产党宣言》（以下简称《宣言》）中集中、系统阐述了无产阶级统一战线理论和战略策略，将它当作无产阶级解放运动的重要武器。在《起源》中，恩格斯并没有使用"统一战线"这一概念，但通篇大量使用与统一战线近义甚至同义的词汇，如"同盟"一词39处，"联合"一词14处，"团结"一词4处，"盟军"一词1处。如果说《宣言》在制定无产阶级及其政党纲领的同时，还为无产阶级及其政党制定了统一战线的战略和策略，那么《起源》在系统而又详尽地研究家庭、私有制与国家起源的同时，也系统而又详尽地研究了统一战线的起源。因此，要研究无产阶级及其政党的统一战线，就需要首先深入研究《宣言》；要研究统一战线的起源，就不能不深入研究恩格斯在《起源》中的论述。二者都是马克思主义关于统一战线的重要著作，是统一战线实际工作者、理论研究者和教学工作者不得不认真研读的经典著作。

二是探索统一战线起源具有学术与实践意义。人们常说，统一战线是一种社会历史现象，有其自身发生、发展、消亡的过程和规律，是一门科学。既然是一门科学，它的产生，即起源问题就是最基本的问题，这一问题搞不清楚，其发展、消亡问题就成了无源之水、无本之木，更不要说研究它的发展规律了。人们常说的"基础不牢，地动山摇"，就是这个道理。学者提出设置统一战线学这门学科已经好久了，但是其始终难以得到高度重视和大力支持，其学科体

第二讲
统一战线的起源

系自身的构建也不理想,这里面原因固然很多,但其中一个重要原因恐怕与脱离起源谈发展、避开过去谈现在不无关系。人们常说,历史往往具有惊人的相似之处,这是强调历史发展具有继承性。搞不清过去,现在便也难以搞清楚,更不要说未来了。而就实践方面来说,不了解统一战线起源和它的演变过程,就难以深入、准确地把握统一战线的实质,这样会影响人们对统一战线的正确理解和深刻认识,进而影响统一战线工作的实践。人们常说,思想是行动的先导,就是这个意思。近年来,党中央再三强调统一战线的重要性,但至今仍然有不少人对统一战线的理解和认识不到位,"过时论""无关论""上层论""敷衍论"等就是其具体表现。这恐怕与统一战线学没有建立起来,特别是人们对统一战线是怎么来的等问题没有搞清楚大有关系。因此,要切实把统一战线起源问题重视起来,加以认真地研究、概括、归纳,形成成形的理论,这不仅有利于构建完备的统一战线学学科体系,也有利于统一战线工作实践的健康发展。

三是探索原始人的联合行动是有意义的。原始人群内部的团结协作带有统一战线的性质,氏族、部落及部落联盟,都是原始人建立的具有统一战线性质的组织实体。这种行动和组织实体是十分低下的生产力的产物,人类处在"必然王国"之中,还不是自身的主人,而是自然界的奴仆,"人类差不多完全受着同他异己地对立着的、不可理解的外部大自然的支配"[①]。这种统一战线有两个显著特征:一是它的范围大多局限于血缘亲属之间,与外部的联系、交往乃至结盟、共同行动只是偶然现象,因而其范围十分狭窄。正如恩格斯在《起源》1884年第一版序言中所说:"劳动越不发展,劳动产品的数量,从而社会的财富越受限制,社会制度就越在较大程度上受血族关系的支配。"[②] 二是社会在相当长的历史时期尚未出现明显的阶级、阶层分化,这种联合大多并不是围绕政权而展开的,因而它仅仅具有社会性,而不具有阶级性、政治性,还不能与后世的统一战线相提并论。我们知道,如果撇开政治性不谈,统一战线的本质就是人们在共同利益基础上的团结合作、共同行动。原始人群的联合符合统一战线的本质要求。正因如此,我们不妨将它称为原始统一战线,以便与后世

---

① 中共中央马克思、恩格斯、列宁、斯大林著作编译局:《马克思恩格斯选集》第4卷,人民出版社1995年版,第96页。

② 同上书,第2页。

那种政治性统一战线相区别。但我们决不能小视这种统一战线，更不能给它贴上"统一战线泛化"的标签，因为它是后世政治性统一战线的历史起点和逻辑起点，没有这种原始的联合、联盟智慧，就没有阶级社会的政治性统一战线，自然也不会有无产阶级及其政党领导和组织的统一战线，包括现在的爱国统一战线。

四是区分社会性统一战线与政治性统一战线具有重要意义。在尚未出现阶级、阶层、社会利益集团分化的原始社会里，原始人的联合行动尚无政治性、阶级性，它只具有社会意义，因而它是社会性的统一战线。人类一经形成，这种社会性统一战线就产生了。可以说，社会性统一战线的存在，是人类社会的本质特征之一。构建这种社会性统一战线是原始社会各个历史阶段都普遍存在的社会现象，它贯穿于原始社会的始终，也贯穿于阶级社会的始终。即使到共产主义在全世界实现的那一天，这种社会性统一战线应该也会继续存在，因为人们还会为了某种共同需要而联合起来共同行动。恩格斯在《社会主义从空想到科学的发展》一文中说，在共产主义社会里，"人终于成为自己的社会结合的主人，从而也就成为自然界的主人，成为自身的主人——自由的人"①。马克思、恩格斯在《宣言》中说："代替那存在着阶级和阶级对立的资产阶级旧社会的，将是这样一个联合体，在那里，每个人的自由发展是一切人的自由发展的条件。"② 显然，马克思、恩格斯将这种统一战线称为实现了社会结合的"自由人的联合体"。列宁在《伟大的创举（论后方工人的英雄主义。论"共产主义星期六义务劳动"）》一文中将其称为"联合起来的工人"，他说："共产主义就是利用先进技术的、自愿自觉的、联合起来的工人所创造出来的较资本主义更高的劳动生产率。"③ 没有这种社会性统一战线，人类就不能生存，更不要说发展了。而政治性统一战线的产生是社会分化为阶级、阶层和利益集团的产物。它是人类进入阶级社会和国家产生的重要标志之一，也是阶级社会各个社

---

① 中共中央马克思、恩格斯、列宁、斯大林著作编译局：《马克思恩格斯选集》第3卷，人民出版社1995年版，第760页。
② 中共中央马克思、恩格斯、列宁、斯大林著作编译局：《马克思恩格斯选集》第1卷，人民出版社1995年版，第294页。
③ 中共中央马克思、恩格斯、列宁、斯大林著作编译局：《列宁选集》第4卷，人民出版社1960年版，第16页。

第二讲
统一战线的起源

会形态中普遍存在的社会政治现象，属于上层建筑的范畴，贯穿于阶级社会的始终。这种政治性统一战线，将来会随着共产主义在全世界的逐步实现、阶级及其差别的逐渐消失、作为暴力工具的国家的渐趋消亡而逐步丧失其存在条件和重要性、必要性，从而走向消亡。

第三讲
统一战线的本质和基本特征

从人类社会发展史来看，统一战线是人类进入阶级社会以来一直在运用的一种联合战略和策略。第一讲已经讲过，从广义来说，作为社会历史现象的统一战线，是指在阶级社会里，不同的政治力量（阶级、阶层、政党、集团乃至民族、国家）之间，以及这些政治力量各自内部不同派系、利益群体之间，从自身的根本利益出发，为实现某一共同目标而采取的联合行动或结成的政治联盟。那么，统一战线的本质是什么呢？由其基本矛盾所决定的统一战线的特征又是什么呢？这两个问题，是统一战线学研究不容回避的基本问题，因为不弄清这两个问题，就不能揭示统一战线的普遍规律，也不能更好地把握统一战线的其他相关问题，因而难以将统一战线学建立起来，甚至会影响统一战线工作的正常开展。所以，深入研究并弄清这两个问题，其学术价值和实践意义都不容忽视。

这一讲讲三个问题：一是统一战线本质的研究现状；二是统一战线的本质；三是统一战线的基本特征。

一、统一战线本质的研究现状

从现有资料看，经典作家们虽然使用广义统一战线的概念，但对广义统一战线的本质没有做过明确表述。由于本质问题在统一战线学中处于基础地位，党的十一届三中全会以来，随着统一战线学研究逐步提上日程，学术界开始对统一战线的本质问题开展研究，也取得了可喜的学术成果，使人们加深了对这

第三讲 统一战线的本质和基本特征

一问题的认识。但这种研究大多局限于狭义统一战线的本质问题。众所周知，邓小平曾经谈过统一战线的本质。中华人民共和国成立之初，主持西南工作的邓小平在《克服目前西南党内的不良倾向》一文中指出："统一战线是马列主义战略策略原则的具体运用，它的本质就是团结大多数，孤立敌人。"① 显而易见，此处邓小平是针对狭义统一战线，即无产阶级统一战线的本质来谈的。在新的历史时期，李瑞环同志也指出："围绕大目标，建立大联合，是邓小平新时期统一战线思想的核心内容。"② 李瑞环同志在第19次全国统战工作会议上进一步指出，要巩固发展最广泛的爱国统一战线，就必须牢牢把握大团结、大联合这个主题。大团结、大联合关系统一战线的根本，影响党和国家的全局。这次统战工作会议还把"大团结、大联合"定为统一战线永恒的主题。

根据这些论述，许多从事统一战线理论研究工作的专家学者认为统一战线的本质就是大团结、大联合。如崔红星在《统一战线的本质是团结大多数》一文中说，"统一战线的本质是团结大多数，这是统一战线的本义要求和统一战线本身固有的性质，反映了统一战线的面貌和统一战线发展的根本属性"③。李小宁在《统一战线本质论》一文中说，"进入新时期以来，我们党提出，统一战线的本质是大团结、大联合，根本任务是汇聚人心、凝聚力量"。"新世纪新阶段统一战线范围的进一步扩展以及对于统一战线特征的新概括，都标志着我们党对于统一战线本质的认识更为丰富、更为科学。"④ 刘自省在《论统一战线的本质、经验和特征》一文中说，统一战线的本质"归根到底是团结绝大多数人把无产阶级革命斗争进行到底的问题"⑤。李金河、高国升在《统一战线是一门凝心聚力的学问》一文中说："统一战线作为一门科学，解决的就是人心和力量这两个根本问题，就是关于如何围绕党和国家中心任务凝心聚力的学问。""在发展统一战线'法宝论'的基础上，《条例》进一步鲜明地提出：'统一战线是中国共产党凝聚人心、汇聚力量的政治优势和战略方针。'这是从中国立

---

① 《邓小平文选》第1卷，人民出版社1994年版，第155页。
② 李瑞环：《在全国政协八届四次会议闭幕会上的讲话》（1996年3月13日），载《人民日报》1996年3月14日第1版。
③ 崔红星：《统一战线的本质是团结大多数》，《中央社会主义学院学报》1991年第2期。
④ 李小宁：《统一战线本质论》，《中央社会主义学院学报》2010年第1期。
⑤ 刘自省：《论统一战线的本质、经验和特征》，《唐都学刊》1993年第1期。

场出发对统一战线本质的最新概括,是中国特色统一战线的本质论,是内含着'人心论'和'力量论'的本质论。"① 显然,上述对统一战线本质的看法,有的是对无产阶级统一战线本质的表述,有的是对我国新时期、新时代爱国统一战线本质的表述。这些表述无疑是正确的,也是十分必要的。

但是,有的学者却把它们等同于广义统一战线的本质。如林俊德在《略论统一战线的本质》一文中说,"团结大多数是统一战线的本质,这是由组织统一战线的目的决定的","又是由统一战线这种组织形式的特点决定的"。"应当说,任何统一战线都包含着团结大多数的要求,都在一定范围内、一定程度上实现了团结大多数;而无产阶级统一战线团结大多数的本质表现得最为鲜明、突出。"② 王世豪等主编的《马克思主义统战学原理》一书也持大体类似的观点。③ 这种把无产阶级统一战线、我国的爱国统一战线的本质等同于古今中外一切统一战线本质的观点,混淆了狭义统一战线与广义统一战线这种特殊和一般的关系,不能体现无产阶级统一战线、我国新时期以及新时代爱国统一战线的阶级性、先进性。在以生产资料私有制为基础的阶级社会里,剥削阶级受其阶级私利所驱使,被剥削的奴隶阶级和农民阶级也受其阶级狭隘性所限制,其建立的统一战线不可能团结绝大多数人,也不愿意团结绝大多数人。只有无产阶级及其政党组织和领导的统一战线,由于其先进性和历史使命,团结的范围是十分广大的,这是无产阶级统一战线与其他阶级建立的统一战线最根本的区别。这一问题将在以下有关的部分再详细论述。

二、统一战线的本质

要想弄清楚究竟什么是广义统一战线的本质,就必须首先搞清楚什么是本质。那么,什么是本质呢?

唯物辩证法认为,本质与现象是揭示客观事物的外部表现和内部联系及其相互关系的一对范畴。所谓现象,就是人们感官可以感知的事物的表面特征和

---

① 李金河、高国升:《统一战线是一门凝心聚力的学问》,《统一战线学研究》2017年第1期。
② 林俊德:《略论统一战线的本质》,《中共福建省委党校学报》1991年第9期。
③ 参见王世豪、刘庆祥、贾平安:《马克思主义统战学原理》,外文出版社1993年版,第67页。

第三讲 统一战线的本质和基本特征

外部联系。它是客观事物外在的、多样的和不稳定的方面。这种外部联系是人们的感觉器官能直接感知、认识的，反映在人的头脑里，表现为感觉、知觉和表象，其特点是生动、丰富、多变和有外在性，因此，现象中既有直接表现本质的真相，也有歪曲地表现本质的假象。而本质则是事物发展中内在的、共同的、深刻的方面，是一个事物区别于其他事物的根本依据，是事物相对稳定的内部联系，它不能直接感知，而要靠抽象思维才能把握和理解。事物的本质反映在人的头脑中表现为概念。显而易见，要研究、讨论统一战线的本质，就必须既要看联合、团结、合作等统一战线的现象，又要考察产生这种联合、团结、合作等统一战线现象的根本的内在联系。

毫无疑问，古今中外所有统一战线的构建所要解决的都是人心和力量这两个根本问题。根据唯物辩证法关于现象与本质的基本原理，我们可以得出这样的结论：统一战线的本质就是一些政治势力在共同利益基础上团结合作、联合行动。不同政治势力之间的共同利益是它们结成和发展统一战线根本的内在动因，是不同统一战线参加者之间维系团结合作的首要纽带；团结合作是不同统一战线的参与主体实现其共同利益的基本手段和途径，是统一战线得以建立和发展的标志。没有共同利益，统一战线就不可能形成，更不可能持久；没有团结合作，统一战线主体的利益就难以实现，即使能够全部或部分地实现，也需要付出更大的代价。

理由如下。

第一，任何主体加入统一战线的根本目的都是维护自身的利益。马克思主义认为，人们奋斗所争取的一切，都与他们的利益有关。几千年来的阶级斗争、社会革命，都是围绕着利益这个轴心旋转的。正如司马迁在《史记·货殖列传》中所说："天下熙熙，皆为利来；天下攘攘，皆为利往。"利益关系是统一战线内部的基本关系，因此尊重、照顾同盟者的利益是统一战线建立和发展的基本规律。我国古人早就把利害得失看作人心向背的物质基础："取天下者，若逐野兽，而天下皆有分肉之心；若同舟而济，济则皆同其利，败则皆同其害。"[①] "同天下之利者则得天下，擅天下之利者则失天下。"[②] 权衡利害是人们

---

① 《六韬·武韬·发启》。
② 《六韬·文韬·文师》。

采取一切行动的基本准则,当然也是统一战线主体行动的基本准则。世上不存在永久的朋友,也没有永久的敌人,只存在经常的、永久的利益,这是智力正常的人都懂的常识。1989年,邓小平在会见美国前总统尼克松时就明确地说:"我们都是以自己的国家利益为最高准则来谈问题和处理问题的。"① 维护自身利益是统一战线主体之间争夺领导权或者保持独立性的根本依据。统一战线主体之间既有共同利益,又有各自的具体利益。而实现共同利益,是为实现各自的具体利益服务的。因此,放弃争夺统一战线的领导权,特别是放弃自身的独立性,就放弃了更好实现自身利益的机会,甚至使自身利益受到极大损害。

这里有三个事例可以说明问题:匈牙利共产党人和社会民主党人曾经合并为社会党,列宁对此表示过担心。他认为,最好是建立联盟,两党各自保留自己的独立性,这样,在劳动群众心目中共产党人就仍然是一个独立的政党,它的力量就会日益增长,如果社会民主党人背叛了革命事业,在紧要关头共产党就可以同他们完全决裂。后来事实证明列宁的担心不是多余的。1919年匈牙利苏维埃政权失败了,失败的原因是多方面的,客观上是由于英、法等国武装干涉,镇压了匈牙利的革命,主观上是由于匈牙利共产党软弱且缺乏经验,对右翼社会民主党人所做的让步太大,共产党人同社会民主党人的机械合并,使共产党完全融入统一的社会党之中。共产党人由于没有自己的组织,在社会党内和政府内又不占多数,也就不能真正实行自己的纲领。所以列宁说:"任何一个共产主义者都不应该忘记匈牙利苏维埃共和国的教训。"② 我国大革命后期,由于中国共产党尚处于幼年时期,缺乏驾驭复杂形势的能力,面对蒋介石、汪精卫等人排挤、打击共产党人,阴谋背叛革命的反动行径,陈独秀犯了"一切联合,否认斗争"的右倾错误,只是一味地迎合,不惜压制工农运动,解散工农武装,退出国民革命军,拱手让出对统一战线和武装斗争的领导权。结果,蒋介石发动"四一二"反革命政变,血腥屠杀共产党员和革命者,革命的果实被葬送了,大革命失败了,国共第一次合作的革命统一战线也彻底破裂了。"九一八"事变后,日本帝国主义在猖狂地大举侵略中国的同时,鼓吹中日亲

---

① 《邓小平文选》第3卷,人民出版社1993年版,第330页。
② 中共中央马克思、恩格斯、列宁、斯大林著作编译局:《列宁选集》第4卷,人民出版社1960年版,第309页。

善,携手合作,建立"大东亚共荣圈",胡说什么要为中国建立"王道乐土"。这种所谓的"中日合作",其实是牺牲了中国的独立和主权,是对中华民族利益的践踏,因而是不可能为中国人民所接受的。在日本侵略者的猖狂进攻下,中华民族已面临亡国灭种的危险,王明等人竟然还提出"一切经过统一战线",实质是一切经过国民党,将统一战线的领导权拱手送给国民党,这无疑是极端错误的。

第二,共同利益是统一战线内部关系的核心和基础,是不同统一战线主体彼此团结合作的纽带。利益是统一战线关系中的核心问题。统一战线是既有不同利益与不同要求,又有共同利益与共同要求的各种政治势力之间结成的政治联盟。这些经济利益和政治利益构成政治关系的出发点,也是构建统一战线的出发点。这里就产生了一个问题:什么是统一战线的共同利益呢?简要地说,就是参加统一战线的不同主体在某个时期、某个方面的共同需要,不同主体之间的利益交叉构成它们之间的共同利益。这种利益包括物质利益与精神利益,以物质利益为根本,精神利益也不容忽视。统一战线建立的基础是主体们的共同利益,只有这种共同利益能够满足统一战线各主体的各自需要,才能为它们所共同认可。恩格斯指出:"没有共同的利益,也就不会有统一的目的,更谈不上统一的行动。"① 各主体之间的共同利益越多,凝聚力就越强,统一战线就越牢固;各主体之间的利益冲突越大,排斥力就越强,统一战线就越脆弱。共同利益压倒利益冲突则合,利益冲突压倒共同利益则分。

平定六国、统一天下之后,曾经"挥剑决浮云,诸侯尽西来。明断自天启,大略驾群才"的秦始皇,志得意满,专制独裁,穷奢极欲,不顾百姓死活,连年用兵,大兴土木;继续推行严刑酷法,造成"赭衣塞路,囹圄成市"的状况;"焚书坑儒",推行文化专制;等等。面对秦王朝的暴虐统治,各地义军纷纷揭竿起义,这些义军首领成分不一,有的是下层农民,有的是刑徒或奴隶,有的是秦朝小吏,有的是被秦国灭亡的六国贵族后裔。这些政治势力参加起义的最终目的不尽相同,但他们的短期目的都是推翻暴虐无道、侵害他们利益的秦王朝。因此,他们能够互通声气,相互支援,分工协作,勠力灭秦。但

---

① 中共中央马克思、恩格斯、列宁、斯大林著作编译局:《马克思恩格斯选集》第1卷,人民出版社1995年版,第490页。

是，秦朝灭亡以后，这些利益不同、目标各异的义军就分道扬镳，分别归附于刘邦、项羽两大阵营，为取得天下而争夺不休了。公元前60年，罗马共和国的三个风云人物庞培、克拉苏、恺撒，在反对元老院、共同控制罗马政权这个问题上具有共同利益，于是三人结成了"三头同盟"。达成目的以后，这种共同利益消失，他们的同盟就以恺撒建立独裁统治而告终。苏联是世界上第一个社会主义国家，它一诞生，西方帝国主义国家就一直把它视为"异端"、视为洪水猛兽，挖空心思地对它进行封锁、遏制、颠覆，急欲除之而后快。但是，当面对德、意、日法西斯这一全人类的共同恶魔时，它们又和苏联等国结成了世界反法西斯统一战线，共同对付法西斯主义。这种联合是奠基于它们的共同利益之上的，当然，也正由于它们各自利益的根本对立，一旦战胜了法西斯这个头号敌人，这种统一战线也就寿终正寝了。

兼顾不同主体的共同利益是维护统一战线内部团结合作的根本要求。一个主体参加统一战线的根本目的就是维护自身的利益，但它又不能只考虑自身利益，而必须兼顾其他主体的利益，做到求同存异、顾全大局、互利互惠、合作多赢，才能实现自身利益的最大化。否则，其他主体感到利益受到损害，就可能退出统一战线，甚至成为这一统一战线的对立面，造成鹬蚌相争渔翁得利的恶果。1954年10月21日毛泽东在与印度总理尼赫鲁谈话时，讲了统一战线的共同利益基础："我们在合作方面得到一条经验：无论是人与人之间、政党与政党之间、国与国之间的合作，都必须是互利的，而不能使任何一方受到损害。如果任何一方受到损害，合作就不能维持下去。"[①] 如春秋时期卫国第十八位国君卫懿公在位期间，整日歌舞升平，喜好玩乐，特别喜好养鹤，自宫廷苑囿，处处养鹤。他的鹤跟官员一样有品级俸禄，他外出游玩，鹤也分班从幸，载于车前。由于大量养鹤，国库入不敷出，卫国就不得不增加赋税，厚敛于民，以充鹤粮，致使许多百姓挨饥受冻，转死沟壑。不久，北狄军进犯卫国。懿公听到狄人入寇的消息，就立即组建军队，授予盔甲，为战守之计。但是，百姓听说后，纷纷逃避，不愿当兵为懿公出力。后来，好不容易组成一支军队出征，但士兵怨声载道，这样的军队自然军心不振，缺乏战斗力，最终战败，

---

① 中华人民共和国外交部、中共中央文献研究室：《毛泽东外交文选》，中央文献出版社、世界知识出版社1994年版，第167页。

第三讲
统一战线的本质和基本特征

懿公被杀。后来有人赋诗讽刺卫懿公好鹤成癖而不顾人民死活、瓦解与广大百姓的统一战线的荒唐行径:"夷狄凌境内烦忧,驾鹤移轩日日游。荒诞从来岂禄鹤?历来庙堂多冠猴。"再如,春秋时期楚国国王楚灵王在位期间,为图霸业而征伐不断,大会诸侯,大建章华之台,穷奢极欲,耗尽了先辈多年积蓄,不得已加重百姓兵役、劳役和赋税,造成民心尽失。在各方反灵王势力的政治攻势下,百姓纷起投敌,连灵王外出征战所统率的士兵也投向对立面,灵王最后落得个孤家寡人、自杀身死的下场。唐朝诗人胡曾赋《章华台》一诗,鞭挞楚灵王大兴土木、奢侈无度,破坏统一战线的罪行:"茫茫衰草没章华,因笑灵王昔好奢。台土未干箫管绝,可怜身死野人家。"再如秦王朝灭亡以后,义军中势力最大的项羽当了诸侯盟主,分封了18路诸侯。在分封中,项羽把跟自己一起入关的张耳封为常山王,而没有跟他一起入关,与张耳功劳相当的陈馀却被封为三县之侯。陈馀认为项羽主盟分封不公平,于是就参加了齐国田荣组织的反楚统一战线,在代地举起了反楚的旗帜,起兵造反了。1931年"九一八"事变后,日本帝国主义要灭亡中国,在这种即将亡国灭种的情况下,抗击日本侵略者,争取民族独立,成为中国各阶级、各集团、各政党的共同利益,中国共产党和其他各阶级、各阶层都发出了团结起来、一致抗敌的呼声。于是,在中国共产党的积极推动下,中国各阶级,包括工人阶级、农民阶级、城市小资产阶级、民族资产阶级和海外侨胞,以及除汉奸投降派以外的地主阶级和亲英美的买办资产阶级都在抗日这个共同利益的基础上联合了起来,建立了以国共合作为基础的中国近现代史上空前广泛的抗日民族统一战线。但是,抗日战争胜利后,蒋介石集团企图把抗战的胜利果实据为己有,重新恢复国民党一党独裁统治;以中国共产党为代表的广大工人、农民阶级要求建立一个独立、民主的国家,把中国引向光明的前途;资产阶级则希望建立一个欧美式的资产阶级专政的国家,走第三条道路。于是,抗日民族统一战线走向了破裂,并被中国共产党领导的反对内战、独裁、卖国,建立独立、自由、民主、统一与富强的新中国为基础的人民民主统一战线所取代。

第三,协调好利益关系是调动统一战线内部各主体积极性、勠力同心实现共同目标的根本要求。统一战线不同主体的首要任务当然是通过合作实现既定的目标,但如何协调好他们之间的利益关系,也是各方特别是统一战线领导者的重要使命和职责。利益关系协调得好,大家肝胆相照、荣辱与共、通力合作，就能充分发挥统一战线的优势，取得的成效会远远大于各方单打独斗所取得的成效之总和；协调得不好，各方之间就会貌合神离、钩心斗角、互相拆台，甚至反戈一击，取得的成效就会远远低于各方单打独斗所取得的成效之总和。例如，陈胜、吴广揭竿起义，本来在军事上占有很大优势，势如破竹，锐不可当，天下归心。但是，陈胜在称王以后，曾经与他一起佣耕的穷朋友前来看望，陈胜因怕他愚昧胡说，影响自己的威势，竟然将这位老朋友杀死了。这件事的直接后果是："诸陈王故人皆自引去，由是无亲陈王者。"加之陈胜模仿专制帝王作为，擅杀骨干力量，任用非人，听信谗言诛杀有功之将，结果"诸将以其故不亲附，此其所以败也"[①]。再如，战国后期，赵王听说燕、秦通好，怕两国合计谋赵。恰在此时，秦昭王派年幼的甘罗作为使者来到赵国。甘罗先明确指出秦、燕联盟攻赵的目的，这是威吓，也是实情。接着，为维护赵国利益，甘罗又提出让赵国割五城给秦国，与秦国结盟，合作算计燕国，使赵国失于此而得于彼。赵王采纳了这一计策。结果是燕国受损，而秦、赵两国共赢。再如，太平天国农民起义参加者精诚团结，通力合作，由金田村起义后顺长江东下，势力迅速壮大，军队发展到近百万人，并成功占领南京城，改为天京，建号太平天国，完全有可能取清朝而代之。但是定都天京后，领导集团内部洪、杨争权夺利，矛盾日益尖锐，酿成一场互相残杀的天京事变，杀掉两万多将士，太平天国势力由盛转衰，最后归于失败。

第四，共同利益决定着统一战线的性质、内容和范围，并在其中一以贯之。

首先，判定统一战线性质的根本标准是共同利益。如何判定统一战线的性质呢？每个统一战线都具有共同利益，这是所有统一战线的共性。但仅仅依据这一点并不能判定统一战线的性质。要判定统一战线的性质，就要看参加统一战线各主体的共同利益是否能推动社会历史向前发展，是否符合最广大人民群众的根本利益。凡是推动历史向前发展，符合人民群众根本利益的统一战线，就是革命的、进步的；反之则是反动的、倒退的。就拿战国时期的"合纵""连横"来说吧。战国时期，七雄并立，逐鹿中原。以争雄一统为出发点，"合纵""连横"之策应运而生。合纵就是"合众弱以攻一强"，是弱国联合起来

---

① 《史记·陈涉世家》。

抵抗强秦的策略；连横就是"事一强以攻众弱"，是强国迫使弱国屈从并帮助自己进行兼并的策略。这是两个相互对立的统一战线。从历史发展的实际作用来看，燕、赵、韩、齐、楚、魏六国的合纵策略一定程度上起了保家卫国的作用，但却延迟了中国统一的历史进程，无疑是落后的，尽管它是以弱抗强，往往会赢得人们的同情。而与之相对立的秦国连横之策，分化瓦解了六国联盟，发挥了加速中国统一的作用，因而是进步的，甚至是革命的。西汉景帝时，吴王刘濞联合楚、赵、胶东、胶西、济南、淄川等六个诸侯国共同起兵叛乱。唐朝德宗时期，朝廷试图早日解决河北问题，但河北藩镇不愿束手就擒，于是节度使田悦与朱滔、王武俊等人结成对抗中央的军事联盟，与朝廷对抗。从西汉"七国之乱"和唐朝藩镇联兵抗拒朝廷的历史影响来看，它们既引起了社会的动荡，造成"泽国江山入战图，生民何计乐樵苏"，危害了社会的安定和百姓的生产生活，也损害了国家的统一，因而是消极的、反动的。还有，在处理匈奴问题时，西汉除了汉武帝做过大规模的军事反击外，很多情况下是从政治上笼络匈奴，如派王昭君出塞，实行"和亲"政策，在汉匈两家结成亲家的同时，建立了政治上的联盟关系。董必武为昭君墓题诗说："昭君自有千秋在，胡汉和亲识见高。词客各摅胸臆懑，舞文弄墨总徒劳。"① 这首镌刻在昭君墓前石碑上的名诗，既肯定了昭君出塞和亲的卓识，也批判了一些人对和亲的错误认识，称颂了昭君为民族团结做出的贡献。唐朝前期较好地处理了与周边少数民族的关系，与各少数民族建立了比较稳定的联合阵线，如文成公主入藏，使藏汉成为一家等，由此形成了各民族和睦相处的融合统一的繁荣局面。这些都是积极的、进步的。在新民主主义革命时期，中国共产党正确处理了与农民、城市小资产阶级、民族资产阶级的关系，与其他进步势力、中间势力加强了整合，结成了一系列的统一战线，从而增强了战斗力，削弱了反动势力，改变了敌我力量对比，终于推翻了压在中国人民头上的三座大山，建立了中华人民共和国，这无疑是亘古以来的巨大胜利，是中国社会历史的巨大进步，并对世界做出了历史性的贡献。

其次，共同利益决定着统一战线主体范围之广狭和工作之各方面。利益关系是统一战线的根本关系，某个主体是否参加统一战线，关键在于它与统一战

---

① 转引自朱真等：《中国古代统战谋略》，中国国际广播出版社1993年版，第59页。

线的其他主体是否具有共同利益。有共同利益,它就会参加,否则就不会参加。统一战线工作必然围绕不同主体的共同利益而展开,力求使它们在共同利益上求同存异、顾全大局、通力合作。例如,1870年7月19日,普法战争爆发。这场战争是普鲁士、法国两个国家之间为争夺领土而进行的掠夺战争。法国战败投降,拿破仑三世被俘。愤怒的法国人民推翻了帝国统治,随后又推翻了资产阶级代表人物成立的卖国的国防政府,占领巴黎,打碎资产阶级国家机器,成立了临时革命政府——巴黎公社。此时,本来互为仇敌的普鲁士、法国两国资产阶级发现,与他们的根本利益相对立的巴黎工人成了双方的共同敌人,于是放弃敌对关系,握手言和,联起手来共同对付巴黎工人。巴黎公社就是这样被普法两国资产阶级联合绞杀的。再如,第二次世界大战中,一贯敌视苏联红色政权的西方国家之所以参加世界反法西斯统一战线,是因为德、意、日法西斯的疯狂扩张危害了它们的根本利益。在对付德、意、日法西斯的问题上,是共同利益将这些国家联合起来采取共同行动的。一些虽未遭受侵略,但很可能即将遭受侵略的国家也参与其中。还有,我国的抗日战争时期,代表大地主、大资产阶级利益的国民党亲英美派人士之所以能参加统一战线,就是因为日本帝国主义的侵略已经损害到他们的根本利益,他们在反对外敌入侵、争取民族独立、保卫国家生存方面与其他革命阶级有共同利益。共产党要团结他们共同抗敌,就必须以共同利益为敲门砖,对他们开展统战工作。

最后,共同利益贯穿统一战线的始终。共同利益是各主体参加统一战线的根本目的,统一战线因为共同利益和共同目标而建立,也会因为失去共同利益和共同目标而分裂,或者因为共同利益和共同目标的实现而消亡。这就是历史上一切剥削阶级往往将统一战线当作策略的根本原因。如在与项羽争夺政权的过程中,刘邦招降纳叛,广罗人才,勠力灭楚,但随着项羽政权的覆灭、西汉的建立,刘邦就开始清理门户,从前的同盟者——异姓诸侯王成了他急欲除之而后快的对象。朱元璋出身寒微,在创业的过程中,从四面八方广揽贤能,吸收了一批运筹帷幄、能谋善战的文臣武将,辅佐他终成统一大业。但在削平群雄、灭亡元朝、建立大明王朝后,他诛杀功臣,前后历时十四年,功臣几乎全部被杀光,朝堂为之一空,达到骇人听闻的程度,比汉高祖有过之而无不及。清代著名史学家赵翼在《廿二史札记》中,谴责朱元璋是"藉诸功臣以取天下，及天下既定，即尽举取天下之人而尽杀之，其残忍实千古所未有"①。为了对付日本帝国主义这个共同的敌人，蒋介石集团被迫放弃"剿共"政策，建立了以国共第二次合作为基础的抗日民族统一战线，但当日本帝国主义被打败之时，蒋介石集团为维护其独裁统治，就开始破坏第二次国共合作，悍然发动内战，企图以强大的军事实力消灭共产党及其领导下的人民军队。无产阶级的阶级本质和历史使命决定了无产阶级统一战线将是人类历史上最广泛、历时最久远的统一战线。恩格斯指出："被剥削被压迫的阶级（无产阶级），如果不同时使整个社会永远摆脱剥削、压迫和阶级斗争，就不再能使自己从剥削它压迫它的那个阶级（资产阶级）下解放出来。"② 这段话的意思是，无产阶级只有解放全人类，才能最后解放自己，这是无产阶级的伟大历史使命。在完成这一历史使命的过程中，无产阶级及其政党领导的统一战线是始终必要、始终存在的，不存在像以往剥削阶级所不断进行的卸磨杀驴一类事情。只有到无产阶级彻底完成了政治解放、经济解放和社会解放的全部任务以后，到阶级、阶级差别及其根源完全被消灭，全世界实现共产主义，全人类得到解放的时候，无产阶级的统一战线才会最终消亡。

三、统一战线的基本特征

马克思主义经典作家对广义统一战线的基本特征也没有做过系统的论述，我国统一战线理论界也仅对我国目前的爱国统一战线的基本特征进行了较多研究，提出了诸多不同看法。如有人认为，我国爱国统一战线有丰富的多样性和广大的包容性这两个特征；有人认为，这种统一战线有重要性、长期性、广泛性、复杂性四个特征；有人认为，它的特征是对象新、范围广、任务重、要求高；还有人认为，其特征有多样性、动态性、包容性。③ 此外，韩秀明、邓丰文等人还提出了自己的独特看法，认为"'求同存异'是统一战线存在和发展

---

① （清）赵翼：《廿二史札记》，曹光甫校点，凤凰出版传媒集团、凤凰出版社2008年版，第498页。
② 中共中央马克思、恩格斯、列宁、斯大林著作编译局：《马克思恩格斯选集》第1卷，人民出版社1995年版，第252页。
③ 参见黄如军：《新时期统一战线若干基本问题研究综述》，《中央社会主义学院学报》1994年第4期，第39—40页。

的主要特征"①"'内方外圆'形象地概括了统一战线的本质特征""内方寓意为原则性,外圆则是指灵活性"②。

不难看出,上述几种看法无疑都是对我国新时期、新时代爱国统一战线基本特征进行的有益探讨,但其中有些特征,如"多样性""包容性"等不仅适用于我国新时期、新时代的爱国统一战线,也适用于古今中外所广泛存在的广义统一战线。人类社会历史上出现过的统一战线多种多样、性质各异:有的有领导者,有的则没有领导者,参与各方平等合作;有的约束力较强,有的联合则比较松散;有的是较稳定的战略,有的策略性比较明显;有的是进步的、革命的,有的则是落后的,甚至是反动的;等等。因此,在概括广义统一战线基本特征时,应该正确处理一般和特殊的关系,特别是要注意一般性。广义统一战线的基本特征,应该是古今中外所有统一战线所共有,而不仅仅是我国爱国统一战线所独有的。

《辞海》中"特征"词条的释义是:"一事物区别于他事物的特别显著的征象、标志。"根据这一定义,再认真考察古今中外所广泛存在的广义统一战线,笔者认为罗振建、吴文华主编的《统一战线学研究》一书对统一战线的特征概括得较好。该书认为,广义统一战线的特征为政治性、阶级性、多样性、包容性、合作性和社会历史性。③ 这"六性"的基本特征从不同方面体现着统一战线的本质。现在,笔者就分别予以讲解。

第一个基本特征是政治性。在原始社会里,原始群、氏族、部落、部落联盟内部及它们之间的联合属于社会性统一战线,不在讨论之列。而在阶级社会里,各种政治性统一战线的核心问题都是国家政权问题,即统一战线总是围绕夺取、巩固、参与、影响国家政权而展开的。统治阶级为了巩固自己的统治地位,往往采用两手策略,一手是用各种暴力工具、专政手段,对被统治阶级的反抗进行镇压;另一手是积极协调内部矛盾,联合同盟者,甚至给被统治阶级一定好处,促使其发生分化,努力建立一个有利于自身统治的统一战线。被统治阶级为了改变自己被剥削、被压迫的地位,也总是团结起

---

① 韩秀明、陈银珍:《社会主义初级阶段统一战线的特征原则和方针政策》,《合肥工业大学学报(社会科学版)》1999年第13卷增刊,第42页。
② 邓辛文:《"内方外圆"与统一战线》,《毛泽东思想论坛》1996年第3期,第26页。
③ 罗振建、吴文华:《统一战线学研究》,重庆出版社2005年版,第39—42页。

第三讲
统一战线的本质和基本特征

来,联合同盟者,甚至分化瓦解统治阶级,开展夺取国家政权的斗争。如刘邦、朱元璋在领导农民起义的过程中,团结广大农民,同时招降纳叛,吸收前朝的文武官员,甚至吸收贵族出身的某些有识之士,建立起比较广泛的统一战线,最后推翻残暴腐朽的秦王朝、元王朝,取得了革命的胜利,建立了新的王朝。农民阶级是如此,资产阶级更是如此。在革命时期,资产阶级不仅将本阶级团结起来,"为了达到自己的政治目的必须而且暂时还能够把整个无产阶级发动起来"①,结成统一战线,开展反对封建阶级的斗争,最后取得了革命的胜利,成为统治阶级。资产阶级掌握政权后,既与封建地主阶级妥协,又给予无产阶级一定的民主权利,还利用掠夺殖民地获得的财富来收买工人贵族,分化工人阶级,破坏工人运动。为了削弱无产阶级的革命性,资产阶级甚至将蛋糕做大,切下一块给无产阶级,实行福利制度,从而形成一个比较稳定的社会政治局面。

第二个基本特征是阶级性。结成统一战线的不同政治势力总是属于一定阶级、阶层、集团、民族、国家的。因此,这些政治势力在建立和巩固统一战线的过程中实行的政策、战略、策略和要达到的目的,也必然要反映他们各自阶级的利益要求,如刘邦、刘秀、李世民、朱元璋为了封建王朝的长治久安,在维护地主阶级根本利益的同时,对广大农民也实行休养生息的让步政策。其中,唐太宗李世民对农民的让步最为突出,具体地说:第一,务清静以安百姓,采取了节力役、息边争、不违农时等措施;第二,治生业以富百姓,采取了大办农业、抑制剥削等措施;第三,去不急之费以纾民力,采取了精简机构、"抑情损欲"等措施;第四,赈灾慎刑以护百姓;第五,崇儒重教以化百姓;第六,慎选官吏以抚百姓。明文规定,地方官凡在任期间能增殖人口、劝课农桑、施政清平者,就加以升迁;凡在任贪黩冒滥、枉法害民者则给予降职处分。因此,当时的地方官在任期内大都以招抚流亡、劝课农桑、安抚百姓为务,史称贞观时期"官吏多自清谨""官得其人,民去叹愁"。中国共产党在抗日战争时期实施的"减租减息"政策,就既反映了农民阶级的利益要求,又照顾了地主阶级的利益要求。

---

① 中共中央马克思、恩格斯、列宁、斯大林著作编译局:《马克思恩格斯选集》第1卷,人民出版社1995年版,第280页。

政治的本质属性是阶级性。阶级分析方法是马克思主义分析社会政治现象的基本方法。列宁指出，政治的实质就是阶级之间的关系，这一关系决定着苏维埃共和国的命运。列宁此处显然讲的就是统一战线内部的阶级、阶层关系。无产阶级统一战线理论的形成和发展，就是以马克思主义阶级分析法为基础的。如果说像古代有些政治势力那样，为眼前利益而结成统一战线还只是一种自发行为的话，那么在今天，只有运用马克思主义阶级分析方法，分清敌我友，制定相应的统一战线战略策略和政策，才能使统一战线的结成由自发行为上升为自觉行为。毛泽东的《中国社会各阶级的分析》一文，奠定了中国共产党阶级分析方法的基础，对我们分清敌我友，团结真正的朋友以攻击真正的敌人，建立和发展统一战线具有相当重要的指导意义。在中国特色社会主义现代化建设新时代，只有运用阶级分析方法，认真考察分析我国不同阶级、阶层、集团、政党、民族之间经济地位的差别及其政治态度和倾向，才能制定出科学地维护各阶级、阶层、集团、民族利益的战略策略和政策，才能真正最广泛、最充分地团结一切可以团结的力量，甚至化消极因素为积极因素，形成支持改革、建设的强大阵容。

第三个基本特征是多样性。统一战线的多样性主要体现在两个方面：一是主体具有多样性。只有一种政治势力构成的统一战线，力量十分有限，在达成其政治目的上往往显得软弱无力。正所谓"泰山不让土壤，故能成其大；河海不择细流，故能就其深；王者不却众庶，故能明其德"。因此，古今中外的统一战线往往是由不同政治势力所构成的。如据史料记载，在夏朝，每当大规模的奴隶起义爆发后，平民就乘机参与各种骚乱活动，有些平民甚至直接参加奴隶起义。参加秦末农民起义军统一战线的，有下层农民、囚犯、奴隶，有小吏、官僚、小手工业者、小商人，还有贵族。太平天国运动中，太平军吸收了开矿采煤工人、沿江谋生的纤夫、船夫和码头挑脚，以及城镇中的铁匠、木匠、小贩和轿夫，他们是太平军的重要兵源。孙中山建立的反清革命统一战线，就包括海外华侨、国内会党和新军。我国新时期、新时代的爱国统一战线是包括全体人民在内的统一战线。对台湾同胞、港澳同胞和海外侨胞，只要他爱国，赞成祖国统一，即使不赞成社会主义制度，哪怕是赞成奴隶主义的，也要积极争取和团结。这还不够，还要团结和争取世界上其他国家和民族的人民，以便赢得他们对我国建设和改革事业的支持。不同政治势力的划分具有多样性、相对性，往往一个国家内部有多个民族，一个民族内部有多个阶级，一个阶级内部有多个阶层、集团、政党，等等。即使是像无产阶级这样最先进、最革命的阶级，本身也不是纯而又纯的铁板一块，其中也有阶层、地域、职业、信仰等的区别。二是主体的利益需求具有多样性和变化性。统一战线是在共同利益基础上，围绕共同目标而建立起来的。但在统一战线之中，不同政治势力既有共同利益，也有其他利益，既有共同目标，也有其他目标。例如，巴黎各派工人在推翻投降卖国的资产阶级国防政府后成立了巴黎公社，要求建立无产阶级自己的"世界社会共和国"，但在如何实现这一总目标问题上，各派尤其是布朗基派和蒲鲁东派的看法和主张分歧很大，以致在敌人大兵压境的情况下争吵不休，丧失了宝贵的时机，这是巴黎公社迅速失败的重要原因。再如，我国抗日民族统一战线的总目标是打败日本帝国主义，实现民族独立，但是，战胜日本侵略者后建立一个什么样的国家，国民党、共产党、民主党派和其他人士提出了不同看法、不同主张，这些实际上就是不同阶级基于各自阶级利益而提出来的。世界上一切事物都不是一成不变的。随着社会历史条件及不同政治势力相互关系的变化、面临任务的变化，以及外部影响因素的变化，统一战线中不同政治势力的利益需求也在变化，它们的要求、主张也必然是变化的、多样的。

第四个基本特征是包容性。既然统一战线主体的利益需求具有多样性，那么在制定统一战线战略策略和政策时，就需要在不损害不同主体的共同利益基础上实现互相包容、求同存异。一方面是统一战线内部各个不同政治势力要顾全大局，为了整体、长远利益而做出必要的妥协、让步；另一方面又不能用共同利益和共同目标取代不同主体自身的特殊利益和特殊目标。《周易》的《兑卦》，就是兑上兑下、同卦相叠的结构。兑为泽，两兑相叠，有两泽相连、两水交流之象，比喻双方相合，朋友相慕，有切磋协商之意。从统一战线角度来说，这指的就是不能你唱你的调，我吹我的号，造成一种人为的离心力、排斥力，而要以民主协商的方式，尊重统一战线不同主体的独立性及其主张、活动方式的多样性。如果在统一战线内搞一言堂，只能允许一种主张、一种模式存在，则对统一战线只有坏处，没有好处。如苏维埃政权建立后，列宁领导下的俄共（布）实行新经济政策，对农民进行妥协，以粮食税代替余粮收集制；对社会革命党实行妥协，不以多数票来压制它，而是全盘接受它的土地纲领；等等。当然，不容回避的是，在世界社会主义运动史上，有过不尊重同盟者的独立、自主、平等地位，把他们当作自己的依附者的情况。如苏联以家长制态度对待"社会主义大家庭"成员，干涉其他党和国家的内部事务，20世纪60年代发生过苏联出兵占领捷克斯洛伐克事件。这些都严重地践踏了国际公认的联合的基本准则。20世纪50年代末60年代初，中苏友好同盟的破裂、社会主义阵营的瓦解就同苏联的大国主义、大党主义，肆意干涉其他社会主义国家的内政，不容许他们探索适合本国国情的社会主义模式有必然联系。另外，还存在过任意损害同盟者利益的情况，这在20世纪30年代的苏联工农关系中表现得特别突出。当时苏联政府为了加速实现工业化，加大了工农业产品价格的剪刀差，变相地剥夺农民，让他们为社会主义工业化缴纳贡赋。这种政策严重地挫伤了农民的积极性，影响了农业的发展。1989年，苏联国内在民众中抽样调查，询问"苏共究竟代表谁"的问题时，认为苏共代表工人的只占4%，认为其代表劳动人民的只占7%，而认为苏共代表党的官僚、代表干部和代表机关人员的竟占85%。苏联解体的原因很多，但长期损害农民利益，损害基层工农群众利益，恐怕是重要原因之一。

我国由于受苏联影响，农产品价格也长期偏低。党的十一届三中全会以后，中共中央和国务院调整了农产品价格，实行了一系列改革，工农之间的利益关系日趋协调。构建统一战线，就要调节同盟者之间的利益，照顾各方面的要求。如果长期损害一部分同盟者的利益，违背他们的意愿和要求，就可能影响统一战线的巩固和发展。

第五个基本特征是合作性。所谓合作性，指的是不同的统一战线主体在组织和行动上相互配合、相互支援、协调一致。如果统一战线的目标、纲领、主张等只停留在协议或声明上，而未落实到组织和行动上，那么，这样的统一战线还不是真正的统一战线，还发挥不了什么作用。因此，组织和行动上的合作性是统一战线的根本标志，是统一战线的主要内容，是实现统一战线各主体共同利益和目标的首要手段。"唇亡齿寒""辅车相依"这两个成语就说明了这个道理。我国春秋时期，虞、虢两国同姓比邻，唇齿相依，相互支援，对邻国晋国是一个很大的威胁。后来，贪婪的虞国君主接受晋国"垂棘之璧"和"屈产之乘"这两个"至宝"的贿赂，不仅不支援虢国抵抗晋国的侵伐，反而借道让晋国军队通过，去消灭虢国。这样，原有的统一战线就名存实亡了。再如，

第三讲
统一战线的本质和基本特征

赵襄子即位时，晋国国君权力持续下降，原来维持晋国权力的"六卿"在相互斗争中剩下四卿，即智氏、韩氏、魏氏、赵氏，而智氏势力最大。正卿智伯假借晋侯之命向韩、赵、魏三家索地百里。韩、魏两家不敢与之争锋，如数交出。而赵襄子不愿俯首听任智伯摆布，回绝了智伯。愤怒的智伯遂率领智、韩、魏三家联军，攻打赵襄子，将其围在晋阳一年有余。智伯又掘晋水汾河之坝，水灌晋阳，城中军民"悬釜而炊，易子而食"，危在旦夕。就在这关键时刻，襄子估计晋阳城越是危急，韩、魏两家就会越无战心，因为他们知道赵氏的灭亡对他们意味着什么。于是派人潜入韩、魏两营，晓之以"唇亡齿寒"的利害，说服他们与赵氏结盟，趁智伯胜骄不备之机，内外夹攻消灭智氏，共分其地。最后，在赵襄子的精心策划下，智氏原来的同盟反戈一击，智伯功亏一篑，他自己腹背受敌，最后落了个身败名裂、祸及家族的下场，连自己的颅骨都沦为别人的酒器。像智、韩、魏这种朝秦暮楚的统一战线自然难以发挥什么应有的作用。

第六个基本特征是社会历史性。统一战线的这一特征主要体现在两个方面：一是统一战线的主体、目标、战略、策略、合作方式等都是随着经济社会发展和科学技术进步以及时代主题的变化而变化的，因而具有鲜明的时代特征。就历史来说，统一战线已经经历了古代统一战线、近代统一战线、现代统一战线三种形态的逐步发展，后者总是以前者为基础，发展、完善前者，呈现前所未有的特点的。例如，古代统一战线往往具有狭隘性、松散性、专制性特征，并且总是与等级制度、家族制度和宗教思想结合在一起；近代统一战线主要通过"自由、平等、博爱"理念和资产阶级民主制度来联合不同政治势力，争取同盟者；即使在同一个历史时代，同一种政治势力在不同历史时期建立的统一战线也各不相同，如我国新时期、新时代的统一战线，其理论、方针政策、工作方法等，也与新民主主义革命时期和社会主义革命时期有很大区别。这些不同都是由所处不同时代的条件所决定的。二是统一战线是一种社会历史现象，属于上层建筑中意识形态的范畴，它是原始社会末期社会分化为阶级、阶层等利益集团的产物，也必将随着生产力的高度发展、共产主义在全世界的逐步实现、阶级及其差别的逐渐消失、作为暴力工具的国家的渐趋消亡而逐步丧失其存在条件，走向消亡。统一战线贯穿阶级社会的始终，其存在和发展是不以人的意志为转移的，有着相当长的历史过程，有其自身产生、发展和消亡的客观规律。

第四讲
统一战线的基本功能

广义统一战线就是不同政治势力之间和某些相同政治势力内部不同利益群体结成的统一战线,这种统一战线自人类进入阶级社会以来就一直存在,迄今已有几千年的历史了。对广义统一战线的基本功能问题,从古至今人们都疏于探讨。统一战线的基本功能问题是统一战线学的基本问题之一,探讨这一问题,厘清其基本方面,对于更好地认识统一战线的本质、规律及其历史发展过程,更好地发挥其作用,都具有重要意义。

一、统一战线功能的研究概况简评

自从统一战线问世以来,在漫长的历史中,人们虽然都在自觉或不自觉地运用统一战线战略和策略,但始终没有对其功能问题做过理论上的完整阐述,更没有做过客观的、实事求是的深入研究。自从毛泽东提出"统一战线是一门专门科学"这一命题以来,特别是党的十一届三中全会以来,统一战线学逐步成为一门独立的科学,统一战线理论界的一些专家学者开始对这门学科进行深入的探讨和系统的构想,日益重视统一战线功能问题,相关研究成果也越发多了起来,这些学者提出了不少个人见解。这里择要列举几家。

①黄象品在《发挥统一战线的本质功能》一文中,认为统一战线有五项功能,即共识凝聚功能、爱国团结功能、活力整合功能、财富创造功能、聚财创业功能。①

---

① 黄象品:《发挥统一战线的本质功能》,《湖南社会科学》2010年第2期。

②贺善侃在《最大公约数：统一战线的实质与功能》一文中，认为统一战线有三大功能，即凝聚人心、汇聚力量的功能，协调关系、化解矛盾的功能，人才荟萃、智力密集的功能。①

③吴大兵在《大统战工作的含义及功能探微》一文中，认为统一战线有五大功能，即凝聚人心、整合力量、引导行为、协调关系、促进发展。②

④赵洪达在《统一战线的功能及其实现的过程》一文中，认为统一战线有六项功能，即凝聚功能、转化功能、融合功能、交流功能、配置功能和教育功能。③

⑤罗振建、吴文华在《统一战线学研究》一书中，认为统一战线有五项功能，即团结合作、综合协调、政治参与、联谊沟通、政治服务。④

⑥《中国统一战线》杂志于2012年第7期刊登署名"同言"的文章《统一战线是我们党团结凝聚力量的基本方式》作为卷首语，指出："统一战线作为政治联盟，具有巩固自己力量、争取中间力量、分化敌对力量的重要功能，是解决力量问题的基本方式和配置力量的基本手段。"⑤

上述前四种看法，是从无产阶级统一战线中概括出其功能的，自有其道理和价值，但它们大同小异，大多不能说是阐明了统一战线最基本的功能，只是概括了其最基本的功能衍生出来的功能。第五种看法虽然贯通了古今中外所有的统一战线，概括出来的功能对所有统一战线具有共同适用性，但仍然不是统一战线的最基本功能。要概括出广义统一战线的基本功能，必须坚持辩证唯物主义和历史唯物主义立场、观点和方法，明确辨析什么是功能，从而得出符合实际的、普遍适用的结论。

那么，什么是功能呢？结构和功能是现代科学和实践条件下形成的辩证法的新范畴，它们是对立统一的关系。结构和功能这对范畴，是通过事物与周围环境相互作用的过程来揭示事物的联系和发展的。所谓结构，就是事物内部各要素的组合方式、结合方式；而功能则是指一事物作用于他事物的能力，即系

---

① 贺善侃：《最大公约数：统一战线的实质与功能》，《重庆社会主义学院学报》2015年第5期。
② 吴大兵：《大统战工作的含义及功能探微》，《福建省社会主义学院学报》2009年第6期。
③ 赵洪达：《统一战线的功能及其实现的过程》，《福建统战理论学刊》1998年第1期。
④ 罗振建、吴文华：《统一战线学研究》，重庆出版社2005年版，第134—145页。
⑤ 同言：《统一战线是我们党团结凝聚力量的基本方式》，《中国统一战线》2012年第7期。

统作用于环境的能力，揭示的是事物与周围环境的相互作用。功能与作用其实是从不同角度表述同一个过程，就事物本身而言是指它具有什么能力；就事物与其他事物的关系而言是指它具有什么作用。作用正是功能在事物的相互影响中的表现。一事物的功能总是在与环境的作用过程中表现出来，所以，我们也可以把系统对环境的作用称为系统的功能。功能作为一种事物所具有的能力，必须通过与周围事物或环境的相互作用表现出来。功能体现着事物与外部环境之间物质、能量和信息输入和输出的转换关系。研究功能的重点是"它在干什么""它能干些什么""它不能干什么"。这样的研究方法打破了事物结构与质的层次的差别，不同结构不同质的事物也能够发挥同样的功能，因此，我们应着力于发掘新的功能与增强功能的影响力，以改进工作，提升效率。

我们可以将广义统一战线看作一个系统，这个系统有其自身的结构和功能。罗振建、吴文华将这个系统划分为四个层次，即核心层、紧密层、半紧密层、松散层。[①] 笔者赞成这种做法，但为了避免重复，在此不再谈这一问题。那这个系统的功能究竟应该是什么呢？根据唯物辩证法对功能的论述，笔者认为，上述第六种看法虽然讲的是中国共产党领导的统一战线，但也适用于古今中外的各种统一战线。也就是说，古今中外的所有统一战线都具有巩固自身团结、争取中间势力、分化敌对势力三种基本功能。下面就对这三种基本功能分别进行讲解。

二、统一战线巩固自身团结的基本功能

（一）自古以来巩固自身团结的理论与实践

实现自身团结，是统一战线巩固和发展的关键。无论我国古代历史，还是中国共产党的历史，都能够证明这一点重要性。

对于自身团结问题，我国古人早就有所论述，《诗经·小雅·常棣》说："兄弟阋于墙，外御其务（侮）。"春秋时期大军事家孙武在《孙子兵法·谋攻》中提出"上下同欲者胜"。战国时期的军事家吴起在《吴子兵法·图国》

[①] 参见罗振建、吴文华：《统一战线学研究》，重庆出版社2005年版，第117—133页。

第四讲
统一战线的基本功能

中提出了"四和"的重要原则:"不和于国不可以出军,不和于军不可以出陈(阵),不和于陈(阵)不可以进战,不和于战不可以决胜。"这些论述都强调统一战线中自身团结的重要性。

在中国历史上,虽然这方面的论述不多,但在实践中,有头脑的政治家、军事家都很重视内部的团结,如为了东征平叛,周公首先争取对自己有误解的朝廷重臣召公的理解和支持,以便实现内部团结,避免后院起火。为了团结稳定功臣集团与自己一起治理国家,晋文公与狐偃、赵衰等人在黄河渡口盟誓绝不相背。为了团结稳定手下文臣武将跟随自己继续奋斗,刘邦采纳张良的建议,不再分封六国王族之后为王,而是对手下文臣武将论功行赏。刘秀率军攻下邯郸,消灭王郎割据势力之后,缴获不少文件,其中有几千封是刘秀部下写给王郎的书信。这些人怕刘秀为此惩罚他们,惶惶不可终日。但刘秀并没有那样做,而是把所有的军吏集合在一起,当场命令把这些书信统统烧毁。刘秀的这一做法,让那些曾有二心的人打消了顾虑,对他感激不尽,决心以后舍生忘死地报答他。《三国演义》第三十回《战官渡本初败绩 劫乌巢孟德烧粮》中说,曹操在官渡之战中以弱胜强打败袁绍,袁绍逃走。曹操在派人检查清点袁绍来不及烧毁的文件档案时,有一个重大的发现:里面有许多中央官员写给袁绍的表态站队的信件,甚至有相当一部分是他军队中的将军向袁绍示好的信件。手下人向曹操请示如何处置,左右都说:"可逐一点对姓名,收而杀之。"曹操却说:"当绍之强,孤亦不能自保,况他人乎?"曹操大手一挥,下令将书信全部烧掉,一件都不许留下。清廷入关前,皇位的继承上尚未形成世袭的制度,习惯在皇族中由八旗"和硕贝勒"协商推举皇帝。皇太极死后,最具力量争夺皇位者,是位在诸王之上的睿亲王多尔衮和皇太极长子豪格。双方都有不少支持者,而豪格的优势更大。双方虎视眈眈、剑拔弩张,大有兵戎相见之势。多尔衮虽有称帝之心,但形势严峻,不敢贸然出头,就趁豪格虚让之机,提出拥立皇太极第九子、年仅九岁的福临为帝,由自己和济尔哈朗辅政,待福临年长,当即归政。这一做法,既争取了中间派,又平息了豪格势不两立的气势,避免了满洲贵族间的公开分裂,保证了清军入关夺取全国政权的目标得以实现。

这种事例不仅中国有,外国也不少。如资产阶级革命前的法国,封建统治已如死水一潭。为了缓和阶级矛盾,法国王室召开三级会议,但王室根本不愿遵守会议上与人民约定的条款，于是第三等级的农民、手工业者和城市平民等，在其领导人的努力下，团结起来，高呼"到巴士底去"的口号，拉开了法国大革命的序幕，最终取得了大革命的彻底胜利。正是第三等级劳动人民的团结，才确保革命达到了预期的目标。

上述都是通过巩固自身团结而成功的事例，还有因自身不团结而失败的史实。如陈胜、吴广在起义开始时注重内部团结，势力发展迅猛，天下群起响应。但后期，由于陈胜轻杀曾与自己一起佣耕的农民朋友，脱离了农民阶级；任用奸佞，怀疑、擅杀大将，致使部下离心离德，纷纷脱离陈胜的领导，结果起义仅仅6个月就归于失败。再如，太平天国运动初期，领导集团团结奋斗，队伍迅速发展壮大，达到百万之众，并定都天京，占据半壁江山；但中后期，由于领导集团内部钩心斗角，酿成惨烈的天京事变，许多无辜将士被杀，太平天国由盛转衰，最后归于失败。

马克思、恩格斯在《共产党宣言》中不仅提出要建立工人阶级统一战线，号召"全世界无产者，联合起来"，而且十分重视工人阶级的内部团结。马克思、恩格斯在创立世界上第一个以科学社会主义为指导思想的国际无产阶级政党（共产主义者同盟）的时候，就已经发现工人阶级内部存在不团结的现象，预见了工人阶级队伍会不时地发生分裂，所以把工人阶级自身的团结当作一个十分重要的理论问题和实践问题来看待，明确主张工人运动中各个派别之间应该结成统一战线。在实践中，马克思、恩格斯将各种派别的工人阶级组织团结起来，建立了国际工人组织第一国际、第二国际。

中国共产党成立后，在大革命初期和中期，由于全党政治路线正确、组织上团结，通过以国共第一次合作为基础的民主联合战线，团结了广大的工人、农民、小资产阶级和民族资产阶级，推动了革命形势的发展，使北伐战争取得了胜利。在土地革命战争时期，由于王明推行"左"倾冒险主义政治路线，大搞宗派主义分裂组织，使党的团结遭到严重破坏，几乎葬送了统一战线方面的革命事业。毛泽东认为，党的团结特别是最高领导层的团结，是党的事业成功的关键。因此，毛泽东和张闻天、周恩来等十分重视党内的团结统一，如在遵义会议上只解决军事路线和军事指挥问题，不涉及六届四中全会时的政治路线问题，因为在当时危急的形势下，军事问题占压倒性地位。如果这时就尝试把思想路线、政治路线等重大问题一揽子解决，不仅做不到，还有可能事与愿违，造成适得其反的后果，所以会议集中批判了博古在军事上的错误，但又不过多追究个人的责任，仍让他继续担任中共中央政治局常委。遵义会议上，中国共产党取消了李德、博古的最高军事指挥权，确认了毛泽东的军事指挥权，但对犯了路线错误的同志没有采取残酷斗争、无情打击的错误方法，而是团结了同志，避免了党的分裂，维护了党的团结，从而保证红军渡过了最困难的时刻，完成了长征。之后，全党实现了以毛泽东为首的党中央的团结和统一，建立了抗日民族统一战线和人民民主统一战线，团结各民主党派、各人民团体、各阶级、各阶层等，取得了抗日战争和解放战争的伟大胜利。中华人民共和国成立以后的"文化大革命"中，林彪、江青两个反革命集团阴谋篡党夺权，严重地破坏了全党的团结和统一，给统一战线事业带来了极大的灾难，统一战线工作几近瘫痪。党的十一届三中全会以来，由于党恢复和发展了正确路线，实现了全党的空前团结，改革和建设的形势越来越好，统一战线事业也蓬勃发展。

数千年的人类历史和中国共产党 90 多年的历史都表明，自身的团结尤其是领导集团的自身团结是顺利开展统一战线活动和成功实现统一战线目标的首要基础和前提条件，关系着领导者地位的巩固和领导作用的发挥，关系着统一战线事业的兴衰成败。因此，统一战线作为不同的利益集团为一定目标而组成的联盟，要调动不同的同盟者共同奋斗，首先其领导者要团结统一，形成一个坚强的领导核心，这样统一战线才具有强大的影响力、吸引力和凝聚力，才能巩固基本群众与同盟者加入统一战线的信心和决心，形成强大的队伍。可见，实现、巩固领导集团自身的团结统一是统一战线的一项基本功能和基本原则。

（二）使巩固自身团结基本功能生效的途径

既然自身团结居于如此重要的地位，那么，如何才能充分地实现统一战线这一基本功能呢？根据马克思主义经典作家的有关论述以及中国共产党的历史经验，必须从以下几方面下功夫。

一是必须保证思想上、政治上的高度统一。领导集团思想上高度一致在自身团结中处于最关键的位置。这就要求领导集团成员坚持统一战线的基本路线、方针、政策和任务，坚持与统一战线领导中心保持一致，绝不允许任何领导成员背离统一战线的基本原则各行其是、各自为政。正因如此，中国共产党始终重视维护中央权威，强调党的团结是党的生命。为了实现整个领导集团的思想统一，必须正确开展领导集团内部的思想斗争，纠正各种错误倾向；必须坚持"惩前毖后，治病救人"的方针，通过学习、总结统一战线历史经验和耐心的批评教育，帮助犯错误的成员提高认识，纠正错误。如三国时期，刘备集团内部，曾经因为提出隆中对策，主张联孙抗曹，实现三分天下的诸葛亮之加盟而产生思想认识上的分歧。刘备三顾茅庐请来诸葛亮，深感相见恨晚、如鱼得水，但关羽和张飞因为诸葛亮没有什么贡献就取得刘备的信任，受到超常规的重用而不满。在这种情况下，刘备耐心细致地做了两人的思想工作，说服两人接受诸葛亮，统一了认识，加强了团结。毛泽东在1941年开始的延安整风运动中指出："对以前的错误一定要揭发，不讲情面，要以科学的态度来分析批判过去的坏东西，以便使后来的工作慎重些，做得好些。"这就是"惩前毖后"的意思。但是，我们揭发错误、批判缺点的目的，应当像医生治病一样，完全是为了救人。当然，对少数坚持错误政治立场而拒绝纠正的，不但要实行严肃的批评教育，还要给予必要的纪律处分。正是因为中国共产党正确地开展了延安整风运动，党才实现了空前的团结统一，由此保证了抗日战争和解放战争的一个又一个胜利。

二是必须加强组织纪律，坚决反对宗派主义。加强组织纪律与反对宗派主义，是实现领导者团结统一这一问题不可分割的两个方面，如鸟之两翼、车之两轮。列宁认为，布尔什维克党成功的基本条件之一，就是党的纪律。他说："如果我们党没有极严格的真正铁的纪律，如果我们党没有得到工人阶级全体群众全心全意的拥护……那末布尔什维克别说把政权保持两年半，就是两个半月也保持不住。"① 在这里，列宁将纪律与统一战线作为党保持政权的两个要素，认为两者必须同时具备，缺一不可。也就是说，统一战线领导集团的团结统一要靠严格的纪律来保证。如果领导集团的组织纪律得不到严格执行，违反纪律的不良现象得不到有效的制止和纠正，组织纪律松弛，软弱涣散，要保证领导集团内思想上和行动上的一致就是一句空话。统一战线领导集团只有做到纪律严明，才能促进团结统一，才能为统一战线的巩固和发展提供根本保证。

---

① 中共中央马克思、恩格斯、列宁、斯大林著作编译局：《列宁选集》第4卷，人民出版社1960年版，第180—181页。

第四讲
统一战线的基本功能

宗派主义是扩大了的个人主义和小团体主义，是个人主义和小团体主义在组织关系上的一种表现。其特征是自私自利、个人至上，在组织上笼络一部分人，培植个人势力，任人唯亲，结党营私，排除异己。它严重地危害着统一战线领导集团的团结统一，因此，实现和加强领导集团的团结统一，必须坚持坚决同以任何形式出现的宗派主义活动做不调和的斗争，这是从组织上实现团结统一的重要条件。如，城濮之战中，晋文公先后斩杀违背命令擅自行动的手下将官祁瞒和舟之侨。这两人都是有名的宿将，晋文公却违令必诛，全不宽宥，所以三军畏服，诸将用命，由此保证了晋文公领导集团内部的团结和霸业的建立。再如，唐代宪宗至宣宗时期的"牛李党争"，就是唐代后期统治集团内部争权夺利的宗派斗争。两派在选拔官吏和藩镇问题上势同水火，相互排斥，交替当朝。这一党争持续了40年之久，以至于唐文宗发出了"去河北贼易，去朝中朋党难"的慨叹，唐代统治集团内部的团结和稳定因此受到影响，唐代后期的统治危机因此加深。还有，中国共产党延安整风的主要任务之一，就是反对宗派主义。通过批评和斗争，中国共产党清除了宗派主义的消极影响，实现了全党空前的团结统一，保证了革命统一战线事业沿着正确的道路不断巩固和发展，奠定了新民主主义革命胜利的基础。

三是必须坚持和健全民主集中制。统一战线的领导者是由其各个成员组织组成的统一体，这个统一体不仅要有自己的统一战线纲领和章程，还必须有统一的领导机关，建立从上级组织到地方组织、基层组织的完整稳定的组织体系，形成组织上的统一集中领导和整个领导集团的行动一致，这必须依靠民主集中制。民主集中制是民主基础上的集中和集中指导下的民主相结合的制度。充分发扬领导集团内部的民主，才能充分发挥各级组织和广大成员的积极性和创造性，有利于形成良好的团结氛围。实行正确的集中制，才能保证领导集团行动一致，保证集团的集体决策得到迅速有效的贯彻执行，才有利于形成良好的统一环境。如楚汉战争时期的刘邦豁达大度、从谏如流，每次决策都愿意听取部下的意见和建议，这样不仅能做出正确的决策，而且能够使部下的个人价值得到体现，增强了大家贯彻决策的主动性、积极性和创造性，既实现了内部的团结统一，也增强了对统一战线外部力量的吸引力、感召力，巩固和扩大了统一战线。相比较而言，与刘邦对立的项羽自视甚高，不愿意听取别人的不同意见和建议，凭借一己之智，不仅难以做出正确决策，而且导致手下的谋士战将纷纷离他而去,投入敌对阵营,涣散了统一战线,最后不可避免地走向失败。毛泽东认为,楚汉战争打了几年,刘邦胜了,项羽败了,不是偶然的①;项王非政治家,而汉王则是一位高明的政治家。② 毛泽东这几句点评,很大程度上讲的就是统一战线中民主决策与团结的关系问题。再如,唐太宗李世民是一个有雄才大略、虚心求谏的封建帝王、政治家,在进行决策时,他总是主动征求大臣的意见和建议,经过充分论证,再做出最后的决策,并认真贯彻执行。这样,整个领导集团形成了良好的团结统一局面。这属于类似于民主集中制的决策过程,当然还不能算是真正的民主集中制。

作为统一战线领导者的中国共产党,一贯坚持和贯彻民主集中制,在政治生活中能正确地开展批评和自我批评,在原则问题上能进行思想斗争,坚持真理,修正错误,正确处理集中与民主、纪律与自由的关系,从而实现既生动活泼又团结统一的政治局面,从组织上保证党通过统一战线取得革命、建设和改革事业的一个又一个胜利。

三、统一战线争取中间势力的基本功能

(一) 自古以来争取中间势力的理论和实践

我国漫长的历史上,虽然有不少杰出的政治家、军事家、外交家在实践中努力争取中间势力,但目前尚未发现有人提出"中间势力"这一概念,更没有从理论上对之进行阐述。《国语·晋语》记载:晋献公许诺骊姬杀掉太子申生而改立奚齐,但骊姬担心大臣里克从中作梗,于是就派自己的同党优施陪里克喝酒,乘机说服里克。优施说:"君既许骊姬杀太子而立奚齐,谋既成矣。"里克曰:"吾秉君以杀太子,吾不忍;通复故交,吾不敢。中立,其免乎?"优施曰:"免。"骊姬就是通过让里克中立的办法达成杀掉太子,改立自己的儿子奚齐为太子的目的。应该说,这是我国历史文献中第一次出现"中立"这一概

---

① 参见王子今:《毛泽东与中国史学》,中共中央党校出版社1993年版,第189页。
② 参见萧枫:《文白对照 全注全译 史记》,延边人民出版社2000年版,第5页。

第四讲
统一战线的基本功能

念。① 在春秋晚期赵襄子与智氏的对决中，韩、魏两家的利益也受到智氏的侵害，虽然他们暂时不敢与智氏争锋，参加了智氏围困赵襄子的统一战线，但他们都是中间势力。因此，赵襄子在关键时刻，派人联络两家，并用"唇亡齿寒"的道理说服他们，还许诺打败智氏后共分其地，就将他们争取过来，使他们参加了赵襄子反对智氏的统一战线，最终实现了灭智分地的目标。在楚汉之争中，韩信既可以跟项羽干，也可以跟刘邦干，而且曾经两次当逃兵，是一个典型的中间分子，谁重用他，他就为谁卖命。最终刘邦重用了他，他就帮刘邦夺回关中作为根据地，接着平定赵国五十多个城池，又平定齐国七十多个城池，还率军参加了彻底击败项羽的垓下之战，立下了赫赫战功。第二次世界大战期间，自七七事变开始，苏联本已采取支持中国抗日的立场，并提供了军事、经济和外交的全面而又广泛的援助，但在德意法西斯的战争威胁面前无暇东顾；自十月革命以来，日本一直采取敌视苏联的立场和行动，并随时准备北进侵略苏联，但深陷侵华战争而无力北进。为了避免腹背受敌，双方都在积极谋求调整关系，促使对方成为中间势力，集中力量对付当前最主要的敌人，于是，双方于1941年4月在莫斯科签订了《苏日中立条约》，规定缔约一方成为一个或者两个以上第三国的军事行动对象时，缔约的另一方在该冲突全部时期保持中立。

首次阐述争取中间势力这一问题的是马克思、恩格斯。他们在《共产党宣言》（以下简称《宣言》）中，在对欧美社会各阶级的特性进行深刻分析的基础上，认为无产阶级是最有组织、最革命的阶级。但是，要实现无产阶级的伟大历史使命，单凭无产阶级本身的力量是远远不够的，无产阶级应该在各种情形下，团结一切可能团结的阶级、阶层和政党，组织革命的统一战线。为了完成自己的历史使命，无产阶级要争取中间势力，与一切中间阶级和中间党派结成联盟。不仅如此，他们还在《宣言》中首次使用"中间等级"② 这一概念。列宁继承和发展了马克思、恩格斯争取中间势力的思想，在《共产主义运动中的"左派"幼稚病》一文中指出，无产阶级要在极端激烈复杂的阶级斗争中战

---

① 刘倩、鲁竹：《国语正宗》，华夏出版社2008年版，第152页。
② 中共中央马克思、恩格斯、列宁、斯大林著作编译局：《马克思恩格斯选集》第1卷，人民出版社1995年版，第280页。

胜敌人，要在力量对比暂时不利的情况下保存和发展自己，就必须争取中间势力，实行机动、通融、妥协的策略，与同盟者达成政治上的妥协，最大限度地孤立和打击一小撮敌人。他甚至认为，"全部问题在于善于运用这个策略，来提高无产阶级的觉悟性、革命性、斗争能力和致胜能力的一般水平"[1]。在这一著作中，列宁还提出了"中间的、过渡的、摇摆的派别"[2]"中间政党"[3]"中间阶层"[4]"中间分子"[5]等概念。根据马克思、恩格斯和列宁的有关论述，所谓中间势力，就是介于自身与最大敌人之间的政治势力，这些政治势力的突出特点就是政治上左右摇摆、动摇不定。争取中间势力，指的就是在建立、巩固和发展统一战线的过程中，必须为实现共同利益和共同目标，使中间势力支持或参加联合行动，至少保持不偏不倚的态度和立场。这是统一战线的又一个基本功能。正因为列宁领导的布尔什维克党在加强无产阶级及其政党自身团结的基础上善于争取中间势力，他们才顺利地取得了十月革命的胜利。

中国共产党为了巩固和发展统一战线，十分重视对中间势力的争取工作。如抗日战争时期，中国共产党对中间势力的努力争取，就使抗日民族统一战线得以求同存异和巩固发展。正如毛泽东所言："中间势力中的中等资产阶级和开明绅士，可以同我们共同抗日，也可以同我们一道共同建立抗日民主政权，但他们害怕土地革命。"[6] 在解放战争时期，中国共产党争取和团结民族资产阶级及其党派等中间势力，结成广泛的人民民主统一战线，最后彻底打败了代表大地主大资产阶级利益的蒋介石集团。邓小平指出："凡是可以团结、可以争取使其中立的，都要加以团结、加以争取，这也就是孤立了敌人。"[7] "即使是中立一时、将来还可能反对我们的人，我们也要使其中立。这样就能把可以争取的人都争取过来，缩小敌人的圈子，以便打倒主要的敌人。"[8] 争取中间势力

---

[1] 中共中央马克思、恩格斯、列宁、斯大林著作编译局：《列宁选集》第4卷，人民出版社1960年版，第229页。
[2] 同上书，第184页。
[3] 同上书，第228页。
[4] 同上书，第229页。
[5] 同上书，第248页。
[6] 《毛泽东选集》第2卷，人民出版社1991年版，第747页。
[7] 《邓小平文选（1938—1965）》，人民出版社1989年版，第187页。
[8] 《邓小平文选（1938—1965）》，人民出版社1989年版，第155页。

既是统一战线的一项基本功能,也是统一战线争取多数、孤立敌人的一种重要方法和途径。

不同社会阶级、阶层、团体和个人的派别在政治上的态度不可能完全相同。以不同的政治态度来划分,这些阶级、阶层、团体和个人的派别大概有左、中、右三种基本类型。对革命的、进步的政治势力而言,一般地说,左派势力是团结和依靠的对象,中间势力是争取的对象,右派势力是分化和打击的对象。而争取中间势力又分为两种情况:一种是可以把中间势力争取到自己这一方来,并采取联合行动,这是再好不过的了;另一种是可以争取中间势力保持不偏不倚的中立态度,虽然不能把它争取到自己这一方来,但又不至于倒向对方去。争取中间势力可以最大限度地孤立敌人,巩固和壮大自己的力量。在建立、巩固和发展统一战线的过程中,各种政治势力既可以在一些政治问题上倒向一边,又可以保持中立,其目的就是为了维护自身利益,实现自身目标。因此,我们应当高度重视统一战线,争取中间势力,因势利导地发挥其作用,以维护我们国家和民族的利益。毛泽东在谈到国际统一战线时指出:"在国际上,一切可以团结的力量都要团结,不中立的可以争取为中立,反动的也可以分化和利用。"[1]

显而易见,争取中间势力在巩固和发展统一战线过程中处于十分重要的地位,它既有利于争取多数、孤立敌人,又有利于求同存异和稳固发展,还有利于实现自身利益和自身目标。

(二)使争取中间势力基本功能生效的途径

既然争取中间势力对于统一战线的巩固和发展具有如此重要的作用,那么,我们应该如何使这一基本功能生效呢?

一是发展和壮大自身的统一战线。对统一战线而言,发展是硬道理。要把处在两个彼此对立的政治势力之间的中间势力争取过来或者至少使其保持中立而不倒向另一方,就必须首先发展和壮大自身力量,增强自身的凝聚力、吸引力和影响力。只有发展和壮大了自身力量,才能在日益复杂的斗争和较量中处于主动地位,立于不败之地,也才能更好地争取中间势力,使之参加自己的统

---

[1] 《毛泽东著作选读》下册,人民出版社 1986 年版,第 721 页。

一战线，或者至少使之保持中立，不至于倒向敌方。抗日战争时期，发展进步势力，就是发展无产阶级、农民阶级和城市小资产阶级的力量，这是抗日战争胜利的基本条件，也是争取中间势力、孤立顽固势力的基本条件。在解决台湾问题上，我们发展和壮大海内外、岛内外的一切反"独"促统的爱国力量，是争取"台独"动摇分子的基本条件。只有巩固、壮大海内外、岛内外反"独"促统的爱国统一战线，才有可能把"台独"动摇分子争取过来，或者至少使其保持不"独"不统的立场，防止他们倒向"台独"分裂势力。

二是争取和尊重中间势力。中间势力的显著特征就是动摇性和两面性。如我国新民主主义革命时期，主要的中间势力是民族资产阶级，这个阶级就具有动摇性、两面性这些特性，这些特性导致民族资产阶级有时参加革命，有时保持中立，有时又附和反动，但从整个民主革命的过程来看，民族资产阶级主要是中立和动摇的。周恩来就曾经指出民族资产阶级的这一特性："从共产党诞生到取得政权，将近三十个年头，中间经过了四个革命阶段。四个革命阶段中，民族资产阶级有时参加，有时中立，有时附和了反动。附和反动的时期很短，中立动摇的时期很长。在不同的时期都有一部分资产阶级分子参加革命或对革命表示同情。"[①]

怎样争取中间势力呢？中国共产党在建立、扩大抗日民族统一战线过程中争取中间势力的成功经验，为我们提供了宝贵的历史启示。毛泽东将这些经验概括为"三条"：一是我方有足够的力量；二是尊重他们的利益；三是我方对顽固派做坚决的斗争，并能一步一步地取得胜利。毛泽东认为不具备这些基本条件，中间势力就会动摇起来，甚至变为顽固派向我方进攻的同盟军；因为顽固派也正在极力争取中间派，以便使我方陷于孤立。"在中国，这种中间势力有很大的力量，往往可以成为我们同顽固派斗争时决定胜负的因素，因此，必须对他们采取十分慎重的态度。"[②] 因而，争取和尊重中间势力，必须因势利导、趋利避害、为我所用。首先，要充分利用中间势力有利于我方的一面，最大限度地争取他们为我方所用，成为我们克敌制胜的同盟军。其次，要规避中间势力特性中不利于我方的一面，最大限度地使之保持中立而不倒向敌方。要

---

① 《周恩来选集》下卷，人民出版社1984年版，第95页。
② 《毛泽东选集》第2卷，人民出版社1991年版，第748页。

第四讲
统一战线的基本功能

做到这一点,要特别注意采取正确的政策措施,切实尊重中间势力的利益,至少不损害其利益,这是争取中间势力的前提条件。例如,抗日战争时期,我们党就采取了争取民族资产阶级的正确政策,使之在抗日方面与我们合作,在国共斗争中保持中立,这样不仅孤立了大资产阶级,而且促进了整个革命进程。正是在这一思想指导下,中国共产党在大后方宣传党发展民族工商业的方针政策;加强与民族工商界的联系,支持、帮助工商界建立进步组织、争取民主、支援抗战等。据胡子昂回忆,共产党的统一战线政策"使我日益看清了国民党反动派的种种倒行逆施,丢掉了对国民党一度保有的幻想,进一步参加到爱国民主运动的浪潮中来,开始走上了一条崭新的光明大道"。中国中小工厂联合会理事长徐崇林也说,共产党给"民族工业指出生路,极大地增强了我们同反动派继续斗争的意志和信念"[①]。

三是孤立和打击顽固势力。这是争取中间势力的重要条件。要争取中间势力参加我们的统一战线,或者至少保持中立而不倒向敌方,就必须向顽固势力进行切实有效的坚决斗争,增强中间势力支持、参加我方统一战线的信心和决心。不然,中间势力就会对我方产生怀疑、动摇,甚至倒向敌方,成为我们的敌人。毛泽东曾说,抗日战争时期,"如不同顽固派作坚决的斗争,并收到确实的成效,就不能抵抗顽固派的压迫,也不能消释中间派的怀疑,进步势力就无从发展"[②]。春秋末期的赵襄子如果不同智伯集团进行坚决斗争,并能使长期被围的晋阳城屹立不倒,那么不仅自己的生存成为问题,甚至有可能导致韩、魏两家始终跟着智伯反对自己,更不要说把他们争取过来了;同样地,如果我们不对"台独"分裂势力特别是少数"台独"顽固分子开展坚决斗争,并取得重大成效,那么就不仅不能遏制"台独"分裂势力的嚣张气焰,而且可能使主张不"独"不统的中间势力投向"台独"分子的怀抱,很难把中间分子争取过来参加反"独"促统的爱国统一战线了。

[①] 转引自中共中央统战部、重庆市委统战部:《重庆与中国统一战线》,华文出版社2010年版,第129页。

[②] 《毛泽东选集》第2卷,人民出版社1991年版,第746页。

四、统一战线分化敌对势力的基本功能

(一) 自古以来分化敌对势力的理论和实践

要战胜强大的敌人,必须搞好自身团结,必须争取团结中间势力,但有这两样还不够,还要分化瓦解敌对势力,破坏敌人的统一战线,从而加强自己的统一战线。分化敌人是为了瓦解敌人。要分化瓦解敌人,除了利用政策、文化渗透等方法之外,最常用的就是进行隐蔽战线的斗争,简言之就是开展间谍战。

分化瓦解敌人这个道理,我国古人早就懂得了。《左传·哀公元年》记载,夏朝的少康为了实现复国的目的,就曾"使女艾谍浇"。再如伊尹为了帮助商汤施行灭夏兴商的战略,结交夏桀遗弃的元妃末喜,"遂以间夏",在夏朝统治集团内部进行策反活动。宋成公在泓之战失败后背楚附晋。楚成王不能容忍这种叛逆行为,于是率领陈、蔡、郑、许联军伐宋。宋成公向晋国告急求救。将军先轸建议出兵援宋,狐偃提出先攻曹、卫以解宋围,因为曹国是楚国刚刚得到的属国,卫与楚有婚姻关系,楚国一定会发兵救这两个国家,如此,宋国之围不救自解。于是晋军攻占曹、卫两国,俘虏曹共公,卫成公逃跑。楚军攻克宋国缗邑,接着围攻宋都睢阳。楚军统帅子玉为求胜利,就派宛春向晋国提出了一个"请复卫侯而封曹,臣亦释宋之围"的休战条件,如果晋国不答应,不仅曹、卫两国怨恨晋国,宋国也会怨恨晋国。先轸一眼就识破了子玉的诡计,提出"不如私许复曹、卫以携之,执宛春以怒楚",既战而后图之。晋文公采纳这一建议,扣留楚使宛春,私下允许曹、卫复国,并让曹、卫与楚绝交。这样一来,子玉被激怒,立即撤出围攻宋国的楚军,转而进攻驻守在曹国境内的晋军,城濮之战爆发。在先轸的一连串谋划下,楚军被晋军打得大败。再如,楚灵王杀侄儿自立为王后,大会诸侯,骄奢无礼;连年征讨,取怨诸侯;大建章华,极尽享乐,人心丧尽。其弟蔡公弃疾等人,暗中联络各方反灵王势力,率领陈、蔡军队,趁灵王在乾溪前线之机,派人到乾溪军中,向将士们说:先归复所,后者劓。广大将士本来就对灵王十分不满,一闻此说,纷纷逃散。战国时期,为了打破合纵,秦国采用"连横"之策,其实质就是瓦解合纵,便于秦国对六国各个击破,最后获得了成功。1629年,后金皇太极亲率大军,越过

长城，直逼北京，却遭到明朝宁远巡抚袁崇焕、锦州总兵祖大寿率师回援的坚决抵抗，双方激战于北京城郊，相持不下。后金军伤亡惨重，粮草补给日益困难。针对此种情况，多次败于袁崇焕手下的皇太极采纳范文程的建议，实施反间计：当时后金军俘获了明朝太监，先密令部将故意议论与袁崇焕有约，使被关押的太监得以偷听，然后又令部下不露痕迹地让他们逃走，使其返回明廷报告崇祯皇帝。一向猜忌多疑的崇祯皇帝果真误信袁崇焕与后金有约，将袁崇焕逮捕下狱，不久将其凌迟处死。这条反间计为后金铲除了战场上不能战胜的宿敌，为其入关扫除了最大的障碍。晚清政府在镇压太平天国起义的过程中，一方面是做真刀真枪的战场斗争，另一方面也对太平军招降纳叛，"重申招降晓谕""冀太平军闻风反正"。在招降了陈国瑞、詹启纶、李昭寿等人之后，利用这些人与太平军将领熟悉的情况，进一步对太平军进行分化瓦解。开始的时候，太平军是几个人、上百人地投降，后来成千、成万地投降，到了最后，童容海、陈炳文、范立川、郜永宽等大将也投降了。清政府的这种分化瓦解对太平军的伤害程度，甚至超过战场上的厮杀。

不仅我国有此类分化瓦解敌人的史实，外国也有。如公元前58年至公元前51年，古罗马共和国的军事贵族恺撒任高卢总督，他利用当地部落之间的不和，采取分化拉拢的策略，仅以四个军团的兵力就征服了高卢，为罗马开拓了大片疆土。

我国古人有这方面的实践，也有这方面的理论。姜尚认为，商强周弱，要实现灭商兴周的大业，就必须实行"离亲""散众"的策略，促使实力的消长朝着有利于自己的方向转化。他还提出了"文伐"的十二种具体方法，其要点包括离间他国君臣和诸侯之间的关系，"收其内，间其外"，收买敌国近臣，"赂以重宝，因与之谋"，使其"身内情外"或"一人两心"，通过"亲其所爱，以分其威"，使其"才臣外相，敌国内侵"[①]，扩大和加深商朝统治集团内部的矛盾，等等。大军事家孙武对用间问题做过深入的研究，他所撰写的《孙子兵法》中就有《用间》篇。这篇文章把间分为因间、内间、反间、死间、生间五种。从《用间》篇可以看出，孙武所讲的"间"不仅负有刺探敌情的任务，而且还要具备从敌人内部分化瓦解敌人的本领，即合者使离，亲者使疏，破坏

---

① 《六韬·武韬·文伐》。

敌人的团结。军事家吴起在《吴子兵法·论将》中也说:"善行间谍,轻兵往来,分散其众,使其君臣相怨,上下相咎。"古人用间,或离间君王,或离间亲属,或离间贤能,或离间其侍从,或离间友好邻邦,等等,都是利用敌对营垒内部的彼此矛盾和互相猜疑,形成内耗。明朝《投笔肤谈·达权第三》说"乘疑可间,乘劳可攻",即利用敌人的猜疑离间敌人。争斗中,敌对双方都会千方百计地寻找机会、制造谣言或假象,造成对方内部互相猜疑,上下离心,左右相妒,以此战胜对手。

为了战胜最主要的敌人,不同政治势力可以而且应该利用敌人内部矛盾,同那些暂时还是次要敌人的敌人结成联盟。这种分化是利用统一战线壮大自己、克敌制胜的一个重要手段,中外历史上其他政治势力可以用它,无产阶级及其政党也可以用它。马列主义经典作家不仅突出强调工人阶级内部的团结统一,而且强调争取中间势力,还十分重视分化瓦解敌对势力。列宁就明确地指出,要战胜更强大的敌人,只有尽最大的力量,同时必须极仔细、极留心、极谨慎、极巧妙地利用敌人之间的一切"裂痕",哪怕是极小的"裂痕",利用各国资产阶级之间以及各个国家内资产阶级各集团或各派别之间的一切利益对立,来获得大量的同盟者。

中国共产党十分重视对敌人的分化瓦解工作。毛泽东在《论反对日本帝国主义的策略》一文中指出,如果我们"不能把敌人驱逐到狭小的孤立的阵地上去","不能把敌人营垒中被裹胁的人们,过去是敌人而今日可能做友军的人们,都从敌人营垒中和敌人战线上拉过来",那么,"就是在实际上帮助了敌人,而使革命停滞、孤立、缩小、降落,甚至走到失败的道路上去"①。抗日战争时期,中国共产党根据客观形势和敌我力量的对比,找到突破口,从政治工作方面对敌人进行打击,建立敌军工作部和敌伪工作委员会,向日伪军开展宣传;筹办延安日本工农学校,加强被俘日本军人的教育;派得力干部打入伪军内部,深入进行宣传教育等措施,弱化敌军的战斗力,壮大我军力量,取得了很大成绩。百团大战后,由于被俘日本人数目不断增加,中国共产党成立日本工农学校,1941年5月15日学校举行了开学典礼,第一批战俘学员有11人。虽然八路军生活条件恶劣,但日本工农学校学生的待遇十分好,都享受优越的待遇。该校总共改造了日本战

---

① 《毛泽东选集》第1卷,人民出版社1991年版,第154页。

第四讲
统一战线的基本功能

俘约500名，有超过100名学生在后方与共产党、八路军并肩作战，一起来反对日本法西斯的侵略。有的日本将士则参加了反战组织，与中国人民共同反对侵略，争取和平。中国共产党还派遣精干的干部，利用各种关系，打入日伪军内部，在他们的努力工作下，很多日伪军官兵弃暗投明，帮助我军秘密传递信息，掩护在日伪军中工作的地下党员。到1943年为止，在山东地区的日伪政权内部建立的"内线"达到1000多人，7000多名日伪军人员被分化瓦解。

1949年11月，邓小平在为二野前委起草的电报《贵州新区工作的策略》中，针对笼统地集中力量打击中央系的方针可能形成的打击面过大的结果，认为国民党蒋介石在贵州省安插和培植的中央系势力中的极大部分人，都在动摇，"我们的策略应是给以改过自新和生活之路，借以分化反动营垒，孤立最反动的分子，减少革命阻力，以便于我们迅速建立革命秩序和发动群众"，提出了"团结一切可能团结的人，中立一切可能中立的人，分化敌人营垒中一切可能分化的人"的策略，并明确指示"这个策略应包括中央系在内"①。邓小平在《全党重视做统一战线工作》一文中指出："统一战线有两面，一面是团结工人阶级、农民阶级、小资产阶级和民族资产阶级，团结一切可以团结的朋友，这是主要的；另一面才是分化敌人，使敌人营垒中一部分人转到人民方面来。"②

在解放战争中，中国共产党与党外人士通过各种渠道，在国民党军队中策动起义，促成了一批批将军、士兵脱离反动政权，投身革命阵营，并为北平、长沙、云南、新疆等地的和平解放做了大量具体工作。如中国国民党革命委员会成员杨杰将军联络国民党前滇军六十军副军长万保邦，成立滇黔人民自卫军，配合党领导的滇桂黔边纵队作战。中国农工民主党章伯钧，民革李济深、陈铭枢与地下党配合，成功策动国民党第九十六军军长吴化文率部二万余人起义。民革、中国民主同盟、九三学社成员配合地下党做傅作义的工作，促成北平和平解放。农工党邓昊明、李君素策动南京警卫师师长王晏清举行起义，投奔解放军，并为渡江战役提供情报，为渡江战役的胜利立下大功。据统计，在整个解放战争时期，中国共产党配合军事打击，成功地在国民党军队中开展分化瓦解敌人的工作，促成国民党军队师以上重大起义60余起，起义兵力达114

---

① 《邓小平文选（1938—1965）》，人民出版社1989年版，第141页。

② 同上书，第187页。

万人（不含投诚人员），占国民党总兵力的七分之一以上；地区性起义面积达553万平方公里，占全国总面积的二分之一以上。

根据马列主义经典作家，中国共产党领导人毛泽东、邓小平的有关论述以及古往今来的实践，分化瓦解敌对势力作为统一战线的又一个基本功能，对统一战线的建立和发展的重要性，主要表现在两个方面：一是分化敌对势力与巩固自身团结、争取中间势力是统一战线一体之两翼，它们相互促进、相辅相成、缺一不可；二是分化敌对势力是壮大自己、克敌制胜的一个重要手段。

（二）使分化敌对势力基本功能生效的途径

一是利用矛盾。这是一个寻找和争取间接同盟军的问题。所谓利用矛盾，就是利用敌人内部可以利用的矛盾和裂痕，同那些暂时还不是最主要敌人的敌对势力结成暂时的联盟，去反对当前的首要敌人。利用矛盾是以敌人内部存在矛盾为前提的。敌人内部不可能是铁板一块的，总存在这样那样可以利用的矛盾和裂痕。只有利用敌人内部的矛盾和裂痕，才能对它实施分化。如楚汉之争中，项羽为了平定齐国田荣的叛乱，曾派使者到淮南，要英布亲自率军参加平定田荣的战役，英布称病未去，只派手下将领率领几千人前往齐地参战。为此，项羽多次"消让"英布，英布十分恐惧。在此情况下，刘邦派随何前往说降，结果英布投奔了刘邦，成了他的得力干将。列宁把善于利用敌人之间的矛盾和对立看作马克思主义政党必须坚持的一项基本原则。俄国十月革命胜利后，苏俄同德国媾和，签订《布列斯特－立托夫斯克和约》，就是利用敌人内部矛盾分化敌人的一个范例。由于当时苏俄处在两个帝国主义国家的夹击之下，它不能同时战胜两个敌人，于是就向一个帝国主义国家做了让步，签订了《布列斯特－立托夫斯克和约》，从而不用被两个帝国主义国家两面夹攻。

周恩来在讲利用敌人内部矛盾服务抗美援朝战争时也指出："敌人的矛盾可以利用。不管什么政府，只要它反对侵略战争，我们就和它联合，因为这样暂时的联合对人民有利。"[①] 利用敌对势力的内部矛盾这一基本原则，也可以运用到解决台湾问题、实现祖国完全统一上，那就是必须尽最大的努力，利

---

① 《周恩来统一战线文选》，人民出版社1984年版，第243页。

用"台独"分裂势力内部以及美国同"台独"势力的一切矛盾来分化他们，不断扩大反"独"促统的爱国统一战线。

二是争取多数。这个多数，是指争取敌对阵营中的绝大多数人。团结大多数是无产阶级统一战线的基本原则。马克思、恩格斯曾经指出："无产阶级的运动是绝大多数人的、为绝大多数人谋利益的独立的运动。"[①] 这就明确规定了无产阶级统一战线的特殊性。毛泽东进一步指出："中国新民主主义的革命要胜利，没有一个包括全民族绝大多数人口的最广泛的统一战线，是不可能的。"[②] 无产阶级政党在革命、建设和改革的过程中，不但要依靠、团结和争取绝大多数人民群众，而且要争取敌对势力中的绝大多数人，最大限度地团结一切可以团结的力量，最大限度地化消极因素为积极因素，组织最广泛的统一战线。只有这样，才能夺取革命、建设和改革的胜利。同时，也只有争取和团结绝大多数，才能真正孤立和反对少数，实现我们在不同时期的历史任务。历史上除无产阶级及其政党以外的一些政治势力建立的各种各样的统一战线，一般地说范围都十分有限，但在对敌人实施分化时，大都会努力争取敌对势力中的多数。如西方敌对势力对社会主义国家实行"西化""分化"，妄图实现对这些国家的和平演变的政治图谋时，就常常运用文化渗透、宗教传播以及经济援助等手段，竭力争取这些国家中的广大群众，最终使之自动起来推翻共产党的领导和社会主义制度。这一问题必须引起我们的高度警惕。

三是反对少数。这个少数是指敌对营垒中的少数顽固分子。孤立、反对和打击敌对势力中的少数顽固分子，有利于使敌人内部矛盾加深，发生分化，从而削弱敌人，壮大自己。除了无产阶级政党以外的其他各种政治势力在实行分化时，通常也比较注意反对少数。如刘邦、项羽在垓下决战时，汉军将项羽军队围于垓下，项羽兵少粮尽，汉军及诸侯兵围之数重。夜里汉军在四面唱起楚歌。这正是汉军在战斗中使出的攻心战术。闻楚歌后，项羽大惊道："汉皆已得楚乎？是何楚人之多也？"[③] 不仅项羽为之惊恐，众楚军士卒夜闻楚歌，思

[①] 中共中央马克思、恩格斯、列宁、斯大林著作编译局：《马克思恩格斯选集》第1卷，人民出版社1995年版，第283页。
[②] 《毛泽东选集》第4卷，人民出版社1991年版，第1257页。
[③] 《史记·项羽本纪》。

乡之情也是大增，很多人脱离楚军，回归故乡。汉军实施这一政治攻势的目的，在于争取楚军中的多数人、孤立最主要的敌人项羽。对于无产阶级政党来说，尤其要注意孤立、反对和打击当前最主要的敌人，绝不要四面出击，绝不可树敌过多，只有这样，才能真正争取和团结绝大多数，顺利完成不同时期的历史任务。毛泽东在《我们党的一些历史经验》一文中指出："买办资产阶级始终是帝国主义的走狗，革命的对象。买办资产阶级又分属于美国、英国、法国以及其他帝国主义国家的垄断资本集团。对买办集团的斗争，要利用帝国主义之间的矛盾，首先对付其中的一个，打击当前最主要的敌人。"例如，过去中国的买办资产阶级有亲英、亲美的和亲日之分。在抗日战争时期，中国共产党就利用英美和日本之间的矛盾，首先打倒日本侵略者和依附于它的买办集团，然后再去反对美英侵略势力，打倒亲美、亲英的买办集团。地主阶级里也有派别，最反动的是少数，那些爱国的、赞成反对帝国主义的，就不要放在一起打击，应避免树敌过多，集中力量打主要之敌。就是在抗日民族统一战线内部，中国共产党在和反共顽固派的斗争中，也是采取了打击少数的方针。孤立、反对和打击少数这一方针，在解决台湾问题、实现祖国完全统一的斗争中也同样是适用的。

四是各个击破。一般而言，敌人不止一个，绝不能同时对付所有的敌人，而必须有计划、有步骤、有分别地孤立、反对和打击敌人。反对少数要逐个、逐步地进行，不能指望"毕其功于一役"。只有各个击破，才能真正做到反对少数，争取多数，实现既定的目标任务。中外历史上运用各个击破策略的事例举不胜举。如春秋初期，晋国用重礼贿赂虞国国君，破坏虞、虢两国原有的统一战线，先将虢国灭掉，然后再将虞国灭掉。这是一个分化敌人、各个击破的典型战例。再如，秦国在削平群雄、统一天下的过程中，范雎向秦昭襄王进献"远交近攻"之策。所谓"远交近攻"，就是当军事目标受到地理条件限制难以达到时，应先攻取近处的敌人，而不能越过近敌去攻打远离自己的敌人。消灭了近敌之后，"远交"的国家又成为新的攻击对象了。"远交"实际上是为了避免树敌过多而采用的外交欺骗，是分化瓦解敌方联盟、各个击破的战略性谋略。此后的秦国按照这一谋略，远交齐、楚，首先攻下韩、魏，然后又从两翼进兵，攻破赵、燕，统一北方；攻破楚国，平定南方；最后将齐国也灭掉，终于实现了统一中国的愿望。20世纪中期以来，美国为了实现称霸世界的战略目标，在国际事务中也利用一些国家和地区的矛盾，通过结盟途径，灵活多变地实施分化瓦解、各个击破的策略，使其战略目标逐步变为现实。中国共产党在90多年的历史中，始终遵循各个击破的方针，战胜了国内外一个又一个敌人，领导全国各族人民夺取革命、建设和改革的伟大胜利。

总之，利用矛盾、争取多数、反对少数、各个击破这四个环节，是对敌对势力实行分化的基本途径和基本要求。其中，利用矛盾是前提，争取多数是核心，反对少数是关键，各个击破是目的。其精神实质，就是最大限度地扩大和发展自己的统一战线、陷敌人于孤立无援的境地，最终战胜之。

在这里需要说明的是，"自身""中间势力""敌对势力"这三个概念是相对而言的、动态的统一战线范畴，在不同的历史条件下，为了不同的目的，在不同的统一战线中，其内涵、性质和范围是不同的，绝不能静止不变地来看待它们。一般而言，在阶级斗争尖锐的历史时期，这三种势力的阵线是比较明确的；而在和平建设时期，在一国范围内，其阵线则比较模糊，虽然他们在经济建设、国家政局稳定等方面仍然发挥着相当大的作用，但这种作用不像阶级斗争激烈时期展现得那么明显。不管怎样，他们都是不容忽视的强大力量，都需要认真对待，应尽一切可能地将能够团结的力量团结起来，共同为和平建设贡献力量。

上述这些都是统一战线的基本功能，也是统战工作的应有之义。只有"自身"的团结加强了，才能在各种革命、建设和改革中发挥出自己应有的力量，也才能以自身的团结影响中间势力、团结中间势力，最终战胜敌对势力，完成和实现一定历史时期的根本任务和战略目标。

第二部分

经典著作中关于统一战线的基本理论原理

第五讲
《共产党宣言》：统一战线的纲领

无论是统一战线实际工作者，还是统一战线理论研究者，都不能不学习《共产党宣言》（以下简称《宣言》）。南宋著名理学家、教育家朱熹有一首《观书有感》说得好："半亩方塘一鉴开，天光云影共徘徊。问渠那得清如许？为有源头活水来。"这首诗用具体的意象和形象化的语言，道出有了源头活水才能水流清澈的道理。这首诗所揭示的道理，对于学习《宣言》也同样适用。因为《宣言》就是共产党人思想理论的源头活水，不学习这部著作，就不能弄懂中国共产党统一战线理论政策的来源和思想基础，就不能掌握马克思主义统一战线理论的立场、观点和方法，就会影响当前的统一战线实际工作和研究工作的开展。学习过去是为了搞好现在，是为了开拓未来。习近平总书记强调领导干部要学习马列原著，特别是强调学习《宣言》的道理正在于此。为了帮助大家学习马列主义原著，笔者就讲讲《宣言》中统一战线思想的有关问题。

我们知道，在马克思主义著作中，马克思、恩格斯于1848年为共产主义者同盟撰写的党纲《宣言》，应该名列榜首。这篇至今仍然闪烁着思想光辉的著作，是马克思主义的奠基之作、世界社会主义运动的第一个纲领性文献，标志着马克思主义、科学社会主义的诞生，是"周详的理论和实践的党纲"，曾被誉为马克思主义的"歌中之歌"，这是别的任何著作都代替不了的。《宣言》集中、系统地阐述了无产阶级统一战线的基本理论和战略策略思想，并将统一战线当作无产阶级解放运动的重要武器。发表170多年来，《宣言》在70多个国家，用100多种文字出版了1100多个版本，武装了世界各国的共产党人和一代又一代的革命者。全世界各国共产党人以之为指导，结合本国的国情和时代主题，制定自己的统一战线战略和策略，前赴后继地开展社会主义运动，争取全人类和自身的解放。正如习近平同志在中共中央政治局2018年第五次集体学习时指出，《共产党宣言》一经问世，就在实践上推动了世界社会主义发展，深刻改变了人类历史进程。中国共产党是《宣言》精神的忠实传人，《宣言》中的统一战线思想是中国共产党统一战线学说的理论源头，党的统一战线理论是对《宣言》统一战线思想的重大创新和重大发展。坚持《宣言》中的统一战线思想，实现大团结大联合，巩固和壮大新时代的统一战线，画出最大同心圆，对于加强党的建设，完成全面深化改革任务，推进新时代中国特色社会主义事业，具有重要的指导意义。

一、《宣言》不仅是党的建设纲领，也是党的统一战线建设纲领

《宣言》全书由引言和四章正文组成，不足两万字，但内容丰富，博大精深。它全面、系统地阐述了科学社会主义和党的建设学说。因此，过去人们常说《宣言》是科学社会主义、共产党党建的纲领性文献，这一点在学术界、理论界没有争议，所以笔者在此不再多谈。我们认为，《宣言》还全面、系统地阐述了无产阶级统一战线理论和战略策略，奠定了马克思主义统一战线学说的基础，所以，它也是党的统一战线建设的纲领性文献。

怎么理解"纲领性文献"这个提法呢？"纲领"词条的释义为："一是总纲；要领。今一般指政治纲领。二是泛指起指导作用的原则。"我们说《宣言》是党的建设、统一战线建设的纲领性文件，就是同时取这两种含义，即取总纲、要领，起指导作用的原则之义。为什么说《宣言》是统一战线建设的纲领性文件呢？要回答这个问题，就要详细地看一看《宣言》中的统一战线思想究竟有哪些具体内容。

（一）阐明统一战线的指导思想和理论基础

马克思、恩格斯运用生产关系必须适合生产力发展这一历史唯物主义原理，科学地分析了资本主义生产、发展、灭亡的全部过程，揭示了共产主义必然要代替资本主义的客观规律，明确指出："资产阶级的灭亡和无产阶级的胜

第五讲
《共产党宣言》：统一战线的纲领

利是同样不可避免的。"① 但是，这并不意味着资产阶级和资本主义会自动退出历史舞台，这要通过无产阶级反对资产阶级的斗争才能实现。这就是说，无产阶级要在自己的政党的领导下，推翻资产阶级统治，建立无产阶级专政，进而消灭私有制，消灭阶级和阶级差别，发展生产力，实现共产主义社会，这是无产阶级最伟大的历史使命。这一历史使命是它所处的经济和政治地位决定的。①在资本主义社会中，无产阶级处于社会的最下层，受压迫剥削最深，除了出卖自己的劳动力之外，一无所有。因此，它比其他劳动人民更具有革命的彻底性和坚定性："在当前同资产阶级对立的一切阶级中，只有无产阶级是真正革命的阶级。"② 它"如果不炸毁构成官方社会的整个上层，就不能抬起头来，挺起胸来"③。②无产阶级是大工业的产物，代表着最先进的社会生产力。所以，它具有严格的组织性、纪律性和团结一致的精神，是最有前途、最有远见、最先进的阶级。因此，它将随着大工业的发展而日益成长壮大，成为担负实现共产主义社会伟大使命的领导阶级。③无产阶级的社会地位和远大理想，决定了它同其他劳动人民有着共同的根本利益，并能团结和率领全体劳动人民为推翻资本主义制度，实现作为人类最高理想的共产主义社会而奋斗。

恩格斯在《宣言》1883年德文版序言中写道："贯穿《共产党宣言》的基本思想：每一历史时代的经济生产以及必然由此产生的社会结构，是该时代政治的和精神的历史的基础；因此（从原始土地公有制解体以来）全部历史都是阶级斗争的历史，即社会发展各个阶段上被剥削阶级和剥削阶级之间、被统治阶级和统治阶级之间斗争的历史；而这个斗争现在已经达到这样一个阶段，即被剥削被压迫的阶级（无产阶级），如果不同时使整个社会永远摆脱剥削、压迫和阶级斗争，就不再能使自己从剥削它压迫它的那个阶级（资产阶级）下解放出来。"④ 这段话是马克思、恩格斯对唯物史观的经典表述。这一基本思想在1888年英文版序言中再次被提出，个别地方虽略有不同，但基本意思相同。毛泽东将这一思想简明地概括为："无产阶级只有解放全人类，才能最后解放自

---

① 中共中央马克思、恩格斯、列宁、斯大林著作编译局：《马克思恩格斯选集》第1卷，人民出版社1995年版，第284页。
② 同上书，第282页。
③ 同上书，第283页。
④ 同上书，第252页。

己。"他指出,《宣言》的基本思想,就是我们组织统一战线的指导思想和理论基础。① 这是《宣言》统一战线思想中一个最根本的思想。

(二) 阐述无产阶级统一战线的战略和策略

1. 共产党要把最近目的和未来目的结合起来。马克思、恩格斯指出,共产党人为工人阶级的最近目的和利益而斗争,但是他们在当前的运动中同时代表运动的未来。共产党的最近目的是使无产阶级成为阶级,推翻资产阶级的统治,由无产阶级夺取政权。它"将利用自己的政治统治,一步一步地夺取资产阶级的全部资本,把一切生产工具集中在国家即组织成为统治阶级的无产阶级手里,并且尽可能快地增加生产力的总量"②。这就是说,无产阶级夺取政权,建立无产阶级专政,是共产党的最近目的,而不是最终目的,最终目的是要利用自己的政权消灭资产阶级私有制,这种私有制是人类历史上最后的一个,是剥削压迫无产阶级的经济根源,是资产阶级赖以存在的基础。只有消灭了这种私有制,才能建立公有制,实现无产阶级的最终目的即建立共产主义社会。为此,共产党人在从事当前的革命斗争时,绝不能忘记自己的最终目的,要注意把暂时利益和长远利益、局部利益和整体利益、次要利益和根本利益结合起来。只看到最近目的,忘记了未来的目标,就会迷失方向;只注意未来目标,而忽视当前的革命任务,未来的目标也无法达到。因此,只有把最近目的和未来目的有机结合起来,才能保证在实现无产阶级的最终目的上不断取得胜利。这是共产党人制定战略和策略的基本指导方针。

2. 明确共产党与其他工人政党的关系。马克思、恩格斯指出,共产党人同其他无产阶级政党的关系是团结合作的关系。这是因为共产党同其他无产阶级政党的根本利益是一致的。共产党不是同其他工人政党相对立的特殊政党,他们没有任何同整个无产阶级的利益不同的利益。他们不提出任何特殊的原则,用以塑造无产阶级运动。共产党和已经形成的工人政党,如英国的宪章派和北美的土地改革派,都要团结合作,共同进行革命斗争。但是,共产党人也有不

---

① 转引自林远:《统一战线概论》,华东师范大学出版社1987年版,第4页。
② 中共中央马克思、恩格斯、列宁、斯大林著作编译局:《马克思恩格斯选集》第1卷,人民出版社1995年版,第293页。

第五讲
《共产党宣言》：统一战线的纲领

同于其他无产阶级政党的地方，那就是共产党比其他无产阶级政党更先进。这是因为，一方面，在各国无产阶级的斗争中，共产党人强调和坚持整个无产阶级不分民族的共同利益；另一方面，在无产阶级和资产阶级斗争的各个阶段，共产党人始终代表整个运动的利益。因此，在实践方面，共产党人是各国工人政党中最坚决的、始终推动运动前进的部分；在理论方面，他们比其他无产阶级群众优越的地方在于，他们了解无产阶级运动的条件、进程和一般结果。总之，共产党优越于其他无产阶级政党的原因，就在于它不仅代表着整个无产阶级的根本利益，而且在实践和理论上都比其他无产阶级政党更先进。因此，只有共产党能够领导整个无产阶级的革命运动，实现无产阶级的历史使命。

3. 指明共产党必须把原则的坚定性和策略的灵活性相结合。在当时的欧洲，虽然英国和法国的资产阶级已经掌握了国家政权，但其他国家仍然处于资产阶级民主革命阶段。马克思、恩格斯认为，无论反对资本主义制度，还是反对封建主义制度，对于无产阶级来说都是有利的。所以，共产党人到处都支持一切反对现存的社会制度和政治制度的革命运动。正是有鉴于此，共产党对待各民主政党以及资产阶级革命，要根据各国不同的情况，采取不同的策略。

首先，对待各民主党派的态度。"共产党人到处都努力争取全世界民主政党之间的团结和协调。"① 就是说，只要各民主政党反对现存的制度，共产党就要同它们团结起来，建立联盟，共同行动。比如，在法国，共产党要同社会民主党联合起来，反对保守的和激进的资产阶级，但是并不因此放弃对社会民主党的空谈和幻想进行批判的权利。在瑞士，共产党人要支持激进党人，但是并不忽略这个政党是由互相矛盾的分子组成的，其中一部分是法国式的民主社会主义者，还有一部分是激进的资产者。在波兰，共产党要支持那个把土地革命当作民族解放条件的政党，即发动过1846年克拉科夫起义的政党。

其次，对待德国资产阶级的态度。共产党人把自己的主要注意力集中在德国，因为德国正处在资产阶级革命的前夜，同17世纪的英国和18世纪的法国相比，德国在整个欧洲文明更进步的条件下拥有进步得多的无产阶级来实现这个变革，因而德国资产阶级革命只能是无产阶级革命的直接序幕。在德国，只

---

① 中共中央马克思、恩格斯、列宁、斯大林著作编译局：《马克思恩格斯选集》第1卷，人民出版社1995年版，第307页。

要资产阶级采取革命的行动，共产党就同它一起去反对君主专制、封建土地所有制和小市民的反动性。但是，共产党始终注意教育工人尽可能明确地意识到资产阶级和无产阶级的对立，以便德国工人能够立刻利用资产阶级统治所必然带来的社会的和政治的条件作为反对资产阶级的武器，以便在推翻德国的反动阶级之后立即展开反对资产阶级本身的斗争。总之，共产党对各民主政党的革命行动要支持、协作，但对它们的缺点错误要进行批评。共产党对德国资产阶级的革命行动也要支持和配合，但不能忘记无产阶级和资产阶级的根本对立，这样才能在推翻封建君主专制之后立即开始进行反对资产阶级的斗争。这就清楚地表明了共产党坚持原则的坚定性和策略的灵活性的统一。

从《宣言》对战略策略理论原则的阐发中不难看出，共产党的战略策略是原则的坚定性和策略的灵活性的辩证统一：既要积极参加当前的经济和政治斗争，又要坚持自己的最终目标；既要团结其他无产阶级政党，又要坚持自己的先进性和作用；既要参加反封建的资产阶级民主革命，又要坚持资产阶级是无产阶级的敌对阶级的观点；既要同各种民主政党结成联盟，共同斗争，又要保持自己的独立性。《宣言》所提出的这些无产阶级的战略策略原则，被1848年革命实践证明是完全正确的。对此，恩格斯曾指出："从来没有一个策略纲领像这个策略纲领一样是得到了证实的。它在革命前夜被提出后，就经受住了这次革命的检验；并且从那时起，任何一个工人政党每当背离这个策略纲领的时候，都因此而受到了惩罚。"[①]

在此需要特别指出的是，无产阶级统一战线不是各种社会政治力量的胡乱拼凑，更不是散兵游勇，它必须要有明确的奋斗目标和理论指导，更要具有坚强的领导核心。只有作为无产阶级先锋队的共产党才能发挥统一战线的领导核心作用。这是共产党的阶级性以及理论和实践的先进性所决定的。《宣言》没有明确使用坚持共产党领导权的概念，但在行文中却表达了共产党在统一战线中要坚持领导权这一思想。《宣言》指出，为了实现革命目标，共产党要联合、支持一切可能的同盟者，巩固和壮大统一战线，以反对当前的主要敌人，但要注意提防不可靠的同盟者，保留对他们的错误进行批判的自由和权利。还说，

---

① 中共中央马克思、恩格斯、列宁、斯大林著作编译局：《马克思恩格斯选集》第4卷，人民出版社1995年版，第181页。

无产阶级要夺取革命胜利，可以支持其他政党去参加有利于革命的运动，但"所有这一切又必须以党的无产阶级性质不致因此发生问题为前提"，并指出这是"绝对的界限"①。可见，《宣言》实际上明确了要始终坚持共产党在统一战线中的领导权这一点，而这恰恰是无产阶级统一战线的根本原则。

（三）论述无产阶级要与农民阶级、小资产阶级和知识分子结成联盟

解放全人类，实现共产主义是前无古人的宏伟事业，单单依靠无产阶级是难以完成的，它需要亿万人民群众的积极参与和支持才能成功。《宣言》号召无产阶级和一切劳动人民联合起来，组成浩浩荡荡的革命大军，砸碎旧世界，建立新社会。

第一，是农民阶级。1847 年，恩格斯在创作作为《宣言》初稿的《共产主义原理》一文时，已经具有建立工农联盟的初步思想。他谈及法国、德国阶级构成时指出，这两个国家的小农"正处在转变为无产阶级的过渡阶段，他们的一切政治利益的实现都越来越依赖无产阶级，因而他们很快就会同意无产阶级的要求"②。《宣言》发表后不久的 1851—1852 年，马克思、恩格斯深刻指出，由于农民的利益与资产阶级不可调和地对立起来，"农民就把负有推翻资产阶级制度使命的城市无产阶级看作自己的天然同盟者和领导者"③。农民对革命的态度关系着革命的成败。农民阶级是无产阶级最可靠的同盟军。有了农民的支持和参与，"无产阶级革命就会得到一种合唱，若没有这种合唱，它在一切农民国度中的独唱是不免要变成孤鸿哀鸣的"④。

第二，是小资产阶级。《宣言》分析了小资产阶级的经济地位，指出这种经济地位决定了他们在政治上是动摇于无产阶级和资产阶级之间的，或集合在无产阶级战斗行列后面并站到它的旗帜之下，或者向资产阶级投降，此外别无出路。而且，小资产阶级还在资产阶级和无产阶级之间形成了许多带有激进色

---

① 中共中央马克思、恩格斯、列宁、斯大林著作编译局：《马克思恩格斯选集》第 4 卷，人民出版社 1995 年版，第 686 页。
② 中共中央马克思、恩格斯、列宁、斯大林著作编译局：《马克思恩格斯选集》第 1 卷，人民出版社 1995 年版，第 239 页。
③ 同上书，第 681 页。
④ 同上书，第 684 页。

彩的政治流派和社会主义流派。例如，有些小资产阶级站在无产阶级方面，去反对资产阶级，用小资产阶级和小农的尺度去批判资本主义制度，于是就形成了小资产阶级的社会主义。小资产阶级的社会主义者或民主主义的社会主义者，是小资产阶级在政治上的代表。他们虽然不了解无产阶级的解放条件，而且在理论上也带有空想的特点，但是，这个阶级"在许多方面都和无产者有共同的利益。因此，共产主义者在行动的时候，只要民主主义的社会主义者不为占统治地位的资产阶级效劳和不攻击共产主义者，就应当和这些社会主义者达成协议，同时尽可能和他们采取共同的政策。当然，共同行动并不排除讨论存在于他们和共产主义者之间的分歧意见"[1]。再者，大工业必然使小资产者变为无产者，以前中间等级的下层都降落到无产阶级的队伍里来了，"无产阶级就是这样从居民的所有阶级中得到补充的"[2]。鉴于小资产阶级的经济地位和政治地位，无产阶级及其政党应同小资产阶级建立联盟，团结他们进行革命斗争。

第三，是知识分子。《宣言》对知识分子问题也做了一些论述。《宣言》认为知识分子是雇佣劳动者。"资产阶级抹去了一切向来受人尊崇和令人敬畏的职业的神圣光环。它把医生、律师、教士、诗人和学者变成了它出钱招雇的雇佣劳动者。"[3] 也就是说，资本主义社会的知识分子不是统治阶级，而是被雇佣的脑力劳动者。接着，《宣言》肯定无产阶级的发展壮大需要知识分子。旧社会内部的冲突在许多方面都促进了无产阶级的发展：工业的进步把统治阶级中的整个阶层抛到无产阶级队伍里去，特别是知识阶层，给无产阶级带来了大量的教育因素，提高了无产阶级的文化素质和政治经验；当无产阶级和资产阶级接近决战的时期，统治阶级内部的瓦解会使统治阶级的一小部分人归附于无产阶级，尤其是已经提高到从理论上认识整个历史运动的一部分资产阶级思想家，也会转到无产阶级方面来。所有这些，对无产阶级在思想理论和政治上的成熟，能够起十分重要的作用。《宣言》还指出，无产阶级取得政权以后，对一切儿童实行公费的和免费的教育，并把教育同物质生产结合起来，等等。显而易见，在马克思、恩格斯看来，知识分子是一个阶层，是脑力劳动者。它既

---

[1] 中共中央马克思、恩格斯、列宁、斯大林著作编译局：《马克思恩格斯选集》第1卷，人民出版社1995年版，第245页。
[2] 同上书，第280页。
[3] 同上书，第275页。

可以为资产阶级服务,又可以为无产阶级服务。无产阶级的发展壮大、革命斗争以及取得政权之后的建设,都需要知识分子。

(四) 重视民族之间的团结合作

民族问题是无产阶级统一战线的一个重要问题。《宣言》对资本主义民族的形成、民族的联合、消灭民族压迫和剥削的途径等问题,都做了明确的论述。

第一,它阐明了资本主义民族的产生和发展过程。在封建社会里,由于经济文化很落后,许多民族互不往来,彼此隔绝,但随着大工业的发展、世界市场的开拓,一切国家的生产和消费都成为世界性的了。古老的民族工业被消灭,"过去那种地方的和民族的自给自足和闭关自守状态,被各民族的各方面的互相往来和各方面的互相依赖所代替了。物质的生产是如此,精神的生产也是如此。各民族的精神产品成了公共的财产"①。民族日益不可能再保持片面性和局限性,于是许多民族的和地方的文学成了世界的文学。由于生产工具的迅速改进、交通的方便,一切民族甚至最野蛮的民族都被卷到文明中来。资产阶级创立了巨大的城市,使很大一部分居民脱离了乡村生活的愚昧状态。特别是它使得人口聚集、生产集中、财产聚集在少数人手里。由此必然产生的后果是政治的集中,"现在已经结合为一个拥有统一的政府、统一的法律、统一的民族阶级利益和统一的关税的统一的民族"。资产阶级的民族和国家是剥削阶级的民族和国家,它对内压迫和剥削工人阶级,对外侵略和掠夺其他民族。"它使未开化和半开化的国家从属于文明的国家,使农民的民族从属于资产阶级的民族,使东方从属于西方。"②

第二,强调资本主义工业的发展使无产阶级丧失了任何民族性。在资本主义国家内,资产阶级是统治阶级,掌握着国家大权,代表着国家。而无产阶级一无所有,是受压迫、受剥削的阶级。因此,《宣言》指出:"工人没有祖国。决不能剥夺他们所没有的东西。因为无产阶级首先必须取得政治统治,上升为民族的阶级,把自身组织成为民族,所以它本身还是民族的。"③ 也就是说,无

---

① 中共中央马克思、恩格斯、列宁、斯大林著作编译局:《马克思恩格斯选集》第 1 卷,人民出版社 1995 年版,第 276 页。

② 同上书,第 277 页。

③ 同上书,第 291 页。

产阶级在受压迫、受剥削时，没有社会地位，也没有祖国和民族。只有无产阶级夺取政权以后，它才能上升为民族的阶级，组成自己的民族，也有了自己的祖国。而无产阶级民族仅仅是暂时存在的，它要逐步使各民族联合起来，最终达到民族的融合。

第三，论述民族剥削将随着剥削制度的消灭而消灭。《宣言》指出："人对人的剥削一消灭，民族对民族的剥削就会随之消灭。民族内部的阶级对立一消失，民族之间的敌对关系就会随之消失。"① 也就是说，民族剥削和压迫的根源是资本主义剥削制度。当无产阶级夺取政权，消灭了资本主义私有制，建立了社会主义公有制以后，作为剥削阶级的资产阶级和资本主义制度也就被消灭了，而民族对民族的剥削也就随之消失。与此同时，民族内部的阶级对立一消失，民族间的敌对关系也就随之消失，代之以各民族在平等基础上的团结合作。这就为进一步消灭民族间在经济文化上的不平等，促进各民族共同发展繁荣，实现民族的融合奠定了必要的基础。

（五）强调无产阶级自身的团结和统一

无产阶级要想推翻资产阶级的统治，建立无产阶级专政，进而实现共产主义，必须保持无产阶级自身的团结和统一。无产阶级内部的团结统一是无产阶级统一战线的基础。《宣言》从如下两个方面论述了无产阶级内部的团结统一问题。

首先，是无产阶级在一国之内的团结和统一。《宣言》叙述了工人阶级与资产阶级斗争的发展过程，指出其先是个别工人和个别资产者之间的斗争，进而发展为局部地区的工人与资产阶级的斗争，最后发展为全国无产阶级与资产阶级的斗争。在这个过程中，为了共同对付资产阶级，工人阶级会愈益团结起来，开始推翻资产阶级统治的政治斗争。加强工人阶级的团结是反对并战胜资产阶级的需要。

其次，是无产阶级的国际团结。资本具有国际性，形成了一股国际势力，在世界范围内剥削、压迫各国无产阶级和劳动人民。因此，无产阶级的革命事业从来都是国际性的。从形式上看，无产阶级反对资产阶级的革命是在一国范围内进行的，这是因为它首先碰到的具体敌人是本国的资产阶级，它绝不能撇开本国敌

---

① 中共中央马克思、恩格斯、列宁、斯大林著作编译局：《马克思恩格斯选集》第1卷，人民出版社1995年版，第291页。

第五讲
《共产党宣言》：统一战线的纲领

人，去搞什么所谓的"世界革命"。但就内容来说，无产阶级反对资产阶级的革命是国际性的。无论哪一国的无产阶级革命，都是无产阶级世界革命的组成部分。无产阶级只有在全世界范围内推翻资产阶级的统治，才能获得最后的解放。所以，共产党在革命斗争中，要坚持整个无产阶级的不分民族的共同利益。也就是说，要坚持无产阶级国际团结原则。在世界资产阶级互相联合起来的条件下，没有国际无产阶级的相互支持、共同奋斗，任何国家的无产阶级斗争都将失败，即使胜利了也是暂时的。因此，"联合的行动，至少是各文明国家的联合的行动，是无产阶级获得解放的首要条件之一"①。只有全世界无产阶级联合起来，统一行动，才能解放全人类，也才能最后解放自己。正是有鉴于此，《宣言》在结束时提出了一个响亮的口号："全世界无产者，联合起来！"②

　　对照"纲领"的释义，再看《宣言》的上述内容，我们可以得出这样的结论：马克思、恩格斯在《宣言》中科学揭示了统一战线的根本指导思想，详细阐明了统一战线战略策略的基本原则，深刻论述了统一战线发挥作用的根本保证等；同时还初步阐述了工农联盟，工人阶级内部团结，联合小资产阶级、资产阶级及其政党、知识分子等具体问题，为巩固和发展无产阶级统一战线划定了大体的工作范围，指明了统一战线工作的努力方向。这些都是无产阶级统一战线的基本问题，是无产阶级统一战线的总纲、要领，是起指导作用的原则。因此，《宣言》当之无愧地可以被称为无产阶级统一战线建设的纲领性文献。而且，这一纲领性文献所蕴含的基本思想的真理性，已经被世界社会主义运动的大量实践反复证明了。正因如此，习近平同志在2018年召开的纪念马克思诞辰200周年大会上指出，从《共产党宣言》发表到今天，170年过去了，人类社会发生了翻天覆地的变化，但马克思主义所阐述的一般原理整个来说仍然是完全正确的。既然是纲领性文献，就不可能对什么问题都毫无遗漏地加以论述。马克思、恩格斯是根据他们当时所处的时代条件和世界社会主义运动发展的客观需要和实际情况做出的结论，至于未来情况究竟怎样，共产党要根据已经发展了的具体形势做出判断和处理。马克思主义关于无产阶级统一战线的

---

　　① 中共中央马克思、恩格斯、列宁、斯大林著作编译局：《马克思恩格斯选集》第1卷，人民出版社1995年版，第291页。
　　② 同上书，第307页。

理论不是现成的教义和教条,而是进一步研究的出发点和供这种研究使用的方法,是行动的指南。正如马克思、恩格斯在《宣言》1872年德文版序言中所指出的,这些原理的实际运用,"随时随地都要以当时的历史条件为转移"①,决不能照搬照抄、教条主义地对待马克思主义统一战线理论和纲领。理论的生命力在于不断创新,推动马克思主义统一战线理论不断发展是中国共产党人的神圣职责。只有深刻领会马克思主义关于统一战线理论的基本立场、观点和方法,具体问题具体分析,解放思想、与时俱进地坚持和发展马克思主义关于统一战线的理论和政策,才能不断开辟中国马克思主义统一战线理论和实践的新境界。

二、《宣言》统一战线思想中值得注意的两个问题

对《宣言》中蕴含的上述无产阶级统一战线思想,理论界不少人,包括笔者,都进行过梳理和概括,写过有关论著,这对人们正确理解《宣言》中的统一战线思想起了一定的积极作用。但是,《宣言》是经典著作,可以让人常学常新,百读不厌。习近平同志在中共中央党校2009年春季学期第二批进修班暨专题研讨班开学典礼上,专门就领导干部要爱读书、读好书、善读书发表重要讲话。经典著作有如一座富矿,可以常挖常有,取之不尽,用之不竭。笔者上大学时学政治理论,听过老师讲《宣言》,读硕士、博士,学科学社会主义,又听老师讲《宣言》。这部著作,笔者已经记不清读过多少遍了,每读一遍都有新的收获。前两年,笔者还连续写了几篇关于《宣言》的文章。但是最近,当笔者再次深入地钻研这部经典著作时,却发现过去的概括不够全面、深入,还有一些统一战线思想很值得注意,而学术界几乎没有人谈过、写过,其中最重要的问题有两个:第一个是共产党是无产阶级联合的最高形式和统一战线的领导力量;第二个是共产党建立和发展统一战线的必要性、重要性。深入研究这两个问题,有利于进一步厘清共产党与统一战线的关系,加深我们对统一战线的理解和把握;有利于人们深刻领会中国共产党历代领导人关于统一战线必要性、重要性的论述,更好地贯彻党的统一战线理论政策,做好新时代的爱国统一战线工作。

---

① 中共中央马克思、恩格斯、列宁、斯大林著作编译局:《马克思恩格斯选集》第1卷,人民出版社1995年版,第248页。

第五讲
《共产党宣言》：统一战线的纲领

（一）共产党是无产阶级联合的最高形式和领导力量

也许有人会问：共产党是统一战线的领导力量，这个很好理解，但共产党怎么成了"无产阶级联合的最高形式"？要搞清楚这个问题，还必须回到原著本身。

以下节选自《宣言》第一章。

> 无产阶级经历了各个不同的发展阶段。它反对资产阶级的斗争是和它的存在同时开始的。
>
> 最初是单个的工人，然后是某一工厂的工人，然后是某一地方的某一劳动部门的工人，同直接剥削他们的单个资产者作斗争。他们不仅仅攻击资产阶级的生产关系，而且攻击生产工具本身；他们毁坏那些来竞争的外国商品，捣毁机器，烧毁工厂，力图恢复已经失去的中世纪工人的地位。
>
> 在这个阶段上，工人是分散在全国各地并为竞争所分裂的群众。工人的大规模集结，还不是他们自己联合的结果，而是资产阶级联合的结果，当时资产阶级为了达到自己的政治目的必须而且暂时还能够把整个无产阶级发动起来。因此，在这个阶段上，无产者不是同自己的敌人作斗争，而是同自己的敌人的敌人作斗争，即同专制君主制的残余、地主、非工业资产者和小资产者作斗争。因此，整个历史运动都集中在资产阶级手里；在这种条件下取得的每一个胜利都是资产阶级的胜利。
>
> 但是，随着工业的发展，无产阶级不仅人数增加了，而且它结合成更大的集体，它的力量日益增长，它越来越感觉到自己的力量。机器使劳动的差别越来越小，使工资几乎到处都降到同样低的水平，因而无产阶级内部的利益、生活状况也越来越趋于一致。资产者彼此间日益加剧的竞争以及由此引起的商业危机，使工人的工资越来越不稳定；机器的日益迅速的和持续不断的改良，使工人的整个生活地位越来越没有保障；单个工人和单个资产者之间的冲突越来越具有两个阶级的冲突的性质。工人开始成立反对资产者的同盟；他们联合起来保卫自己的工资。他们甚至建立了经常性的团体，以便为可能发生的反抗准备食品。有些地方，斗争爆发为起义。
>
> 工人有时也得到胜利，但这种胜利只是暂时的。他们斗争的真正成果并不是直接取得的成功，而是工人的越来越扩大的联合。这种联合由于大

工业所造成的日益发达的交通工具而得到发展，这种交通工具把各地的工人彼此联系起来。只要有了这种联系，就能把许多性质相同的地方性的斗争汇合成全国性的斗争，汇合成阶级斗争。而一切阶级斗争都是政治斗争。中世纪的市民靠乡间小道需要几百年才能达到的联合，现代的无产者利用铁路只要几年就可以达到了。

无产者组织成为阶级，从而组织成为政党这件事，不断地由于工人的自相竞争而受到破坏。但是，这种组织总是重新产生，并且一次比一次更强大、更坚固、更有力。它利用资产阶级内部的分裂，迫使他们用法律形式承认工人的个别利益。英国的十小时工作日法案就是一个例子。

旧社会内部的所有冲突在许多方面都促进了无产阶级的发展。资产阶级处于不断的斗争中：最初反对贵族；后来反对同工业进步有利害冲突的那部分资产阶级；经常反对一切外国的资产阶级。在这一切斗争中，资产阶级都不得不向无产阶级呼吁，要求无产阶级援助，这样就把无产阶级卷进了政治运动。于是，资产阶级自己就把自己的教育因素，即反对自身的武器给予了无产阶级。

其次，我们已经看到，工业的进步把统治阶级的整批成员抛到无产阶级队伍里去，或者至少也使他们的生活条件受到威胁。他们也给无产阶级带来了大量的教育因素。

最后，在阶级斗争接近决战的时期，统治阶级内部的、整个旧社会内部的瓦解过程，就达到非常强烈、非常尖锐的程度，甚至使得统治阶级中的一小部分人脱离统治阶级而归附于革命的阶级，即掌握着未来的阶级。所以，正像过去贵族中有一部分人转到资产阶级方面一样，现在资产阶级中也有一部分人，特别是已经提高到从理论上认识整个历史运动这一水平的一部分资产阶级思想家，转到无产阶级方面来了。

……

雇佣劳动完全是建立在工人的自相竞争之上的。资产阶级无意中造成而又无力抵抗的工业进步，使工人通过结社而达到的革命联合代替了他们由于竞争而造成的分散状态。①

---

① 中共中央马克思、恩格斯、列宁、斯大林著作编译局：《马克思恩格斯选集》第1卷，人民出版社1995年版，第280—284页。

第五讲
《共产党宣言》：统一战线的纲领

这是马克思、恩格斯关于无产阶级与资产阶级斗争的过程和无产阶级政党产生的关系的描述。从这一描述中可以看出，工人阶级与资产阶级的斗争大致可分为两个阶段，即自发阶段和自为阶段。在自发阶段，工人阶级由于没有认识到自己整个阶级与资产阶级的利益对立，因此，其与资产阶级的斗争主要表现为个别的或少数的工人采取的捣毁机器、烧毁工厂等形式，他们与直接剥削他们的单个资产者做斗争。这时的工人还是分散在全国各地并为竞争所分裂的群众，他们还没有联合起来。但资产阶级为了本阶级的政治、经济图谋能够并且必须把整个无产阶级联合起来，建立与无产阶级的统一战线，共同对付自己的敌人。随着工业的发展，无产阶级人数不断增加，无产阶级的利益和生活状况渐趋一致。单个工人和单个资产者之间的斗争不断扩大规模，越来越具有两个阶级的冲突的性质。于是，无产阶级开始成立反对资产阶级的同盟，建立常设的团体，联合起来保卫自己的工资，有时也能取得暂时的胜利。这种联合由于交通工具的发展范围越来越大，因而越来越具有阶级斗争的性质。这种联合逐渐发展为组织政党，这种政党由于工人的自相竞争经常遭到破坏。但这种组织总是重新产生，而且一次比一次更强大、更坚固、更有力，迫使资产阶级承认工人阶级的某些利益。

在自为阶段，由于无产阶级在自发阶段联合起来开展斗争取得的一些经验，也由于资产阶级在与自己的敌人进行斗争时要求无产阶级予以援助，把无产阶级卷进政治运动，资产阶级不可避免地把自己的教育因素即反对自己的武器给予了无产阶级。这个武器就是文化知识和斗争经验，包括建立统一战线的知识和经验。加之工业的进步把封建统治阶级中的整批成员抛入无产阶级的队伍，这些人也给无产阶级带来了大量的教育因素，即政治经验，包括统一战线的经验。尤其重要的是，在阶级斗争异常尖锐的时候，资产阶级中具有先进思想的一小部分人，特别是一些思想家，会脱离资产阶级而归入无产阶级，也给无产阶级开展斗争以统一战线战略策略的指导。在这种历史条件下，无产阶级的先进部队，肩负着解放全人类、在全世界实现共产主义这一伟大历史使命的掌握了与资产阶级斗争战略策略的共产党便诞生了。

由此不难得出这样几个结论。

一是无产阶级的联盟、联合，即无产阶级的统一战线，来自与资产阶级斗争的需要，来自无产阶级对以往自己斗争经验教训的总结，来自对历史上统治阶级特别是资产阶级统治和斗争的智慧的借鉴和汲取。正如第一讲中所讲过的，无产阶级及其政党建立统一战线，是从资产阶级和以往历代统治阶级那里学来的，统一战线并不是无产阶级的发明，更不是共产党的专利。而且，历史上的所有政治势力都一直在搞统一战线，资产阶级也不例外，甚至有过之而无不及，常用它来对付无产阶级和其他一切敌人，但是，他们一看到无产阶级搞统一战线，就不能理解了，甚至对之大肆攻击，这是典型的"只许州官放火，不许百姓点灯"。因此，说只有共产党搞统一战线，甚至说共产党搞"统战阴谋"的人，如果不是无知，就是别有用心，故意丑化共产党。我们绝不能掉以轻心，上了资产阶级和一切敌对势力的大当。

二是破坏无产阶级及其政党内部团结的最危险因素，是无产阶级内部的自相竞争，因此要保持无产阶级的战斗力，就必须实现无产阶级及其政党共产党内部的紧密团结和高度统一。这是无产阶级统一战线的首要内容。怎样才能实现无产阶级及其政党内部的团结统一呢？根据马克思主义经典作家的论述和世界社会主义运动的经验教训，要在如下几个方面下功夫：一是必须统一思想，反对各行其是、各自为政；二是必须搞五湖四海，反对宗派主义和团团伙伙；三是必须加强纪律性，保证思想上和行动上的高度一致；四是必须坚持和健全民主集中制。由于这一问题已在第四讲中讨论过，这里不再赘述。

三是共产党的诞生是实现无产阶级团结斗争的需要，它既是无产阶级统一战线逻辑发展的产物和"无产者阶级联合的最高形式"，也是无产阶级建立和巩固统一战线、战胜强大敌人的根本政治保证和领导力量。列宁在《共产主义运动中的"左派"幼稚病》一文中明确指出："在资本主义发展初期，工会是工人阶级的一个巨大进步，因为工会是工人由散漫无力进到初步阶级联合的过渡。当无产者的阶级联合的最高形式，即无产阶级的革命政党（要是这个党不学会把领袖和阶级、领袖和群众结成一个整体，结成一个不可分离的整体，它便不配拥有这种称号）开始成长的时候，工会就不可避免地暴露出某些反动色彩。"[①] 在这段话里，列宁指出工会是无产阶级联合的初级形式，无产阶级革命政党是无产阶级联合的最高形式。1990年，阎志民教授主编的《马克思主义统

[①] 中共中央马克思、恩格斯、列宁、斯大林著作编译局：《列宁选集》第4卷，人民出版社1960年版，第206页。

第五讲
《共产党宣言》：统一战线的纲领

战学说概论》一书，在论述"统一战线的基本形式"部分中，划分出"无定形的松散统一战线""以条约、协定为基础的统一战线""有共同纲领和固定组织的统一战线"三种形式。在第三种形式中，又分为联络中心型、联合阵线型和政党型三种类型。政党型既是政党，又具有统一战线的性质。它既可以是阶级联盟，也可以是政治联盟。其特点在于它们都有党的名称，并采取了政党的组织形式，如有自己的党纲、党章，有自己的组织纪律，其成员有对组织的责任和义务等，按照政党的原则组织起来和进行活动。其最大优点，就是能把自己内部的各种统战力量紧密地团结起来、有效地组织起来，去反对共同的敌人或实现共同的革命目标；其功能作用也能得到最充分的实现和发挥。因此可以说，它是最紧密、最稳定的统一战线形式。① 显而易见，阎教授的划分和论述是对列宁论述的充实和深化。

（二）共产党建立和发展统一战线的必要性

中国共产党的历代领导人都高度重视统一战线和统战工作，对统一战线的地位和作用加以论述和强调。毛泽东是中国共产党统一战线理论的奠基人和统战工作大师。1939年10月，毛泽东在《〈共产党人〉发刊词》一文中明确指出："统一战线，武装斗争，党的建设，是中国共产党在中国革命中战胜敌人的三个法宝，三个主要的法宝。"② 也就是说，毛泽东认为统一战线是中国共产党取得革命胜利的三大法宝之一。邓小平多次阐述统一战线的重要性、必要性和长期性，特别强调统一战线的战略性，强调统一战线的本质是团结大多数，孤立敌人。进入社会主义现代化建设新时期以后，他进一步指出："统一战线仍然是一个重要法宝，不是可以削弱，而是应该加强，不是可以缩小，而是应该加强。"③ 2000年12月，江泽民在第十九次全国统战工作会议上，对21世纪统一战线的地位和作用进行了全面论述，其主要精神实质就是"四个离不开"，即实现社会主义现代化建设第三步战略目标离不开统一战线，发展社会主义民主政治离不开统一战线，繁荣有中国特色社会主义文化离不开统一战线，实现

---

① 参见阎志民等：《马克思主义统战学说概论》，中国文史出版社1990年版，第267—274页。
② 《毛泽东著作选读》上册，人民出版社1986年版，第309页。
③ 《邓小平文选》第2卷，人民出版社1994年版，第203页。

祖国完全统一离不开统一战线。因此，在21世纪，统一战线作为党的一个重要法宝，决不能丢掉；作为党的一个政治优势，决不能削弱；作为党的一项长期方针，决不能动摇。① 2002年12月胡锦涛在走访各民主党派中央和全国工商联时的讲话中指出，统一战线是中国共产党团结一切可以团结的力量，夺取革命、建设和改革事业胜利的重要法宝，也是中国共产党执政兴国的重要法宝。② 后来他又强调："在中国共产党领导下，发展最广泛的爱国统一战线，实现各党派、各团体、各民族、各阶层及一切热爱中华民族的人们的大团结，是推进党和人民事业发展的必然要求。"③ 他认为这"是我们党提高执政能力一个十分重要的方面"④。习近平在2015年5月召开的中央统战工作会议上提出了"四个是"，即统一战线是中国共产党凝聚人心、汇聚力量的政治优势和战略方针，是夺取革命、建设和改革事业胜利的重要法宝，是增强党的阶级基础、扩大党的群众基础、巩固党的执政地位的重要法宝，是全面建成小康社会、加快推进社会主义现代化、实现中华民族伟大复兴中国梦的重要法宝。⑤ 这些论述、论断，无疑都是十分正确的，但都是针对中国共产党所处的特殊历史时期的统一战线而言的，都是特指。如果一般而言，共产党为什么必须实行统一战线的战略和策略呢？这一问题，长期以来，统一战线学术界乃至实际工作者很少有人进行探讨。这种状况无疑会影响党内外对统一战线的理解，影响人们对统一战线工作的重视和支持。要回答这一问题，我们仍然需要回顾一下《宣言》这一纲领性文献。

1. 社会主义（马克思、恩格斯为了使之与他们那个时代的各种社会主义思潮相区别，称之为共产主义）运动的特殊性决定了共产党必须实施统一战线战略策略。《宣言》第一章中指出："过去的一切运动都是少数人的或者为少数人

---

① 转引自罗振建、吴文华：《统一战线学研究》，重庆出版社2005年版，第389页。
② 翟伟：《把一切积极因素充分调动和凝聚起来　万众一心实现十六大提出的宏伟目标》，载《人民日报》2002年12月29日第1版。
③ 胡锦涛：《在庆祝中国人民政治协商会议成立55周年大会上的讲话》，载《人民日报》2004年9月22日第1版。
④ 新华社：《中共中央分别召开党外人士座谈会和通报会》，载《人民日报》2004年9月21日第1版。
⑤ 习近平：《巩固发展最广泛的爱国统一战线　为实现中国梦提供广泛力量支持》，载《人民日报》2015年5月21日第1版。

第五讲
《共产党宣言》：统一战线的纲领

谋利益的运动。无产阶级的运动是绝大多数人的、为绝大多数人谋利益的独立的运动。"[1] 这是马克思、恩格斯对无产阶级所从事的社会主义运动（包括革命、建设和改革）的性质和特点的精确表述。过去的革命运动，无论是奴隶主、奴隶的革命运动，还是地主阶级、农民阶级的革命运动，抑或是资产阶级的革命运动，要么是少数人参加的，要么是为少数人谋利益的，或者二者兼而有之。

就拿我国来说，在漫长的历史上，发生过大大小小的奴隶起义、农民起义数百次，就连规模巨大的秦末农民大起义、东汉末年的黄巾大起义、隋末农民大起义、唐末农民大起义、元末农民大起义、明末农民大起义、清末农民大起义，也大多没有将全国人口的绝大多数卷进来，即便能够将全国绝大多数人口卷进来，革命胜利最好的结果，也是为少数人谋取利益和改朝换代，大多数革命的参加者或是很难得到什么利益，或是其利益难以得到保障。如秦末的刘邦，他打天下是为了建立刘氏封建王朝。他依靠广大农民群众的支持和参与建立汉朝后，虽然短期内对广大农民实行让步政策，与民休息，但不久，官僚地主便大肆兼并土地，对广大农民的剥削压迫愈益沉重；元末的朱元璋也是如此。因此，广大农民长期生活在水深火热之中，生活不下去就官逼民反，揭竿而起。我国历史上爆发的农民起义，其基本原因都是农民生活不下去，不得不铤而走险，从万死中觅取一生。

农民阶级是如此，奴隶主阶级、地主阶级、资产阶级也无不如此。如法国资产阶级革命中，资产阶级运用统一战线，团结第三等级中的工人、农民和城市平民组成了反对波旁王朝统治的联盟，先后三次举行武装起义，才使革命一步一步地走向深入，最终确立资本主义制度。资本主义制度一经确立，广大的工人、农民和城市平民的生存条件比之过去虽有所改善，但仍然处于被压迫、被剥削的地位，真正摘到桃子的却是资产阶级。

而无产阶级的社会主义运动则不同，由于无产阶级的阶级特性和历史使命，社会主义运动不仅要求全国绝大多数人参加，而且为绝大多数人的利益服务。这是社会主义运动与过去一切运动的本质不同。这也应该是划分社会主义运动与非社会主义运动的根本标准之一。换句话说，绝大多数人参加的、为绝

---

[1] 中共中央马克思、恩格斯、列宁、斯大林著作编译局：《马克思恩格斯选集》第 1 卷，人民出版社 1995 年版，第 283 页。

大多数人利益服务的运动就是社会主义运动，否则就不是。因此，社会主义运动在本质上要求无产阶级尽可能吸收、团结国民的绝大多数参加运动，并为这些参加者谋取利益。如解放战争时期的沙家店战役，全歼敌军6000余人，扭转了西北战局，结束了敌人对陕北的重点进攻，从而使西北野战军由内线防御转入外线进攻。这一战役不仅全歼敌军，而且比原定作战计划的实现时间大大提前。原因何在呢？原因就在于后方人民的大力支持，激发了广大指战员的士气和斗志。这一事例验证了《周易》中"说以先（引导）民，民忘其劳；说以犯难，民忘其死"这一格言的正确性。电视剧《米脂婆姨》则讲述了1937年中国抗日战争全面爆发后，三个不同出身的姑娘在民族存亡关头，毅然走上前线，肩负起抗日救亡的重任；在解放战争中，她们巾帼不让须眉，带领后方广大妇女筹集干粮，赶做军鞋，运送粮食、药品和军需物资，积极支援解放前线的故事。作为艺术作品，它可能有所虚构，但剧中有一个情节，就反映了广大农民群众积极支前的事情：上级下达了30万斤军粮的任务，但老百姓将家里能交的粮食都交了，才凑到20万斤，还差10万斤。怎么办？村干部带头将家里养的羊、鸡、猪等家禽家畜杀了一部分，用肉充当军粮，终于完成了任务。消息传到前线，广大将士士气大振，决心奋勇杀敌，报答老百姓的拥护和支持。再如淮海战役，解放军与国民党军的军力对比是60万对80万，解放军是小米加步枪，而国民党军是美式装备，解放军明显处于劣势。但是，解放军有广大农民群众和其他各阶层人民的大力支持和积极参与，支前民工就有530万人。结果仗不仅打胜了，而且打得很漂亮。所以，陈毅元帅有句名言：淮海战役的胜利，是人民群众用小车推出来的。这里有两个问题值得注意，一是解放军是为人民的利益而战，二是广大人民群众也把打败蒋介石集团当作自己的事情，积极支持并参与其中。革命是如此，建设和改革也是如此。中国共产党始终代表中国最广大人民的根本利益，并依靠和团结全国最广大人民群众进行社会主义建设和改革。中国共产党作为社会主义运动的领导者，只要还在进行社会主义运动，就必须建立绝大多数人参加、为绝大多数人谋利益的广泛统一战线。否则，这一运动就不是社会主义性质的运动，而是别的什么性质的运动。

2. 无产阶级的伟大历史使命决定了共产党必须实施统一战线战略策略。大家知道，砸烂旧世界，建设新世界，解放全人类，在全世界实现共产主义，是无产阶级的伟大历史使命。无产阶级运用统一战线战略策略是由其历史使命所

第五讲
《共产党宣言》：统一战线的纲领

决定的。根据《宣言》的论述，无产阶级要想解放，首先要推翻资产阶级统治，"上升为统治阶级，争得民主"①，建立自己的政治统治，这是无产阶级的政治解放；其次，要利用自己的政治统治，发展社会生产力，"尽可能快地增加生产力的总量"②，这是无产阶级的经济解放；最后，要消灭阶级对立和阶级差别及其存在的条件，把全人类从阶级的局限中解放出来，从而达到无产阶级的最后解放，这是无产阶级的社会解放。到那时，"代替那存在着阶级和阶级对立的资产阶级旧社会的，将是这样一个联合体，在那里，每个人的自由发展是一切人的自由发展的条件"③。无论是无产阶级的政治解放、经济解放，抑或是社会解放，都是前无古人的宏伟事业。要完成这一事业，单靠无产阶级一个阶级的力量，没有其他阶级、阶层广大人民群众的参与和支持是绝对不行的。因此，无产阶级及其政党要完成自己的历史使命，实现共产主义远大理想，就必须将统一战线作为自己的战略策略。

3. 无产阶级所面对的敌人的强大统一战线决定了无产阶级及其政党必须实施统一战线战略策略。《宣言》开宗明义地指出："一个幽灵，共产主义的幽灵，在欧洲游荡。为了对这个幽灵进行神圣的围剿，旧欧洲的一切势力，教皇和沙皇、梅特涅和基佐、法国的激进派和德国的警察，都联合起来了。"④为了剿灭以消灭资本主义私有制为自己根本目的的社会主义运动，资产阶级以自身为主体、联合了世界各国反动阶级，组成了一个强大的统一战线。无产阶级及其政党共产党，要战胜资产阶级的强大统一战线，单靠自己一个阶级的力量是不够的，必须在实现自身团结的基础上，争取中间势力，将国内外、民族内外一切可以团结的力量都团结起来，甚至化消极因素为积极因素，建立起十分广泛的、浩浩荡荡的革命大军，共同对付资产阶级和一切反动阶级。唯其如此，无产阶级才能战胜资产阶级和一切反动阶级，取得社会主义运动的一个又一个胜利。

---

① 中共中央马克思、恩格斯、列宁、斯大林著作编译局：《马克思恩格斯选集》第1卷，人民出版社1995年版，第293页。
② 同上。
③ 同上书，第294页。
④ 同上书，第271页。

第六讲
《共产主义运动中的"左派"幼稚病》：统一战线的战略策略

做统战工作，单单有做好统战工作的愿望是不够的，因为做好统战工作的愿望只是方向和目标，这是战略；要实现这个战略，还需要方法和途径，这些方法和途径就是策略。能够将这两个方面彼此结合的，才是一个合格的统一战线工作者，才能真正做好统一战线工作。我们常说，列宁是伟大的马克思主义理论家、政治家、无产阶级革命导师。笔者在年轻的时候，对于列宁是理论家这一点毫不怀疑，但对于列宁是政治家和革命导师这一点的认识还是不够清楚的。但当笔者第一次阅读《共产主义运动中的"左派"幼稚病》（以下简称《"左派"幼稚病》）时，其精湛的论证和深刻的思想，深深地吸引了笔者，使笔者立刻觉得自己原来的认识实在肤浅，不过那时笔者对于列宁和这本书的认识还十分粗浅，没有形成深刻的理性的认识，因而只能"悠然心会，妙处难与君说"。后来读多了，研究多了，逐渐进入堂奥，笔者对这本书的认识就深刻得多了，对列宁是无产阶级政治家的看法就变得坚定不移了，因为这本书对无产阶级战略策略，特别是对统一战线战略策略做了通俗而精辟的论述，充满了革命的朝气和理论的活力，反映了列宁作为无产阶级政治家的成熟性。书中感染笔者的是列宁的政治智慧和领导艺术，特别是统一战线智慧和领导艺术，教人掌握的是政治、统一战线的辩证法。这是列宁为共产党人留下的统一战线智慧之学、才干之学。因此，列宁当之无愧是伟大的无产阶级革命导师、政治家。大家要想提升智慧、增长才干，就需要学习《"左派"幼稚病》这本书。

第六讲
《共产主义运动中的"左派"幼稚病》：统一战线的战略策略

唐代大诗人白居易说过："文章合为时而著，歌诗合为事而作。"这也就是说，文章诗词为反映、解决实际问题而写才有意义。列宁这部书就是在十月革命胜利后世界社会主义运动形势日益高涨的情况下，为克服运动中的"左派"幼稚病而写的。在这部光辉的经典著作中，列宁深刻总结了俄国三次革命和无产阶级政权建设初期的历史经验，集中阐述了马克思主义关于无产阶级统一战线的战略和策略思想，因而也可以说，这部书是有关马克思主义统一战线战略和策略的通俗讲话。这部著作是世界各国共产党人反对"左"倾思想、巩固和发展统一战线的强大思想武器，至今仍具有重要的理论意义和实践意义。

一、写作背景与目的

《"左派"幼稚病》写作和出版之日，正是苏维埃政权诞生两年半之时。十月革命后诞生的苏维埃政权经住了国内外敌对势力联合绞杀的严峻考验，并得到巩固。随着十月革命的影响迅速扩大，很多国家无产阶级的革命热情日益高涨，革命运动风起云涌，整个世界社会主义运动呈现蓬勃发展的大好形势。在芬兰、德国、匈牙利、斯洛伐克和波兰等国，先后爆发了无产阶级革命，有的还建立起苏维埃政权。修正主义占主导地位的第二国际已经破产，绝大多数社会民主党已经完全堕落成资产阶级的附属品和帮凶，并随之分崩离析，已经不再是无产阶级的先进组织了。有些人看到资产阶级统治的宝座不稳，就寄希望于美国总统威尔逊，将他当成"救世主"，梦想由他来实行社会改良，实现"剥削者同被剥削者和解"，以实现"社会和平"。广大党员和革命群众纷纷起来谴责他们的背叛行径，并摆脱他们的控制而加入左派队伍，接着以布尔什维克党为榜样建立起新的无产阶级政党——共产党，如阿根廷共产党、芬兰共产党、奥地利共产党、匈牙利共产党、波兰共产党、希腊共产党、德国共产党。与此同时，东方沦为殖民地、半殖民地社会的国家中被压迫民族解放斗争迅猛发展，印度、朝鲜、土耳其、阿富汗等国都掀起了波澜壮阔的民族民主革命。中国也爆发了轰轰烈烈的五四运动。当时的国际形势可以用毛泽东"四海翻腾云水怒，五洲震荡风雷激"这两句诗来形容。为了加强对这些年轻的共产党和各国民族解放运动的指导，在列宁的直接领导下，1919年3月在莫斯科成立了新的各国共产党联合组织——第三国际，即共产国际。共产国际第一次代表大会，有来自欧洲、美洲、亚洲多个国家的 52 名代表出席，部分殖民地、半殖民地国家的代表列席了会议，中国的列席代表是刘绍周和张永奎；1920 年 7 月在彼得格勒（后移至莫斯科）召开的第二次代表大会，参加大会的代表共 217 人，来自 41 个国家的 67 个党和组织。

世界社会主义运动在取得巨大胜利的同时，也存在着两种阻力和危险。一种是右倾机会主义即修正主义的思潮，这是最主要的危险；另一种是新出现的"左"的错误思潮，即"左"倾机会主义。右倾机会主义以考茨基、鲍威尔为代表，他们大肆诬蔑布尔什维主义，否定十月革命的国际意义，策略上美化资产阶级民主，宣扬议会道路，由工会领导一切，实行不要原则的妥协；政治上背叛无产阶级利益，与资产阶级同流合污，帮助各国资产阶级镇压工人运动；其中一些人甚至要求在不改变机会主义立场的前提下加入共产国际，企图篡夺共产国际的领导权，改变共产国际的方向。而"左"倾机会主义主要存在于从第二国际分化出来后参加共产国际的一些"左派"共产党人身上，他们因憎恨右倾机会主义而在理论、策略上走向另一个极端。"左派"人数少，力量薄弱，又缺乏斗争经验，在反对社会民主党右派的斗争中，对无产阶级革命中的一些重大问题持有"左"的错误观点，德国和英国的共产党人在这方面问题突出。他们不能客观、科学地分析革命形势，否认革命道路的曲折性，认为革命很快可以成功，单纯依靠无产阶级先锋队的觉悟就可以夺取政权，直接进入共产主义；反对原则上承认阶级斗争的一切政治手段，提出反对参加任何议会斗争、退出保守工会、反对任何妥协、打倒党的领袖等，实际上把自己变成了脱离群众的宗派主义、冒险主义小团体。在革命迅速发展、群众向左转的情况下，这是一种小资产阶级革命性的表现。这种"左"倾思潮，随着革命运动的不断发展，到这时已形成一种国际思潮。它影响着各国共产党的成长和世界社会主义运动的发展，同时也妨碍对右倾机会主义进行有效的斗争。

"沧海横流，方显出英雄本色。""左派"的思想混乱呼唤革命导师列宁从理论与实践相结合的角度，廓清"左派"思想迷雾，推动世界社会主义运动健康发展。列宁认为，党是无产阶级革命的领导核心，要使革命顺利发展，就要把党建设好。因此，最关键的问题是教育党，将党锻造成领导革命的坚强政党，有能力制定一些实际工作的原则，率领亿万人民群众"有组织地、协调地、有步骤地去做"各方面的革命工作。列宁在估计"左派"的错误时说，

第六讲
《共产主义运动中的"左派"幼稚病》：统一战线的战略策略

"左"倾机会主义错误的危害性和严重性要小得多，由于它是一种还很年轻的思潮，所以，"这种病症在一定条件下，可以容易地医好，但是必须用最大的努力来着手医治"①。可以说，不反"左"就不能争取群众和建立革命大军，就不能壮大无产阶级统一战线，不反"左"就会助长右倾发展。为此，列宁于1920年4—5月写成此书并加以增补，于同年6月出版。该书曾被发给共产国际第二次代表大会的全体与会代表。尽管当时主要危险是右倾机会主义，列宁却把此书的主旨放在反"左"倾的斗争上。列宁认为，要克服世界社会主义运动中的"左派"幼稚病，最好的办法就是把布尔什维克党战略与策略的基本经验介绍给年轻的各国共产党。他在此书的手稿上加了一个副标题"马克思主义战略和策略通俗讲话的尝试"。列宁在这本书中，根据布尔什维主义的历史经验，全面、深刻地批判了"左"倾错误，系统而又精辟地阐明了马克思主义关于无产阶级革命的战略和策略的基本原理，也阐发了丰富而又深刻的马克思主义关于统一战线的战略和策略思想，内容丰富，论述深刻，博大精深。

二、对"左派"影响统一战线巩固和发展诸种错误观点的批判

（一）怎样正确认识和处理领袖、政党、阶级、群众的相互关系

西欧"左派"特别是德国"左派"，错误地看待领袖、政党、阶级、群众之间的关系，将自己称作"原则上的反对派"，责难德国共产党中央寻求和德国独立社会民主党结盟的举措，说它"原则上承认"斗争的一切政治手段（包括议会活动），只是为了掩饰它想同独立党人结成联盟的真正意图，甚至否认党的领导和党的领袖的作用，把党和阶级、领袖和群众的关系对立起来，提出了"打倒领袖专政，群众专政万岁"的无政府主义口号，从而不仅否定了第二国际右倾机会主义的党及其叛变的领袖，也将无产阶级政党及其领袖一起否定了。

针对"左派"的这些错误言论，列宁首先严肃地指出，这是陈词滥调，是

---

① 中共中央马克思、恩格斯、列宁、斯大林著作编译局：《列宁选集》第4卷，人民出版社1960年版，第256页。

幼稚可笑的"左"的孩子气，仅仅是这种问题的提法就说明他们的思想混乱到不可救药的地步。接着，列宁精辟地指出，群众是划分为阶级的："在多数情况下，至少在现代的文明国家内，阶级通常是由政党来领导的；政党通常是由最有威信、最有影响、最有经验、被选出担任最重要职务而称为领袖的人们所组成的比较稳定的集团来主持的。"① 这就科学地揭示了马克思主义关于群众、阶级、政党、领袖之间相互关系的观点。列宁还分析了这种错误言论的根源，指出："一方面，大概是由于党的合法状态和不合法状态的迅速更替，破坏了领袖、政党和阶级之间的普通、正常和简单的关系，把人们的思想弄糊涂了，陷于困惑莫解的地位。"② 另一方面，在帝国主义战争末期和战后时期，在一些国家里，"领袖"和"群众"的分离表现得特别明显和突出。"群众"中分化出一部分"工人贵族"，这些工人贵族的领袖总是投奔到资产阶级方面，直接或间接地接受资产阶级的豢养，只顾自己本行业的利益，只顾工人贵族自己本阶层的利益。这样，"机会主义的政党就脱离了'群众'，即脱离了最广大的劳动阶层"③。不揭露这些右倾机会主义领袖的背叛行径，使之威信扫地，并把他们驱逐出去，无产阶级革命就不可能取得胜利。但是，由此就把群众专政和领袖专政根本对立起来，也是荒唐和愚蠢可笑的。最后，列宁在深刻论述了领袖和政党在党的组织建设、纪律建设、思想理论建设以及政治路线建设上作用的基础上，深刻阐述了领袖和政党在制定战略和策略，组织、教育阶级和群众，壮大革命队伍，并率领这支队伍完成社会主义革命和建设中的关键作用。

列宁认为，正确认识并处理好领袖、政党、阶级、群众之间的关系，不仅有利于克服"左派"的错误认识，维护"左派"党内团结，而且有利于无产阶级领袖和政党增强"善于考察群众情绪和影响群众情绪"的能力，实现无产阶级的阶级团结。列宁甚至认为，"左派"党要是"不学会把领袖和阶级、领袖和群众结成一个整体，结成一个不可分离的整体，它便不配拥有这种称号"④。同时，除了实现内部团结之外，"左派"党还要学会争取中间势力，分

---

① 中共中央马克思、恩格斯、列宁、斯大林著作编译局：《列宁选集》第4卷，人民出版社1960年版，第197页。
② 同上书，第198页。
③ 同上书，第199页。
④ 同上书，第206页。

第六讲
《共产主义运动中的"左派"幼稚病》：统一战线的战略策略

化瓦解敌对势力，建立起十分广泛的统一战线，组成浩浩荡荡的革命大军，为实现革命目标而奋斗。

（二）是否应在反动工会中工作

德、法、英、荷等国共产党的"左派"，由于工会受社会民主党右翼领袖的影响，具有反动色彩，就怒气冲冲地把"反动"的工会大骂一顿，说什么共产党人不应在反动工会里工作，可以放弃这种工作，退出工会，另创一种崭新而又纯洁的、以承认苏维埃制度和无产阶级专政为原则的新的"工人联合会"。

列宁认为，这种看似"极端革命的论调"，其实根本上是错误的，是"幼稚可笑的废话"。因为说这种话的"左派"完全不懂得资本主义向社会主义过渡的基本条件。只是唱唱高调，把"反动的"和"反革命的"工会大骂一顿，是无济于事的。列宁严厉地批判了"左派"不在反动工会中工作的思想，明确指出，在资本主义发展初期，建立工会是工人阶级的一个巨大进步，因为它是工人由散漫无力进到初步开始阶级联合的过渡。而且，那时的工会在维护工人阶级的经济利益方面做了很多有益的工作，因而在广大工人群众中享有很高的威信，借口工会有反动色彩而退出并另建清一色的红色工会，这表明"左派"把工会的少数上层官僚分子与广大工人群众混为一谈，表明他们实际上把工会和党混为一谈，抛弃了广大工人群众。列宁认为，在已经夺取政权的苏联，工会是形式上非党的、比较广泛的无产阶级机构，是资本主义给社会主义留下的遗产之一，党直接依靠工会来开展自己的工作，即通过工会同本阶级和群众取得密切联系，通过这个机构来实现阶级专政。列宁强调指出："如果没有同工会的极密切的联系，没有工会的热烈支持，没有工会在经济建设方面，而且在军事建设方面奋不顾身的工作，那么别说我们能管理国家和实行专政两年半，就是两个半月也不成。"①

在无产者的阶级联合的最高形式——共产党开始成长的时候，由于资产阶级思想及其生活方式的影响，工会组织不可避免地暴露出某些落后性，甚至带有某些反动的色彩。列宁认为，"除了通过工会同工人阶级政党的协同动作，

---

① 中共中央马克思、恩格斯、列宁、斯大林著作编译局：《列宁选集》第4卷，人民出版社1960年版，第204页。

无产阶级在世界上任何地方从来没有而且也不能有别的发展道路"①。无产阶级夺取政权是无产阶级的又一巨大进步，这时候党更需要不仅用旧的方法，而且用新的方法对工会进行教育和领导，同时不应当忘记，工会现在是且将来长期仍将是一所必要的"共产主义学校"和无产者实现其专政的预备学校，是促使全国经济管理职能逐渐转到工人阶级手中，然后再转到全体劳动者手中所必要的工人联合组织。因为工会的某种反动性而企图避开它、跳过它，这是最愚蠢的行为，是完全不懂得从资本主义向社会主义过渡的基本条件，是害怕无产阶级先锋队的作用，即训练、启发、教育工人阶级和农民中最落后的阶层和群众，并吸引他们来参加新生活的作用，而把这些群众委弃在"反动领袖"、"资产阶级代理人"和工人贵族的影响之下。因此，列宁指出，共产党及其政治家的艺术，就在于正确判断在什么条件下、在什么时机无产阶级先锋队可以成功地夺取政权，可以在夺取政权过程中和夺取政权以后得到工人阶级和非无产阶级劳动群众的充分支持，以及在夺取政权以后，能通过教育和训练吸引更多的劳动群众来支持、巩固和扩大自己的统治。拒绝在工会中工作，并要求建立新的臆想出来的工人组织形式，"这无异是共产党人给资产阶级帮大忙"②。

列宁在批判"左派"的过程中，阐明了一个极其重要的策略原理："共产党人的全部任务，就是要善于说服落后分子，善于在他们中间进行工作，而不是臆想出一些幼稚的'左的'口号同他们隔离开来。"③ 哪里有群众，就到哪里去工作。凡是在有无产阶级群众和半无产阶级群众的机关、社团和协会里，都要善于忍受一切牺牲，克服各种重大障碍，耐心细致地进行宣传和鼓动工作。而工会和工人合作社，恰恰就是这种有群众的组织。

在我国第二次国内革命战争时期，中国共产党也犯过"左派"幼稚病，拒绝参加国民党所控制的黄色工会，并另建了"赤色工会"与之抗衡，这种工会很像共产党，其言行的"左派"倾向十分明显，普通工人群众一般不敢参加，致使中国共产党脱离了群众，陷于孤家寡人的境地。后来确立了毛泽东在全党的正确领导，中国共产党才纠正了这个错误。

---

① 中共中央马克思、恩格斯、列宁、斯大林著作编译局：《列宁选集》第 4 卷，人民出版社 1960 年版，第 206 页。
② 同上书，第 208 页。
③ 同上书，第 210 页。

第六讲
《共产主义运动中的"左派"幼稚病》：统一战线的战略策略

（三）是否应参加资产阶级议会

德国与荷兰等国家的"左派"，为了用"革命精神"反抗第二国际领袖在议会中的卑鄙行为，以极端鄙视、极端轻率的态度对待资产阶级议会，说什么应当坚决地拒绝采用历史上、政治上已经过时的议会制度进行斗争。

列宁批驳了这种错误策略，指出正确地利用资产阶级议会，是共产党人争取群众的重要策略手段。列宁认为，议会制度"在历史上已经过时了"，就宣传意义上说是正确的。但不能把议会制度在政治上过时与历史上过时混为一谈。从俄国十月革命时起，资产阶级议会制度的时代已经终结，无产阶级专政的新时代已到来了；但议会制在政治上并未过时，因为资本主义国家工人阶级中的大多数人仍然信任议会，还没有准备好在马克思主义的旗帜下进行推翻资本主义政权和建立无产阶级专政的斗争，而只有当最广大的人民群众认识到资产阶级在借助议会掩盖自己的专政时，议会才会在政治上过时。换句话说，议会制对党来说是过时的，但对阶级来说并未过时。因此，说议会制度在政治上已经过时，是太随便、太夸大、太不符合事实了。"左派"们也承认在德国有"数百万"和"无数"的无产者仍然狂热地拥护议会制。那怎么能说"议会制度在政治上已经过时了"呢？可见，"左派"把自己的主观愿望，把自己思想上和政治上的态度当作了客观现实，这对党及革命家来说是很危险的。这说明"左派"不善于作为阶级的党、作为群众的党来判断事理、制定策略。

列宁认为，既然议会制度在政治上还没有过时，那么共产党就必须参加议会选举，参加议会讲坛上的斗争。共产党人参加议会的目的不是像过去那些机会主义党那样去进行正常的立法活动，把议会斗争看成阶级斗争唯一和主要的形式，而是把议会斗争看作配合议会外阶级斗争的一种手段，把议会作为讲坛去揭露资产阶级的反动政策，教育本阶级的落后群众，唤醒和教育闭塞和愚昧无知的农村群众，这就是共产党议会党团的任务。诚然，议会在西欧和美国已经成为工人阶级先进分子所深恶痛绝的东西，这是不容争辩的，也是可以理解的。但是，在与资产阶级进行斗争的问题上，如果任凭这种革命情绪来支配自己，那是不明智的，也是极端错误的。不调查、不研究社会实际，不判断群众的实际觉悟水平，只凭先进分子的情绪来制定革命策略，就会迷失方向，脱离群众，导致革命失败。

列宁指出，共产党人原则上可以参加资产阶级议会，并不是指任何时候都应参加，是否参加议会要视具体情况而定，其最高判断标准就是参加议会能否为巩固党的事业和争取群众的事业服务。1905年，布尔什维克成功地抵制议会是正确的，之所以这么说，并不是因为根本不参加反动议会是正确的，而是因为布尔什维克正确地估计了当时的客观形势：沙皇杜马已经成为压制人民起义的机构了，这种机构已经成为人民起义的革命对象，"议会外的（尤其是罢工的）革命行动正在异常迅速地发展，无产阶级和农民中任何一个阶层都不会给反动政府以任何支持，而革命无产阶级通过罢工斗争和土地运动保证了自己对广大落后群众的影响"[①]。所以当时拒绝参加议会是符合广大人民的要求的。列宁认为，这次对议会的抵制使无产阶级增加了宝贵的政治经验：在将合法的同不合法的斗争形式、议会外的同议会内的斗争形式相互配合使用的时候，善于拒绝议会的斗争形式，有时是有益的，甚至是必要的。但是，如果不分时间、地点、条件，死搬硬套地对待这些经验，那就大错特错了，而"左派"们就是犯了这种错误。

（四）应如何正确对待妥协、机动、通融

冒险主义是"左派"的基本特征之一，他们把自己的急躁当作理论上的根据，把革命道路设想得笔直，把革命发展的条件设想得纯粹又纯粹，因而荒谬地提出"不作任何妥协"的幼稚口号。他们认为，妥协就玷污了马克思主义的纯洁性，就抹杀了马克思主义同机会主义的界限。如德国"左派"在一个小册子里写道："凡是同其他政党妥协……凡是实行机动和通融的政策，都应当十分坚决地拒绝。""左派"否认一切妥协，说明他们不懂得革命与妥协、前进与后退的辩证关系，不了解通过妥协、机动和通融以争取群众的重要性。

列宁首先引述了恩格斯在批判布朗基派公社活动家时所说的话："把自己的急躁当作理论上的论据，这是何等天真幼稚！"用这句话来批判"左派"是非常准确的，因为当年年轻而又毫无经验的布朗基派曾宣称，他们之所以是共产主义者，"是因为我们要达到自己的目的，不在中间站停留，不作妥协，因

---

① 中共中央马克思、恩格斯、列宁、斯大林著作编译局：《列宁选集》第4卷，人民出版社1960年版，第218页。

第六讲
《共产主义运动中的"左派"幼稚病》：统一战线的战略策略

为妥协只会推迟胜利到来的日子，延长奴隶制的时期"。列宁指出，共产党人不能不加分析地反对一切妥协，有些妥协是被容许的，甚至是必要的。这一是因为敌人无疑是强大的，也是矛盾重重的，要想战胜敌人，就要利用敌人之间存在的利益矛盾，争取次要敌人和暂时同路人，以便集中一切力量打击当前的主要之敌，这就在客观上要求共产党人与暂时的同路人进行妥协；二是由于无产阶级和劳动群众中存在着中间阶层和小生产者，他们具有动摇性，为了战胜资产阶级和教育、改造这些半无产者阶层，对同盟者的妥协问题就产生了；三是有时由于客观条件所迫，为使革命势力免遭削弱甚至灭亡的厄运，赢得休养生息之机和准备反击、消灭敌人的时间，共产党人不得不后退一步，同敌人妥协。

列宁强调，共产党人必须善于区分两种不同性质的妥协。一种是革命的妥协，这是为客观条件所迫而做的妥协，属于为了更好地前进而后退，这种妥协丝毫不会动摇革命者对革命的忠诚和继续斗争的决心；另一种是叛徒的妥协，他们把一切都推到客观原因上，而实际上却是贪图实利，为了一碗红豆汤而放弃自己的长子权，或屈服于资本家的威胁，或迷惑于资本家的收买，甘愿背叛无产阶级革命事业。第二国际右翼政党在第一次世界大战期间同本国帝国主义政府妥协就属于这种性质。前者把妥协看成斗争的手段，后者把妥协看作自己的目的。马克思主义者赞成革命的妥协，反对叛徒的妥协，区分两种不同妥协的标准，是看它是否符合马克思主义原则。列宁认为，有各种各样的妥协。应当善于分析每个妥协或变相妥协的环境和具体条件，应当区分这样两种人：一种人把钱和武器交给强盗，为的是减少强盗所能加于自身的祸害和便于后来捕获、枪毙强盗；另一种人把钱和武器交给强盗，为的是入伙分赃。"左派"不愿意开动脑筋，去正确确定某一种妥协的真正性质，而是异想天开地企图编造一种适合于任何情况的共同药方，因而才在反对机会主义妥协的同时，从根本上否认了一切妥协、通融和机动的必要性。

妥协的实质，从战略意义上讲，是利用暂时同路人和联合同盟者的问题；从策略意义上讲，是实行迂回进攻的策略。列宁引证俄国伟大的革命民主主义者车尔尼雪夫斯基的名言："政治活动并不是涅瓦大街的人行道。"共产党人要实现共产主义远大理想，必然会遇到各种复杂的斗争，要取得斗争的胜利，既要有直接进攻的策略，也要有迂回包围的策略。如果事先就拒绝一切通融和妥协:"这岂不是正像我们想攀登一座崎岖险阻、未经勘察、人迹未到的高山,却预先拒绝有时要迂回前进,有时要向后折转,放弃已经选定的方向而试着向各种不同的方向走吗?"① 长期以来,俄国革命家由于忽视或忘记了这个真理,遭受了巨大的牺牲。无论如何要使"左派"共产党人不至于像落后的俄国人一样,付出那样昂贵的代价来领会这个真理。

革命妥协是利用敌人内部的矛盾,争取同盟者的问题。列宁说,全部问题在于善于运用这个策略,来提高无产阶级的斗争能力和制胜能力的一般水平。发誓不同强盗达成任何协议或妥协是荒谬的,"要战胜更强大的敌人,只有尽最大的力量,同时必须极仔细、极留心、极谨慎、极巧妙地一方面利用敌人之间的一切'裂痕',哪怕是最小的'裂痕'""另一方面要利用一切机会,哪怕是极小的机会,来获得大量的同盟者",尽管这些同盟者是暂时的、动摇的、不稳定的、靠不住的、有条件的。列宁甚至把懂不懂、会不会运用妥协策略看作懂不懂马克思主义、科学社会主义的试金石:"谁不懂得这一点,谁就是**丝毫不懂得马克思主义,丝毫不懂得现代的科学社会主义**。"② 由于种种原因,无产阶级政党在一定时期、一定条件下,必须对无产者的各种集团,对工人和小业主的各种政党采取机动、通融、妥协的办法。反对任何机动、通融、妥协是"左倾"幼稚病的表现,其根源是小资产阶级的急性病和革命狂热,其产生的原因是不了解革命道路上的中间站和妥协是历史发展过程中的必然环节,企图跳过中间站和妥协是以主观愿望代替客观实际,其结果必然会危害革命。

列宁指出,革命的社会民主党和布尔什维克党在自己的历史上做过许多为发展革命事业而进行的成功的妥协,如俄国社会民主党曾同资产阶级自由派进行过多次实际的妥协;1901—1902年,旧《火星报》编辑部同资产阶级自由派政治领袖司徒卢威订立过正式的政治同盟;1907年,在杜马选举中,布尔什维克同社会革命党人订立过短期的正式政治同盟;1903—1912年,布尔什维克不止一次地有好几年和孟什维克形式上同处在一个统

---

① 中共中央马克思、恩格斯、列宁、斯大林著作编译局:《列宁选集》第4卷,人民出版社1960年版,第225页。

② 同上。

第六讲
《共产主义运动中的"左派"幼稚病》：统一战线的战略策略

一的社会民主党内，但是从来没有在思想上和政治上停止跟他们的斗争；在大战期间，布尔什维克党同左派孟什维克和一部分社会革命党人做过某些妥协，同他们在齐美尔瓦尔德和昆塔尔一起开过会，发表过共同宣言；十月革命时，布尔什维克全盘接受了社会革命党人的土地纲领；十月革命胜利初期，布尔什维克试图同左派社会革命党人订立正式同盟，请他们参加政府；1918年为保存年轻的苏维埃共和国，苏俄同德国帝国主义妥协，签订《布列斯特－立托夫斯克和约》等。以上种种妥协都是革命的妥协，它对于发展和壮大革命力量是有利的。

列宁关于正确对待妥协的策略思想，已被世界各国共产党，包括中国共产党，在革命和建设实践中创造性地运用和发展。"九一八"事变以后，面对日本法西斯的疯狂侵略，中国共产党认识到单靠一个党的力量是不能战胜武装到牙齿的日本帝国主义的，要达成战胜日本帝国主义的目的，必须团结一切可以团结的力量，建立起抗日民族统一战线。于是，中国共产党与国民党双方相互让步，结束了内战，结成了以第二次国共合作为基础的抗日民族统一战线。正是依靠这个统一战线，经过艰苦卓绝的抗战，中国赢得了抗日战争的伟大胜利。

三、巩固和发展统一战线的战略策略原则

在《"左派"幼稚病》中，列宁还阐述了无产阶级政党制定统一战线战略策略的几项基本原则。

（一）将马克思主义普遍原理与民族特点相结合

布尔什维克的经验、俄国革命的经验，是不是适用于其他党、其他国家和民族，有无普遍意义呢？"左"倾、右倾机会主义的根本特点是理论与实际相脱离。右倾机会主义者否定马克思主义普遍原理的指导意义，极力否认十月革命的普遍意义，而"左"倾机会主义者则把普遍原理的作用绝对化、教条化，极力模仿十月革命的具体做法，从而否定各国、各民族的不同特点。列宁指出："经验证明，在无产阶级革命某些非常重要的问题上，一切国家都必然要做俄国已经做过的事情。"这个"已经做过的事情"是指什么呢？按照列宁的

说法，就是"苏维埃政权以及布尔什维主义的理论原理和策略原理"[1]。各国共产党人，必须弄清本国、本民族的实际情况，必须把普遍真理同各国的革命实践相结合。列宁指出，只要各个民族、各个国家之间的民族差别和国家差别还存在，所谓工人运动国际策略的统一，就不是要求消除多样性，消灭民族差别，而是要求在运用共产主义的基本原则时，把这些原则在细节上正确地加以改变，使之正确地适应和被运用于民族的和民族国家的差别。为此，"必须考察、研究、探索、揣测和把握民族的特点和特征，这就是一切先进国家（而且不仅是先进国家）在目前历史阶段上的主要任务"[2]。

"把握民族的特点和特征"，就是研究本国、本民族的实际情况和特点，它包括本国、本民族的政治、经济、文化等的历史和现状。理论和实际相结合，就是使马克思主义的基本原理适应于本国、本民族的特点和特征。只有这样，理论才能让群众喜闻乐见，容易接受和实行；才能使制定出来的战略和策略符合本国实际，并在实践中取得成效。这是马克思主义理论的本质要求，是共产党人的根本任务，也是制定革命战略策略包括统一战线战略策略的指导思想。

列宁认为，战略策略的任务，首先是要把工人阶级先锋队吸引过来，使它转向拥护苏维埃政权和无产阶级专政，而反对议会制度和反对资产阶级民主。但是，单凭无产阶级先锋队的觉悟还是不能胜利的，要使整个阶级，使被资本主义压迫的广大劳动群众都站到这种立场上来。当广大群众还没有采取直接支持先锋队的立场，或者还没有对先锋队采取至少是善意的中立态度并且完全不会去支持先锋队的敌人时，单靠先锋队去进行决战，那就不仅是愚蠢，而且是犯罪。要使先锋队和广大群众都站到这一立场上来，仅靠宣传和鼓动是不够的，还需要正确的战略策略指导，靠组织的力量。确定斗争形式和方法是共产党人策略的重要组成部分。无产阶级革命的内容是极其丰富而又生动活泼的，随着群众斗争的发展，必然会产生越来越多的斗争形式。至于哪种形式更为有利，在政治上要比在军事上更难预料。因此，共产党人的战略策略应具有三个很重要的内容：第一，为了实现自己的任务，必须善于毫无例外地掌握社会活

---

[1] 中共中央马克思、恩格斯、列宁、斯大林著作编译局：《列宁选集》第4卷，人民出版社1960年版，第179页。

[2] 同上书，第246页。

第六讲
《共产主义运动中的"左派"幼稚病》：统一战线的战略策略

动的一切形式或方面。第二，必须利用旧形式，改造和丰富旧形式，为其注入新的内容。第三，必须准备最迅速、突然地用一种形式代替另一种形式。只有掌握了敌人已经拥有或可能拥有的一切武器、一切斗争手段和方法，并能随着斗争形势的变化迅速地加以变换，无产阶级才能在尖锐复杂的阶级斗争中应付自如，永远立于不败之地。

"左"倾、右倾机会主义只是强调某种形式，而忘记了这个形式的片面性。他们害怕看到由于客观条件的改变而必然发生的急剧变化，因而持续重复那种简单的、背熟了的、初看起来不容争辩的真理。旧形式已经破裂，因为革命的形势有了新的发展。世界政治经济的变化，无产阶级革命的发展，每天都在冲破旧形式，创造着新的形式。无产阶级革命之所以这样强大、有力，正是因为它能够而且应该在任何形式中，不论新的或旧的形式中表现出来，能够改造、战胜和征服一切形式，不仅是新的，而且包括旧的形式，这是共产主义获得完全、最终胜利的明证。右倾机会主义则固执地只承认旧形式，而忽视或者根本就不愿看到新内容，结果彻底破产了。"左"倾机会主义则固执地绝对否定某些旧形式，看不见新内容正在通过各种各样的形式为自己开辟道路，不知道共产党人的责任就是要掌握一切形式，学会以最快的速度，用一种形式去补充、代替另一种形式，使自身的策略为适应新形势而不断变更。列宁在回顾和总结了俄国革命的经验后指出，在革命高涨时期，如1905—1907年，一切阶级都公开登台了，一切纲领的策略观点都受到群众行动的检验。罢工斗争的广泛性和尖锐性在世界上都是见所未见的，那时就出现了多种形式的更替，如议会斗争形式和非议会斗争形式的更替，抵制议会的策略和参加议会的策略的更替，合法斗争形式和不合法斗争形式的更替，以及这些斗争形式的互相配合、互相联系，这个时期的革命呈现出异常丰富的内容。在1907—1910年的反动年代，沙皇制度胜利了，一切革命政党和反对党都失败了，消沉、颓丧、叛卖代替了政治。在这种情况下，革命政党如何善于进行并巧妙地进行政治斗争是很重要的。布尔什维克党之所以能保存下来、坚持下来，而且退却得最有秩序，就在于他们懂得必须退却，且善于退却，能够学会在最反动的议会、最反动的工会等组织中合法工作。如果布尔什维克没有运用正确的策略，把不合法的工作同必须利用的"合法机会"配合起来，那么他们是永远做不到这一点的。列宁指出：革命道路是曲折复杂的。"一支军队不准备掌握敌人已经拥有或可能拥有的一切武器、一切斗争手段和方法，谁都会认为这种行为是愚蠢的甚至是犯罪的。"① 如果不能把马克思主义普遍原理同本国、本民族实际结合起来，这是错误的，会使社会主义运动受到严重的危害。

列宁特别关注东方革命，十分肯定地认为，东方落后国家的革命必定具有自己的特点，指出俄国介于文明国家和东方各国之间，所以俄国在革命中表现出某些特殊性，"在东方那些人口无比众多、社会情况无比复杂的国家里，今后的革命无疑会比俄国革命带有更多的特殊性"②。因此，列宁谆谆嘱托东方的共产党人，因为遇到的任务比较特殊，所以"你们必须以一般共产主义的理论和实践为依据，适应欧洲各国所没有的特殊条件，善于把这种理论和实践运用于主要群众是农民，需要解决的斗争任务不是反对资本而是反对中世纪残余这样的条件"③。

中国共产党长期以来遵循把马克思主义的基本原理同中国具体实践相结合的原则，来学习、领会马克思主义统一战线学说，并且将之应用于自己的革命、建设和改革实践。毛泽东统一战线思想、中国特色社会主义统一战线理论政策和习近平新时代中国特色社会主义统一战线思想，都是将马克思主义统一战线理论与我国具体国情相结合的结晶，是对马克思主义统一战线学说的极大丰富和创造性发展。如民主革命时期，特别是抗日战争时期，中国共产党提出统一战线是三大法宝之一的论断、"以斗争求团结则团结存，以退让求团结则团结亡"的方法、"发展进步势力、争取中间势力、孤立顽固势力"的方针等；在社会主义革命、建设和改革时期，又提出"不要四面出击""长期共存、互相监督、肝胆相照、荣辱与共""三个离不开""统战工作无小事""正确处理一致性与多样性的关系"等方针和原则，以及中国共产党领导的多党合作和政治协商制度、民族区域自治制度和这些制度的规范化、程序化等。这些都是中国共产党对马克思主义统一战线学说的创新和发展。对于这些，笔者就不在此一一进行讲解了。

---

① 中共中央马克思、恩格斯、列宁、斯大林著作编译局：《列宁选集》第4卷，人民出版社1960年版，第249页。
② 同上书，第692页。
③ 同上书，第104页。

第六讲
《共产主义运动中的"左派"幼稚病》：统一战线的战略策略

（二）坚持原则的坚定性与策略的灵活性相统一

反对"左"倾、右倾的目的，都是整顿革命队伍，医治好对革命不利的病患，以便使革命顺利发展。如前所述，革命的道路不像涅瓦大街上的人行道那样清洁、宽广而平坦，它总是曲折的、充满坎坷的。列宁反复告诫共产党人：革命是复杂的，不可能像设想的那样简单。政治是一种科学，是一种艺术。无产阶级要想战胜资产阶级，就必须掌握这门科学、学会这种艺术。而且，无产阶级要使自己造就的政治家高瞻远瞩，同资产阶级政治家比起来绝不逊色。这就要求革命家必须懂得革命的策略，掌握斗争的艺术。这种艺术不是个人随心所欲创造的，更不能只依凭一时的心血来潮或感情冲动，而是阶级斗争过程中客观规律的反映。在革命斗争中，无产阶级的政治家既要有坚定勇敢的革命气魄，又要有机智敏锐的洞察力，必须把原则性和灵活性结合起来，必须随时分析革命形势的发展变化，当革命形势变化时，斗争方式也要随着变化，革命策略也要相应地加以改变。不然就会失误。所以，革命家要学会辩证法，学会把辩证法运用于革命实践，使之变成革命策略，使自己在斗争中变得聪明起来。

马克思主义反对不注意革命策略，不研究革命艺术的蛮干，同样也反对那种临时应付，为迁就眼前事变而放弃原则的所谓灵活性。在激烈的阶级大搏斗中，形势变化是迅速的，阶级关系也是随着斗争形势的变化而变化的。斗争策略必须及时反映变化了的客观形势，这是策略灵活性的基础。但是，我们所说的策略，是战略的展开和具体化，是战略的组成部分，必须服从并服务于总的原则，绝不能为了灵活性而放弃无产阶级的战略目的。无产阶级的策略，是在战略目标的前提下制定的，其灵活性是在马克思主义原则的基础上提出的。谁不懂得这一点，谁就要犯不可饶恕的右倾机会主义错误。

列宁指出，无产阶级革命家"应当把对共产主义思想的无限忠诚同善于在实践中进行一切必要的妥协、机动、通融、迂回、退却等等的才干结合起来"①。无产阶级要在极端激烈复杂的阶级搏斗中战胜敌人，要在力量对比暂时不利的情况下保存和发展自己，要在中间阶层的包围中教育、提高本阶级群

---

① 中共中央马克思、恩格斯、列宁、斯大林著作编译局：《列宁选集》第 4 卷，人民出版社 1960 年版，第 248—249 页。

众，分化和争取中间势力，必须实行机动、通融、妥协的策略，与同盟者达成政治上的妥协，充分利用敌人内部一切可以利用的矛盾和裂痕，最大限度地孤立和打击一小撮最主要的敌人。

1953年，中共中央提出过渡时期总路线，对民族资产阶级和资本主义工商业有计划地实行社会主义改造。这既是中国共产党当时的中心工作，也是统一战线的战略目标。如何做到既能完成改造任务，又能保持统一战线的团结与发展，就成为推进当时统战工作的一项崭新课题。总路线提出前后，中央多次提出改造的战略目标，并做出相关的策略指导。周恩来在1952年召开的全国统战部长会议上进行了题为《关于中国的民族资产阶级问题》的讲话，论证了统一战线内部的阶级关系，保证党对统一战线的领导权，为完成社会主义改造提供了坚强保障。1953年9月，毛泽东发表了《改造资本主义工商业的必经之路》重要讲话。这些讲话体现了统一战线战略上的坚定性和策略上的灵活性，为具体实施社会主义改造指明了方向和路径。中央确立社会主义改造的战略目标后，上海先行先试，务实推进，始终走在社会主义改造的前列。改造之初，民族资产阶级顾虑重重，敌对势力也暗中破坏。为了实现和平过渡，上海摒弃强硬手段，开展了耐心细致而又卓有成效的思想教育。通过宣传教育，资本家大多数不同程度地接受了总路线和国家资本主义的方针，并涌现出一批拥护总路线的进步骨干。改造过程中，上海根据中共中央"巩固阵地、重点扩展、做出榜样、加强准备"的方针以及按照国家需要、企业改造的可能和资本家自愿的原则，分期分批扩展公私合营，由于策略方法得当，一些进步资本家还带头申请公私合营，有8个行业首先实行全行业公私合营。在接下来的公私合营高潮中，上海及时采取先批准公私合营，然后按照和平赎买政策进行清产核资、人事安排的灵活策略，注重利益照顾，加强合作共事。对原私营工商业的一切资方在职人员实行"包下来"的方针和"量才使用，辅以必要照顾"的原则，以企业为基地，进行人事安排，一些上层代表人物还担任了重要领导职务。到1956年初，上海资本主义工商业已全部实现了公私合营。上海的做法为全国树立了榜样，也成为统一战线坚持原则坚定性和策略灵活性相结合的典范。

（三）把高涨的革命情绪与对阶级力量的客观估量结合起来

科学社会主义的基本原理，在阐发历史唯物论的基础上揭示了社会主义取

第六讲
《共产主义运动中的"左派"幼稚病》：统一战线的战略策略

代资本主义的普遍规律，并指出无产阶级必须首先以暴力革命打碎资产阶级的国家机器，上升为统治阶级，争得民主，并对资产阶级等反动势力实行专政。这是原则性，是无产阶级及其政党努力的总方向、总目标、总战略。但是，采取什么样的具体行动，才能达成这个目标呢？马克思主义创始人马克思、恩格斯对此的论述比较少，而这恰恰是马克思主义策略的基本任务。形象地说就是，科学社会主义基本理论回答的是"是什么"和"不是什么"的问题，而无产阶级策略回答的是"怎么做"和"不怎么做"的问题。

列宁认为，在资本主义社会，无产阶级和资产阶级的矛盾是最主要的矛盾，二者之间存在着根本的利益冲突，这就决定了资产阶级不可能将自己的统治轻易让位于无产阶级。因此，痴迷于议会道路，妄想和平长入社会主义的策略是行不通的。社会主义制度的建立，最终要通过两大阶级之间你死我活的暴力决战。既然如此，作为无产阶级阶级斗争最高形式的暴力革命策略有哪些基本要求呢？列宁指出："只有当'下层'不愿照旧生活而'上层'也不能照旧生活和统治下去的时候，革命才能获得胜利。"[①] 在列宁看来，正确的战略和策略是布尔什维克成功的关键。根据布尔什维克的成功经验，群众的革命情绪对于革命成功十分重要："没有群众的革命情绪，没有促使这种情绪高涨的条件，革命的策略是不能变为行动的。"[②] 无产阶级革命家要保持清醒的头脑，制定策略要注意分析各个阶级力量的发展变化，分析群众的革命情绪，分析各个阶层的动向，客观地做出力量对比。基本原则是："制定策略时，必须清醒而极为客观地估计到本国的（和邻国的以及一切国家的，即世界范围内的）一切阶级力量，并且要估计到许多革命运动的经验。"[③] 革命家一方面要利用政治消沉时期，坚韧不拔地发展先进阶级的意识、力量和战斗力，另一方面又要将全部工作引向这个阶级运动的最终目的，一旦时机成熟，有能力"布置百万大军（假使可以这样说的话），配置社会的一切阶级力量，准备进行最后决战"[④]，去完

---

① 中共中央马克思、恩格斯、列宁、斯大林著作编译局：《列宁选集》第 4 卷，人民出版社 1960 年版，第 239 页。
② 同上书，第 218 页。
③ 同上书，第 219 页。
④ 中共中央马克思、恩格斯、列宁、斯大林著作编译局：《列宁选集》第 4 卷，人民出版社 1960 年版，第 247—248 页。

成各项伟大的任务。如果阶级力量对比明显敌强我弱,那么就要耐心地积蓄力量,不断发动群众,壮大阶级队伍,逐步削弱敌人,等待敌我决战时机的成熟。

(四) 将公开工作与秘密工作相结合

列宁强调无产阶级革命斗争形式的多样性及其相互转换,尤其重视公开工作与秘密工作的有机结合。列宁在《加入共产国际的条件》一文中明确提出:"在所有由于实行戒严或者非常法而使共产党人不能合法地进行工作的国家里,绝对必须把合法工作和不合法工作结合起来。"① 在欧美各国,阶级斗争几乎都正在进入国内战争阶段。在这种情况下,共产党人不能信赖资产阶级法制,必须在各个地方建立平行的秘密机构,以便在决定关头能够帮助党执行自己的革命职责。"因为当时,在最文明、最自由、资产阶级民主制"最稳固"的国家里,政府都已经不顾他们骗人的虚伪声明,经常编造共产党人的黑名单,不断违反他们自己的宪法,半秘密地和秘密地援助白卫分子,杀害各国共产党人,准备暗中逮捕共产党员,等等。防范这种危险的手段之一,就是把合法的工作和不合法的工作巧妙地结合起来。这里的"合法工作"主要是指公开工作,"不合法工作"主要是指秘密工作。把公开工作和秘密工作结合起来,有利于防范敌人的破坏活动。列宁强调:"不善于把不合法的斗争形式和一切合法的斗争形式结合起来的革命家,是极糟糕的革命家。"② 为了说明这一问题,列宁还回顾了布尔什维克的历史经验,指出1905年以来,假使布尔什维克当时不在最激烈的斗争中坚持一定要把合法的斗争形式同不合法的斗争形式配合起来,那么"他们就决不能在1908—1914年间,保住(更不用说巩固、发展和加强)无产阶级革命政党的坚强核心"③。

把公开工作和秘密工作结合起来,是统一战线的一个重要原则,遵循这个原则,就可以开展各方面的工作,团结各方面的力量,打击共同的敌人。这个原则是既反"左"又反右的。迷恋于议会斗争,停留在合法斗争层面,害怕艰

---

① 中共中央马克思、恩格斯、列宁、斯大林著作编译局:《列宁选集》第4卷,人民出版社1960年版,第309—310页。
② 同上书,第250页。
③ 同上书,第192页。

第六讲
《共产主义运动中的"左派"幼稚病》：统一战线的战略策略

苦的地下斗争，就要犯右倾的错误；相反，只注意秘密斗争，放弃合法的公开斗争，就要犯"左"倾的错误。只有将两者结合起来，并加以巧妙利用，才是无产阶级正确的策略原则。

四、理论意义和实践意义

战略和策略是马克思主义基本理论和各国革命具体实践相结合的中介，是指导实践的行动规律，而统一战线是战略和策略的核心内容。而且，统一战线自身也具有战略和策略两种谋略。《"左派"幼稚病》在继承马克思、恩格斯战略策略思想的基础上，结合布尔什维克党的实践经验，大大丰富、发展了马克思主义关于无产阶级革命的战略策略理论，是世界社会主义运动制定正确的战略和策略的行动指南，也是世界各国共产党人反对"左"倾、右倾机会主义，巩固和发展统一战线的强大思想武器。该书一直是中国共产党历史上干部理论学习的重要教材。在民主革命时期，毛泽东特别重视读列宁的《社会民主党在民主革命中的两种策略》和《"左派"幼稚病》这两本书。他用前一本书反对党内的右倾机会主义，用后一本书反对党内的"左"倾机会主义。1948年4月，在解放战争即将取得全面胜利的重要时刻，毛泽东又重读《"左派"幼稚病》的第二章，中宣部还根据毛泽东的指示，要求全党认真学习这本书的第二章，以克服工作中某些严重的无纪律或无政府状态。可以说，该书是中国共产党历史上干部教育的重要文献和教材。

"左"的倾向指的是以各种形式尽量缩小统一战线内部的一致性，夸大其矛盾性，往往错误地估计形势的发展，不顾客观条件是否具备，提出不能实现的要求，急躁冒进；在策略上只讲斗争，不讲团结，机械地坚持原则，不注意策略的灵活性；在工作中不照顾同盟者的正当利益和要求，不接受同盟者的合理意见；等等。在新民主主义革命阶段，"左"的倾向是在认识上否定中间力量有被争取过来的可能，看不见民族资产阶级有积极进步的一面，看不见这个阶级与封建地主阶级和官僚资产阶级的区别，认为"天下乌鸦一般黑"，只可消灭不可改造，企图在民主革命阶段完成消灭资产阶级的任务。这样也就否定了民主革命反帝反封建的共同政治基础，其结果是损害甚至使统一战线破裂。中国共产党在新民主主义革命时期，犯过多次"左"倾错误，其中以王明的

"左"倾错误最为严重,危害也最大。在土地革命战争后期,王明在共产国际的支持下,取得了中共中央的领导地位,开始推行"左"倾冒险主义的方针政策,首先,对革命性质、形势和阶级关系做出错误的分析,混淆民主革命与社会主义革命的界限,否认中间阶级的两面性和反动势力的内部矛盾,实行"关门主义",主张"进攻路线"。其次,提出了"一切斗争,否认联合"的错误政策,把工农两大阶级看作革命的唯一动力,完全否定小资产阶级和民族资产阶级有革命的可能性。在土地问题上推行"地主不分田,富农分坏田"的极"左"政策。最后,在组织上大搞任人唯亲的宗派主义和惩办主义,搞"残酷斗争,无情打击"等。王明的"左"倾教条主义错误给中国革命造成了严重危害。

中华人民共和国成立以后,中国共产党领导全国各族人民有步骤地实现过渡时期的总任务,成功进行了三大改造,进入社会主义初级阶段。这时国内的主要矛盾是解决广大人民日益增长的物质文化需要同落后的社会生产力之间的矛盾。此后,由于对主要矛盾产生了错误认识,因而提出和坚持"以阶级斗争为纲"的指导思想,又混淆了社会主义和共产主义、集体所有制和全民所有制的界限,在实践中"左"的倾向表现为:倡导"一大二公",认为公有制规模越大,越能保持社会主义纯洁性;小集体所有制必须向大集体所有制,以至向全民所有制过渡;限制商品生产、商品交换;自留地、家庭副业、集市贸易被当作"资本主义尾巴"割掉;城市个体劳动者的商业和服务业被取消;等等。凡是对以上政策有怀疑动摇者,便被当作右倾机会主义加以批判,从批判"三自一包"到后来斗"党内走资本主义道路的当权派",都是"左"倾政策的集中表现。这些"左"倾政策严重损害了同盟者的利益,挫伤了他们建设社会主义的积极性,不利于统一战线的巩固和发展。

右的倾向是在各种问题上程度不同地放弃人民的根本利益,放弃无产阶级政党对统一战线的领导权;否定统一战线中的矛盾和斗争;常常看不清形势的发展,安于现状,照常规办事;在策略上不坚持原则,一味地妥协退让;在工作中只知"一视同仁",不知"有所不同",多方迁就和不适当照顾,不敢对错误进行批评教育;等等。在民主革命阶段,右的倾向是放弃共产党在统一战线中的领导权,忽视中间力量有被反动势力争取过去的危险,只看见民族资产阶级有积极进步的一面,看不见他们消极的一面,否定对他们有进行根本改造

第六讲
《共产主义运动中的"左派"幼稚病》：统一战线的战略策略

的必要，甚至认为统一战线高于一切，应当一切通过统一战线进行。这也背离了统一战线的共同政治基础，会导致统一战线的破裂。中国共产党在新民主主义革命时期，也犯过陈独秀的右倾投降主义错误。在大革命后期，面对国民党右派蒋介石、汪精卫等排斥、打击共产党的行动，陈独秀犯了右倾错误。首先，蒋、汪压制工农运动，取消土地革命。陈独秀、鲍罗廷等人紧跟在汪精卫集团后面，一味指责农民运动"幼稚""过火"，拥护武汉政府推行的压制工农运动的反动政策，强令各级地方党组织和各地工会、农会服从政府训令，不得违抗；要求各级党组织、农协立即停止没收地主土地的斗争，从而压抑了群众的革命要求和斗争意志，助长了反动派的嚣张气焰。其次，大搞阶级调和，反对任何斗争策略。陈独秀不同意共产国际关于改组国民党的指示，认为必须与国民党和国民革命军将领保持良好关系，完全放弃了无产阶级的独立自主原则，同汪精卫集团只讲合作，不讲斗争，麻痹革命人民的警惕性。最后，放弃革命武装，对反动派实行全面退让，忽视和反对建立党直接掌握的革命武装，认为自己建立军队太引人注目，切不可使工人力量和国民政府对立，甚至开会决定公开宣布解散工人纠察队和童子团等革命武装，还召开中共中央扩大会议，通过完全承认国民党的领导地位的有关决议；要求参加政府工作的共产党员为图减少政局之纠纷可以请假，强调工农等民众团体均应受国民党党部之领导与监督，工农武装均应服从政府之管理与训练；等等。陈独秀不惜把党、政、军乃至群众运动的领导权统统交给国民党，甘心充当国民党的附庸，因此加剧了革命危机，使蒋介石、汪精卫集团以为共产党软弱可欺，加快了反革命叛变的步伐，最终使广大共产党员和革命群众纷纷倒在反动派的屠刀之下，导致大革命失败。

在社会主义的历史条件下，中国共产党在一段时间内由于坚持"以阶级斗争为纲"的指导思想，犯"左"的错误成为主要危险。但是阶级斗争还将在一定范围内长期存在，如果不坚持四项基本原则，丧失警觉性，又会犯右倾错误，从而否定统一战线的共同政治基础。战略和策略是党的生命。在我国决胜全面建成小康社会、实现中华民族伟大复兴中国梦的今天，认真学习此书，对于我们正确制定建设、改革战略和策略，排除"左"的和右的干扰，巩固和壮大爱国统一战线，必将起重大作用。在此需要特别指出的是，列宁在反对"左派"幼稚病中，在理论上的最大贡献，就是在马克思主义哲学发展史上第一次鲜明地提出"马克思主义的最本质的东西,马克思主义的活的灵魂:具体地分析具体的情况"[①]。这就从哲学的高度阐述了马克思主义战略和策略的方法论,指出其灵魂就是具体问题具体分析。这是对马克思主义真理论的方法论的重要贡献,体现了唯物论和辩证法的高度统一。根据中国共产党的历史经验,统一战线的巩固和发展,是在防止和反对两种倾向的斗争中实现和坚持的;"左"和右哪一种倾向是主要危险不是固定不变的,应当对倾向问题做具体的历史的分析,有"左"反"左",有右反右;反"左"时注意防右,反右时注意防"左",两种倾向密切相关,一种倾向可能掩盖着另一种倾向,对一种倾向反过了头,也会助长另一种倾向。当前,"左"和右都是指围绕党的基本路线出现的倾向问题,即从两个极端偏离了党的基本路线。党的十九大报告强调:基本路线是"党和国家的生命线、人民的幸福线",必须长期坚持。[②] 基本路线理所当然也是统一战线的生命线,因此,统一战线必须围绕这个基本路线开展各项工作,决不能偏离和背弃这个基本路线,不然就会犯"左"或右的错误,损害统一战线事业。在此需要说明的是,我们不能随意地将思想认识问题和工作中的不同意见上纲上线为政治倾向的"左"和右,乱扣帽子、乱打棍子,不然就会影响党内团结,也会伤害同盟者的感情,最终损害新时代统一战线的巩固和发展。

[①] 中共中央马克思、恩格斯、列宁、斯大林著作编译局,《列宁选集》第4卷,人民出版社1960年版,第290页。

[②] 本书编写组:《党的十九大报告辅导读本》,人民出版社2017年版,第12页。

第七讲
学习列宁关于统一战线的妥协策略思想

统一战线既有战略性,也有策略性。如果说统一战线战略是目的,那么统一战线策略则是实现这个目的的手段。妥协是统一战线的策略之一。十月革命胜利前后,列宁在领导俄国社会主义革命、建设的过程中,面对当时复杂的国内外形势,撰写了《共产主义运动中的"左派"幼稚病》《论妥协》《关于俄共策略的报告提纲》《论粮食税》等一系列著作和手稿,阐发了极其丰富的统一战线妥协策略思想,并将其妥协的策略思想正确地运用于指导革命和建设实践,展现了他善于整合社会关系、团结一切可以团结的力量的高超的政治艺术,保证了苏俄社会主义革命和建设事业继续向前发展。

司马迁说:"居今之世,志古之道,所以自镜也。"① 这里的所谓"古之道",就是前人阐述的理论、规律和实践经验;所谓"自镜",就是用"古之道"这面镜子来对照自己,找到不足,以便修正完善。当前,紧扣时代主题和形势发展,认真学习列宁关于统一战线妥协的策略思想及其实践,不仅对于我们巩固和壮大新时代的爱国统一战线,实现"两个一百年"奋斗目标和中华民族伟大复兴的中国梦具有重要的现实意义,而且对于人们处理好社会中的人际关系也具有普遍的适用性。

---

① 《史记·高祖功臣侯者年表》。

一、列宁关于统一战线妥协策略思想的基本内容

(一) 妥协的含义、性质和目的

1. 妥协的含义。十月革命后，德国、英国等国家的一些"左派"共产党人，为了反对第二国际右派领袖们的妥协叛卖政策，认为凡是妥协的都属于机会主义，因而提出了不向任何势力妥协的错误主张。列宁对这种看法给予了严厉的批评，并在1920年所写的《论妥协》一文的未完手稿中，给了"妥协"一个明确的界定："为了同别的政党达成协议而在某些要求上让步，放弃一部分自己的要求，这在政治上叫作妥协。"① 这里列宁是针对无产阶级政党内一些人不懂得妥协策略而讲的，其目的是让他们领会并掌握妥协这一政治的、统一战线的策略，为无产阶级革命和建设事业服务。

2. 妥协的性质。恩格斯在《公社的布朗基派流亡者的纲领》一文中，针对布朗基主义者"不做妥协"的说法，强调要坚持原则性和灵活性的统一，认为共产主义者要善于通过由历史进程所造成的中间站和妥协，坚定不移地追求最后的目的，消灭阶级冲突并建立没有私有制的共产主义社会制度。列宁总结了布尔什维克的经验教训，深化了恩格斯的观点，深刻地阐述了妥协在建立和发展统一战线中的必要性，指出真正马克思主义政党的"职责不是宣布不可能绝对不妥协，而是要通过各种妥协（如果妥协不可避免）始终忠于自己的原则、自己的阶级、自己的革命任务，忠于准备革命和教育人民群众走向革命胜利的事业"②。

列宁认为，历史上有各种各样的妥协，其性质是各不相同的。因此，马克思主义政党要善于区分不同妥协的性质，不然就会迷失方向，犯下大错。他提出了一个判断拥护无产阶级革命的人是否可以同资本家妥协的标准："一切都要看达成的是什么协议，是在什么情况下达成的。在这一点上，也仅仅在这一

---

① 中共中央马克思、恩格斯、列宁、斯大林著作编译局：《列宁全集》（第二版增订版）第32卷，人民出版社2017年版，第130页。
② 同上。

第七讲　学习列宁关于统一战线的妥协策略思想

点上,才可以而且应当去寻找从无产阶级革命的观点看来是正当的协议和从同样观点看来是叛卖的、变节的协议之间的区别。"① 列宁把妥协分为两种,即革命性的妥协和叛卖性的妥协,强调无产阶级革命家应该反对叛卖性的妥协,拥护革命性的妥协。列宁认为,无产阶级革命家应该懂得迂回与妥协,拒绝同各种可能的同盟者通融和妥协,是十分可笑的。列宁特别批判了右倾机会主义的叛卖性妥协,指出:"机会主义就是贪图暂时的局部的好处而牺牲根本的利益。如果要在理论上给机会主义下个定义,这就是它的中心内容。"② 也就是说,妥协和让步不是无原则、无限度的,而是以不伤害根本利益为原则的。在领导俄国人民进行革命和建设的过程中,只要有利于无产阶级革命事业,列宁与布尔什维克便愿意与其他各种政治势力进行妥协。这种妥协以实现俄国最广大人民的根本利益为目标,绝不能削弱布尔什维克的政权,这是根本原则。他明确地指出强迫党放弃政权的任何企图都是对无产阶级事业的背叛,在政权问题上共产党不愿意讲价钱,不愿意搞二次拍卖。马克思主义政党绝不拿政权做交易,这是实行革命妥协而不丧失原则的根本政治保证。

但是,如果进行叛卖性的妥协,那就会给无产阶级革命和建设事业带来莫大损失。我国大革命后期,面对国民党右派的步步紧逼,中国共产党的领导人对政权问题和统一战线领导权问题认识不清,犯了右倾投降主义错误,对蒋介石、汪精卫等国民党右派一味妥协退让,甚至解散工农武装,拱手将领导权让出,以致国民党右派发动反革命政变时,党只有招架之力,没有还手之功,无数共产党人和革命群众为此献出了宝贵的生命,大革命归于失败。这就是叛卖性的妥协造成的严重后果,其教训值得我们认真汲取。

3. 妥协目的。列宁认为,一国革命胜利之后,该国无产阶级的力量在很长时期内依然要比资产阶级弱,这是因为资产阶级有很广泛的国际联系,还因为该国的小商品生产者自发地、经常地使资本主义和资产阶级复活和再生。因此,只从思想上争取到无产阶级先锋队的地位是不够的,如果广大群众还没有采取直接支持先锋队的立场,或者还没有对先锋队采取至少是善意的中立态

---

① 中共中央马克思、恩格斯、列宁、斯大林著作编译局:《列宁全集》(第二版增订版)第38卷,人民出版社2017年版,第326页。
② 中共中央马克思、恩格斯、列宁、斯大林著作编译局:《列宁全集》(第二版增订版)第40卷,人民出版社2017年版,第61页。

度，单叫先锋队去进行决战，那就是犯罪。为此，列宁提出要灵活运用妥协策略，以建立、巩固和壮大最广泛的统一战线，来获得大量的同盟者，并强调这一原理的普遍适用性。他认为，要战胜强大的敌人，就必须尽最大的努力，利用敌人之间的一切矛盾和裂痕，利用各国资产阶级之间以及各国内部资产阶级各个集团或各种派别之间利益上的一切对立，同时要利用一切机会，哪怕是极小的机会，来获得大量的同盟者。列宁甚至把懂不懂得这一道理看作区分懂不懂得马克思主义、科学社会主义的试金石，并进一步指出："谁要是没有在实践上，在相当长的时期内和在相当复杂的政治情况中，证明他确实会运用这个真理，谁就还没有学会帮助革命阶级去进行斗争，使全体劳动人类摆脱剥削者的压榨而获得解放。"他强调这一真理"对于无产阶级夺取政权以前和以后的时期，都是同样适用的"[①]。为了建立、巩固和壮大统一战线，获得大量的同盟者，充分调动各方面的积极性，列宁剖析了"左派"共产党人拒绝任何妥协、反对在反动工会和议会中工作等种种错误，指出一定要到有群众的机关和团体中去争取这些群众。要善于做出一切牺牲、克服极大障碍，在所有有无产阶级和半无产阶级群众的机关、社团和协会，顽强而又坚定不移地做耐心细致的宣传和鼓动工作。列宁还指出，西欧工人和小农中的落后群众受资产阶级民主和议会制偏见的毒害很深，而资产阶级党派之间的关系在议会中暴露得最为彻底，真正的共产党人必须参加议会选举，参加议会讲坛上的斗争，以便从议会内部向人民说明各阶级、各政党之间相互关系的真相，教育工人阶级和农民中的落后群众，帮助他们消除这些偏见，努力争取他们站到共产党这一面来。

（二）妥协的对象范围

1. 实行党内妥协。为实现党内的团结统一，列宁特别重视在党内的妥协。他精辟地分析了群众、阶级、政党与领袖的关系，强调马克思主义政党在无产阶级专政和社会主义时期的领导核心作用。要发挥党的领导核心作用，必须加强党的建设，善于正确处理党内矛盾，坚决维护党的团结统一。列宁一贯高度重视党的组织统一和思想统一，在具体处理党内的意见分歧与矛盾时十分注意

[①] 中共中央马克思、恩格斯、列宁、斯大林著作编译局：《列宁选集》第4卷，人民出版社1960年版，第225—226页。

第七讲
学习列宁关于统一战线的妥协策略思想

把握分寸。他把俄共中央内部的分歧交给全党同志讨论，在原则问题上分清是非，又不夸大分歧；在不影响大局的情况下，对持有不同意见的同志善于做出妥协让步，以求同存异。他说："对那些不满现状、以反对派自居的人，最好作这样那样的让步，宁多勿少，以便能够同心协力地工作。"[1] 即使对持有不同意见的"反对派"，也不应该全盘否定，必须对他们的意见进行具体分析，搞清楚哪些正确哪些错误。列宁强调，党是可以让步的，因为我们需要同心协力地进行工作。其实，这完全不是让步，而是对工人政党的帮助。因为通过这些，就可以将"工人反对派"中的健康成分和不健康成分区别开来，将一切健康成分吸引到党的方面来，只把那些发表工团主义言论的人留在一边。列宁严肃批评了"工人反对派"等派别的工团主义、无政府主义错误倾向，同时又吸收他们意见的合理成分。为了维护全党的团结统一，列宁在他起草的《关于党的统一和无政府工团主义倾向的报告的总结发言》一文中提出，今后凡是从事派别活动的人应当开除出党。但是，列宁认为："这是一种极端措施，只有觉察到情况十分危险，才能例外使用。"[2] 列宁对党员特别是中央委员的组织处理，始终是慎之又慎的，即使采取极端措施，也要经过严格的组织程序。列宁还提出应该给犯错误的同志纠正改过的机会，对他们进行深刻批判之后，仍将工团主义派别的领导人施略普尼柯夫等人选为中央委员，更将曾经犯过"左派"错误的托洛茨基、季诺维也夫、加米涅夫、布哈林等人继续留在中央政治局这个党的领导核心里。对那些犯过宗派活动错误的领导人所提出的辞呈，他提议不接受，还认为意见分歧应当有一个分寸，应当适可而止，达到团结一致，这样就能够真正结束意见分歧而达到绝对的统一，党就会锻炼得更加坚强，必将取得越来越大的国际胜利。列宁不仅善于听取不同的意见，而且对自己的错误也能及时坦率地做出自我批评。这更能达到团结同志的效果。

中国共产党十分重视党内团结，为了实现党内团结而实行党内妥协。毛泽东认为，党的团结特别是最高领导层的团结，是党的事业成功的关键。如第四讲所述，遵义会议上只将重点放在军事路线和军事指挥问题上，以解决当时迫

---

[1] 中共中央马克思、恩格斯、列宁、斯大林著作编译局：《列宁全集》（第二版增订版）第40卷，人民出版社2017年版，第35页。

[2] 中共中央马克思、恩格斯、列宁、斯大林著作编译局：《列宁全集》（第二版增订版）第41卷，人民出版社2017年版，第97页。

在眉睫的组织问题和军事问题,而不讨论思想路线、政治路线;集中批判了博古在军事上的错误,但又不过多追究个人的责任,会后仍让他留任中央政治局常委;改组了中央领导机构,取消了李德、博古的最高军事指挥权,但对犯了路线错误的同志没有采取残酷斗争、无情打击的错误方法,团结了同志。这其实是党内妥协,是毛泽东、张闻天、周恩来等维护党内团结的正确方法,其目的是在危急关头避免党的分裂,使大家同舟共济渡过最困难的时刻,完成长征。1949年以后,中国共产党也十分重视党内团结问题,多次强调党的团结是党的生命,号召全体党员要用坚强的党性保证团结,用共同的事业促进团结,自觉维护全党的团结统一。

2. 实行对资本主义国家和外国资本家的妥协。由于世界革命还没有到来,列宁与俄共及时地做出决断:抓住时机,不惜做出最大的让步,"全力争取改变我们同资本主义国家的关系,力争从战争关系变为和平的和贸易的关系"①。早在1918年3月,为了摆脱旷日持久的帝国主义战争,为新生的苏维埃政权赢得喘息时机,苏俄同德国、奥匈帝国、保加利亚和奥斯曼帝国签订了《布列斯特-立托夫斯克和约》。这个和约是俄共对敌妥协成功的一个范例。列宁与俄共(布)不仅为了短暂的和平而同帝国主义国家妥协,而且为争取持久的国际和平,给国内革命和建设创造一个和谐的外部环境,还同世界上各帝国主义国家展开了一系列错综复杂的外交谈判。随着苏维埃政权的日益巩固和国际上相对和平局面的出现,列宁越来越强调对所有国家奉行和平外交政策,逐步淡化过去激进的"世界革命"的色彩,尽可能创造出比较缓和宽松的国际氛围。

列宁充分利用帝国主义的矛盾和裂痕,善于对它们做出让步和妥协,以对外贸易和租让制为主要形式来加强同外国的和平友好关系。列宁分析了对外贸易的重要性、理论原则和斗争策略,指出苏俄需要同资产阶级做生意;同时,各国资产阶级政府也懂得,离开俄国,"欧洲的经济生活就不可能调整好"。他主张以商人身份与资本主义国家做生意,要开辟多种交流渠道,重点争取同美国建立贸易关系。列宁还认为,共同的经济利益可以打破帝国主义的经济封锁,提出了坚定不移的外交原则和外贸原则:决不接受任何对我们不利的东

---

① 中共中央马克思、恩格斯、列宁、斯大林著作编译局:《列宁全集》(第二版增订版)第41卷,人民出版社2017年版,第15页。

第七讲
学习列宁关于统一战线的妥协策略思想

西,决不屈服于最后通牒。"如果你们只愿意'做生意',那就来吧!但是,没有看到的货色我们是不买的,而且不把'要价'一分一厘都算清楚我们也决不成交。"① 通过灵活机动的外交斗争,以列宁为首的布尔什维克党在错综复杂的国际矛盾中逐一打破帝国主义的孤立封锁,争取到一个相对和平的国际环境,与资本主义国家建立起和平共处、平等互利的外交关系。

实行国家资本主义是新经济政策的一项重要内容。列宁认为,租让制就是国家资本主义的一种形式,是社会主义国家为反对小私有自发势力和国家资本主义订立的一种联盟。实行这种制度,不仅有利于利用帝国主义之间的矛盾,争取较为持久的国际和平;也有利于利用外国的资金、技术和设备来加速国内的经济建设,改善工农生活;还有利于向发达国家学习现代企业管理方法和先进技术。列宁认为,租让制是对资本主义的重大让步,是"用加倍的利润收买资本主义"②。列宁也认识到租让制可能带来的消极作用,提出对租让制"应当给予一定限制",使之不能自由地发展,其发展规模、活动范围、发展方向都要受社会主义国家的控制,而且要尽可能使它朝着有利于发展生产力、有利于改善工农大众生活水平的方向发展。

列宁把资本家分为两类,一类是不文明的资本家,另一类是文明的资本家,前者不肯接受任何国家资本主义,不打算实行任何妥协,甚至对无产阶级政策措施进行破坏,对于这些人,应该无情地加以惩治;而对于后者,即愿意接受并能实施国家资本主义、能精明干练地组织生产、对无产阶级友好的资本家,则应该谋求妥协。怎么妥协呢?首先,就是邀请愿意在俄国经营租让企业的外国资本家到俄国来,并在生产中给予他们领导地位。苏维埃政权刚刚诞生时,无产阶级专家极少,于是,列宁领导俄共(布)大胆起用资产阶级专家为社会主义建设服务,在生产中恢复资本家的领导地位。对此,当时很多人不理解,列宁解释说,资本家有他们所没有的组织工作方面的知识。"觉悟的工人决不会害怕这样的领导者,因为他们知道,苏维埃政权是自己的政权,这个政

---

① 中共中央马克思、恩格斯、列宁、斯大林著作编译局:《列宁全集》(第二版增订版)第42卷,人民出版社2017年版,第424页。
② 中共中央马克思、恩格斯、列宁、斯大林著作编译局:《列宁全集》(第二版增订版)第40卷,人民出版社2017年版,第115页。

权会坚决地保护他们，因为他们知道，他们想学会做组织工作。"① 列宁强调，资本家的领导地位是在苏维埃政权设有工人委员或工人委员会的情况下给予的，其领导要受到他们的监督，工人不仅能够对他们的命令提出申诉，而且能够通过苏维埃政权机关来撤换他们，因为工人只是在工作时间向资本家履行职务，而他们的工作条件又是苏维埃政权规定的，并且由它修改和取消。列宁认为，只有通过由资本家领导的机器大工业和企业，俄国才能走向社会主义。其次是号召党员向资产阶级专家学习。列宁明确提出了共产党员要向资产阶级专家学习的主张：如果不去向资本主义的第一流专家学习组织大工业的本领，那便无从获得这种本领。他还主张利用高薪吸引资产阶级专家，指出虽然这种办法是一种妥协，是对科学社会主义基本原则的背离，但这种办法将是"最经济的办法""不然的话，我们节省了几个亿，却可能造成用几十个亿也不能补偿的损失"②。因此，他希望先进的工人和贫苦农民通过利用资产阶级专家，学会最好的劳动纪律和高级劳动技术，以尽快免除向这些专家缴纳的一切"贡赋"。根据列宁的思想，苏维埃政府制定了《租让法令》，并依据这一法令，通过与外商承租资本家的谈判，签订了一些租让合同。租让制虽然因某些外国资本家的阻挠而未得到充分发展，但它的实行，在打破资本主义国家的经济封锁，促进国民经济的恢复和发展方面仍然起了积极的作用。

中华人民共和国成立初期，毛泽东虽然提出向资本主义学习长处的设想，但由于西方帝国主义势力对我国实施封锁政策，加上主观上的原因，我国对资本主义国家和外国资本家的学习和利用比较少。党的十一届三中全会后，我国开启了改革开放的航道，这一状况有了很大改善。邓小平指出，各国人民在资本主义制度下所发展的科学和技术，所积累的知识和经验，都是我们所必须继承和学习的，"吸收外国资金、外国技术，甚至包括外国在中国建厂，可以作为我们发展社会主义社会生产力的补充"③。正是在邓小平的领导下，中国形成了一系列利用资本主义的新途径和新方式，在实践中，通过多种渠道，采取多

---

① 中共中央马克思、恩格斯、列宁、斯大林著作编译局：《列宁全集》（第二版增订版）第34卷，人民出版社2017年版，第242页。
② 中共中央马克思、恩格斯、列宁、斯大林著作编译局：《列宁全集》（第二版增订版）第36卷，人民出版社2017年版，第152页。
③ 《邓小平文选》第2卷，人民出版社1994年版，第351页。

第七讲　学习列宁关于统一战线的妥协策略思想

种形式，我国引进了大量的海外资金。利用外资的主要形式是吸收外商直接投资和利用外国的公私贷款。在利用外资的过程中，有人担心会由此导致资本主义。对此，邓小平明确指出，在这方面，我们眼光要远大，胸怀要开阔，要允许人家赚点钱，从长远来看，对我们是有好处的，"我们应该使得他们比到别的地方投资得利多，这样才有竞争力"。同时也要清醒地看到，我国的建设方针还是毛泽东时代制定的自力更生为主、争取外援为辅。无论怎样开放，无论外资进来多少，它占的份额还是很小的，影响不了社会主义的公有制。[①] "三资企业受到我国整个政治、经济条件的制约，是社会主义经济的有益补充，归根到底是有利于社会主义的。"[②] 按照邓小平的指示，我国创办了经济特区，加入了世贸组织，实现了从政策性开放到制度性开放的转变，形成全方位多层次的大开放格局，这促进了我国经济的快速增长，提高了人民的生活水平。这是邓小平和中国共产党对列宁上述思想的极大丰富和发展。

3. 实行对农民的妥协。苏维埃俄国是一个介于西欧与东方之间的落后国家，其鲜明特点是小农占人口的大多数。列宁认为，在无产阶级夺取政权之前，工农联盟是夺取革命胜利的基本保证；在夺取政权以后，工农联盟是无产阶级专政的基本原则，即应实现掌握政权的无产阶级与大多数农民之间"达成妥协"。

为了巩固工农联盟，列宁领导俄共（布）采取了一系列措施。

一是接受并实行社会革命党的土地纲领。对于俄共（布）来说，土地问题，即如何安排绝大多数农民的生活的问题，是其执政的根本问题。在十月革命之初，在布尔什维克党和社会革命党中，农民普遍拥戴的是后者，而不是前者，主要原因就在于后者是以解决土地问题起家的小资产阶级政党，该党了解农民对土地的要求，并逐渐形成了"土地社会化"的纲领，主张将土地无偿交给农民。这种纲领满足了广大农民对土地的愿望，从而使社会革命党在农村中具有举足轻重的关键地位。为了赢得广大农民对俄共的支持，列宁领导俄共突破了在农村建立集体使用土地制度这一马克思主义传统观点的束缚，统一实行土地社会化政策。对此，列宁认为，布尔什维克本来是反对土地社会化法令

[①] 《邓小平文选》第2卷，人民出版社1994年版，第199、351页。
[②] 《邓小平文选》第3卷，人民出版社1993年版，第375页。

的，但还是签署了这个法令，这是因为布尔什维克不愿违背大多数农民的意志。"对我们来说，大多数人的意志永远是必须执行的，违背这种意志就等于叛变革命。"① 他还认为，党未做任何修改就全盘接受了社会革命党的土地纲领，也就是说，党做了一次明显的妥协来向农民证明，党并不想用多数票来压他们，而是同意与他们妥协。事实上，把土地分给农民，深得农民之心，有利于农民群众依赖和支持俄共，最终有利于巩固工农联盟和苏维埃政权。

二是协调工农之间的经济利益关系。在列宁看来，"政治就是阶级之间的关系——这一点决定着共和国的命运"②。当时的苏俄主要有两个阶级，即工人阶级和农民阶级，协调好工农之间的关系，是俄共（布）工作的重中之重。列宁认为，不容否认的是，工人阶级和农民阶级之间的利益并不具有内在的一致性，而是各不相同的。好多事件，特别是为支持战争的需要，国家采取的政策和措施如余粮收集制、禁止自由贸易等，损害了农民的利益，引起了农民的严重不满，加剧了农民的动摇，使他们从无产阶级方面倒向资产阶级方面。喀琅施塔得事件就是这种不满的突出表现，因为海军大部分士兵是刚穿上军装的农民。1921年2月28日发生的叛乱中，叛乱者占据了海军要塞和几艘军舰，并夺取了大批枪炮弹药。列宁认为农民的"这种动摇不是由外部敌人的进攻，而是由工人阶级和农民之间的关系造成的"③。因此，只有同农民妥协，实现工农"和睦相处"，才能拯救社会主义革命。正是有鉴于此，列宁和党决定修正以往的政策，实行新经济政策，"来改善农民的生活状况和提高他们的生产力"④。新经济政策的一项基本内容就是以粮食税代替余粮收集制。按照粮食税政策，国家规定农民缴纳的粮食税额比余粮收集制需缴纳的额度低，只是余粮的一部分，纳税后剩余的粮食由农民自己支配，可以在市场上自由买卖，交换所需的工业品。

中国共产党对农民问题的成功处理，堪称世界社会主义发展历史上的光辉典范。早在大革命时期，毛泽东就深入农村，开展农民运动，并发表了《中国

---

① 中共中央马克思、恩格斯、列宁、斯大林著作编译局：《列宁全集》（第二版增订版）第35卷，人民出版社2017年版，第65页。
② 中共中央马克思、恩格斯、列宁、斯大林著作编译局：《列宁全集》（第二版增订版）第41卷，人民出版社2017年版，第65页。
③ 同上书，第299页。
④ 同上书，第207页。

第七讲
学习列宁关于统一战线的妥协策略思想

社会各阶级的分析》等光辉著作,回答了陈独秀等机会主义者的责难。第二次国内革命战争时期,毛泽东在井冈山进行土地革命,提出了"用乡村包围城市,然后取得城市"的革命道路。但他这种切合中国实际的做法,被当时党内的教条主义者说成"富农路线"。直到遵义会议后,毛泽东在党内的领导地位得到确认,他的这些正确看法和做法才成为全党的指导思想。他认为,农民问题是中国革命的基本问题,农民的力量是中国革命的主要力量。无产阶级只有和贫农、中农结成坚固的联盟,才能领导革命走向胜利,否则是不可能的。我国新民主主义革命得以胜利,正是依靠了稳固的工农联盟。

1949年以后,通过土地改革,广大农民获得了梦寐以求的土地,农民完全站在无产阶级和中国共产党一边,工农联盟更加巩固,从而巩固了新生的革命政权。在我国社会主义建设和改革的伟大事业中,中国共产党认为农民问题解决得好还是坏,工农联盟是否巩固,是中国社会主义事业成败的关键,因而高度重视三农问题,切实做好农村工作,赢得了广大农民的衷心拥护。当然,正如我国革命的道路一样,在工农联盟和农民问题上,我们也有过失误和挫折,其中最大的失误莫过于"大跃进"和"人民公社化"运动,挫伤了农民的积极性,破坏了农村的生产力,使生产水平大幅度下降,国民经济主要比例严重失调。党的十一届三中全会后,中国共产党和政府为解决农业发展问题和农民问题,制定了一系列行之有效的方针、政策,调动了农民群众的积极性,在新的基础上巩固了工农联盟。中国共产党90多年处理农民问题的思想和实践,既证明了列宁关于向农民妥协思想的正确性,同时也丰富和发展了这一光辉思想。

4. 实行对小资产阶级民主派的妥协。在俄国,孟什维克和社会革命党是小资产阶级民主派的政党,动摇性是其鲜明的政治特点。十月革命胜利后不久,因不赞成布尔什维克的路线和政策,孟什维克和社会革命党离开了布尔什维克,倒向了资产阶级的营垒。但是,由于世界政治局势的变化,后来这两个政党中的一部分人对布尔什维克的态度又发生了变化,这表明小资产阶级民主派绝不是在任何情况下都必定是社会主义的敌人,无产阶级有争取他们并与他们合作的可能。1918年11月,著名社会革命党人皮季里姆·索罗金公开宣布退出右派社会革命党,并声明以后不再过问政治。不久,孟什维克也公开提出俄国人民必须反对英美帝国主义国家的武装干涉,必须在各国掀起一个反对干涉俄国革命的运动。对于这两个小资产阶级政党的变化，列宁十分关注，认为这些事情的发生并不是偶然的，而是小资产阶级民主派的一部分人转向正确立场的征兆。基于这一情况，列宁提出无产阶级必须善于促成他们的转变，从而把他们吸引到无产阶级队伍中来。他认为，当世界政治格局的变化使得非党的、孟什维克的、社会革命党的民主派必然转向无产阶级这边的时候，应当学会利用这一转变，支持、促成这种转变，尽一切可能同这些派别达成协议，从而促进社会主义建设的顺利发展和社会主义胜利的更快到来。

究竟怎样才能促成这种转变呢？列宁提出了要和他们建立睦邻关系的主张："现在小资产阶级群众的情绪有了转变，我们的口号就应当是实行妥协，建立睦邻关系。"[①] 也就是说，既然小资产阶级民主派不再反对布尔什维克，那布尔什维克党就应该同他们合理磋商、妥协，以发挥他们在社会主义革命和建设事业中的重要作用。列宁甚至把同小资产阶级民主派合理磋商作为苏维埃工作人员的一条守则，要求大家严格遵守。

5. 实行对少数民族的让步和宽容。苏维埃俄国是一个民族众多、民族关系复杂的国家，民族平等、民族团结是马克思主义关于多民族国家处理各民族关系的重要准则，当然也是俄共（布）处理民族问题的基本原则。列宁是反对大俄罗斯沙文主义、践行民族平等团结原则的楷模。他认为，由于历史和自然的原因，小民族在经济、政治和文化上处于劣势地位，民族之间存在着事实上的不平等；要贯彻无产阶级国际主义，大民族在和小民族的相处过程中，就要对小民族实行让步，并且这种让步要尽可能多，应对他们进行无私的帮助。列宁指出，压迫民族的国际主义，"应当不仅表现在遵守形式上的民族平等，而且表现在压迫民族即大民族要处于不平等地位，以抵偿在生活中事实上形成的不平等。谁不懂得这一点，谁就不懂得对待民族问题的真正无产阶级态度"[②]。他认为，强调在对少数民族让步和宽容这方面做得过些比做得不够要好。列宁坚决地同党内存在的损害民族平等和团结、损害小民族权益的大俄罗斯主义进行斗争。1922年，俄共（布）决定成立苏维埃社会主义共和国联盟，即"苏

[①] 中共中央马克思、恩格斯、列宁、斯大林著作编译局：《列宁全集》（第二版增订版）第35卷，人民出版社2017年版，第213页。

[②] 中共中央马克思、恩格斯、列宁、斯大林著作编译局：《列宁全集》（第二版增订版）第43卷，人民出版社2017年版，第352页。

第七讲
学习列宁关于统一战线的妥协策略思想

联"。当时存在着4个独立的苏维埃共和国,关于如何处理它们的相互关系,党内产生了严重的分歧。斯大林提出"自治化计划",即要求各独立的民族共和国降低一格,作为自治共和国加入俄罗斯联邦,实质上就是以服从大俄罗斯民族为前提。列宁认为,整个"自治化"的想法是根本不对、根本不合时宜的。在列宁开展深入思想工作的基础上,俄共在国家结构形式上最终采取了充分体现民族平等团结的自由联邦制。同年12月30日,苏联第一届苏维埃代表大会开幕,大会一致通过了关于成立苏维埃社会主义共和国联盟的宣言和条约,并责成中央委员会起草宪法。1924年1月,第二届苏维埃代表大会讨论通过了这个宪法。苏联的建立,是具有重大意义的事件,标志着苏联各民族大联合、大团结的初步实现。

中国共产党历来高度重视民族平等团结和共同发展繁荣。毛泽东是中国共产党民族理论和政策的开创者和奠基人。早在民主革命时期,他就明确指出:"依据民族平等原则,实行蒙、回民族与汉族在政治经济文化上的平等权利,建立蒙、回民族的自治区,尊重蒙、回民族的宗教信仰与风俗习惯。"[①] 1949年以后,他又多次强调,要批判大汉族主义,和各民族讲团结,不论大的民族,还是小的民族,都要团结。"国家的统一,人民的团结,国内各民族的团结,这是我们的事业必定要胜利的基本保证。"[②] 正是在毛泽东民族平等团结和共同繁荣的思想指导下,我国实行民族区域自治制度,颁布《中华人民共和国民族区域自治法》;大力培养少数民族干部;制定各种措施帮助少数民族发展经济文化事业;等等。此后,党的领导人邓小平、江泽民、胡锦涛、习近平都对民族问题做了大量论述,提出了"三个离不开"、民族宗教工作无小事、"做好民族工作,最关键的是搞好民族团结,最管用的是争取人心"[③]"加强中华民族大团结,长远和根本的是增强文化认同,建设各民族共有精神家园,积极培养中华民族共同体意识""用法律来保障民族团结"等重要论断,采取了许多行之有效的具体措施,从政治、经济、法律、文化等方面保障少数民族的自治权利,促进各民族的共同发展和繁荣,使我国平等团结互助和谐的社会主义民

---

① 《毛泽东文集》第2卷,人民出版社1993年版,第337页。
② 《毛泽东著作选读》下册,人民出版社1986年版,第757页。
③ 转引自中央社会主义学院理论学习中心组:《画出最大的同心圆:习近平总书记在中央统战工作会议上重要讲话精神学习讲座》,中共中央党校出版社2015年版,第128页。

族关系更加巩固，促进了中国特色社会主义事业不断取得新胜利。

6. 实行对旧知识分子的妥协。十月革命后，特别是新经济政策时期，列宁对知识分子问题有大量的论述，并制定了一系列政策，对于团结和依靠广大知识分子起了很大作用。列宁认为，资产阶级知识分子大多数是不同情苏维埃政权的，世界观是资产阶级的，但他们不是剥削者的仆役，而是文化工作者，他们在资产阶级社会里为资产阶级服务，在无产阶级社会里是会为无产阶级服务的。他们具有丰富的知识、技术和文化，这些对于发展生产力、建设社会主义是极其重要的。因此，吸收资产阶级知识分子参加工作是当时的一项迫切的和必要的任务。如果把这个任务看成什么政权的动摇，对社会主义原则的背弃或者不可容忍的同资产阶级的妥协，那是荒谬可笑的。尽管小资产阶级很不坚定，但它比较能够反映广大小资产阶级和农民的利益，所以仍然是无产阶级的同盟军。列宁认为，小资产阶级知识分子动摇不定，但他们也是我们进行社会主义革命所需要的。只有利用大资本主义文化因素才能建设社会主义，而知识分子就是这样的因素。他号召共产党员和广大工人群众要热情地支持知识分子的工作，与他们手携手地同志般地共同劳动。起初，许多旧知识分子特别是资产阶级知识分子怠工，反对苏维埃政权，但列宁还是大批地起用了他们，包括大批科技专家和军事人员，并在国内经济十分困难的情况下，给他们以较高的报酬，为他们创造比资本主义制度下更好的工作条件。列宁认为，可以（而且必须）利用资本主义遗留下来的人才，而不是利用虚构的和我们特别造就的人才来着手建设社会主义。这当然是很困难的事情，不过，任何其他解决这种问题的办法都是极不认真的，简直不值一提。资产阶级知识分子"将钻进苏维埃，钻进法院，钻进行政机关，因为我们不用资本主义所造就的人材，就不能建设也无从建设共产主义，因为我们不能赶走和消灭资产阶级知识分子，我们应当战胜他们，改造他们，重新陶冶和重新教育他们"[1]。在列宁这一思想指导下，苏维埃政权采取了正确的方针政策，因而团结和改造了大批旧知识分子，为巩固无产阶级专政，建设社会主义事业做了重大贡献。

在民主革命时期，中国共产党就清醒地认识到，没有知识分子的参加，革

---

[1] 中共中央马克思、恩格斯、列宁、斯大林著作编译局：《列宁选集》第4卷，人民出版社1960年版，第266页。

第七讲
学习列宁关于统一战线的妥协策略思想

命是难以成功的,因而实行对旧知识分子的思想改造政策。1949年后,中国共产党继承和拓展了党在民主革命时期的政策,对广大旧知识分子采取团结、教育、改造的政策。第一,对著名的旧知识分子,如黄炎培、郭沫若、沈钧儒、张奚若、彭泽民、马寅初、章伯钧、李书城、梁希、沈雁冰、马叙伦、史良、胡愈之等委以重任。第二,对旧知识分子在生活上实行"包下来"的方针。当时,国内最严重的问题之一是失业问题,而对于那些曾经服务于旧政权的特殊阶层来说,这种现象更为严重。为解决他们的失业问题,1950年7月,中央人民政府政务院在《关于救济失业教师 处理学生失学问题的指示》中指出,对失业知识分子进行登记,除尽可能地介绍职业外,应本着以工代赈的精神,分配他们参加各种社会服务工作,发给生活维持费;无法工作者,组织学习并发放失业救济金。这就使绝大多数旧知识分子能够继续自己原来的业务,一些失业的也分配到适当的工作,经济上、生活上得到保障。第三,为了更好地吸引人才、集聚人才,中国共产党竭诚欢迎在海外留学或工作的知识分子回国服务。不少在海外的知识分子如华罗庚、钱学森、张文裕等著名科学家,排除了千难万险回到祖国。中国共产党礼贤下士,为他们排忧解难,给他们一定的政治地位。第四,采取各种方式,帮助知识分子获得或增强为人民服务的观念和技能,还积极推动他们参加各种社会改造运动,加强对他们的马克思主义教育。从1950年下半年开始,中国共产党在知识分子中间逐渐采取自我教育和自我改造的方针,让知识分子参加各种改革运动。这些知识分子焕发出从未有过的政治积极性,投入各项建设事业。正因为采取了上述措施,中国共产党团结了大批旧知识分子,激发了他们为社会主义革命和建设服务的积极性和创造性。

从1917年十月革命胜利,到1924年1月逝世,列宁领导俄共(布)进行社会主义革命和建设实践只有短短的七年时间。但是,这七年是极不平凡的,它轰轰烈烈、改天换地,因而将永远彪炳世界社会主义运动的史册。在这七年中,列宁以一个伟大政治家的胆略和睿智,领导俄共(布)在风云变幻的国际局势和复杂的国内形势下,采取了若干政治策略和措施,使苏俄社会主义事业不断向前发展。纵然妥协策略只是若干统一战线策略之一,也值得我们认真学习和借鉴。中国共产党是中国工人阶级的先锋队,同时也是中国人民和中华民族的先锋队,党在执政过程中,不仅要紧紧依靠本阶级的力量,还要努力协调执政党与社会其他阶级、阶层、政党和各少数民族的关系，以尽可能争取最广大人民群众的信任和支持；同时还要处理好国际事务，与其他国家和民族建立起良好的关系，尽可能赢得良好的执政和建设的国际环境。只有这样，才能不断增强党的阶级基础，不断扩大党的群众基础，不断巩固党的执政根基，充分发挥党总揽全局、协调各方的领导核心作用，实现政治局面的安定团结和国家的和平发展。而这正是列宁的妥协思想的理论意义和现实价值之所在。

二、学习列宁关于统一战线妥协策略思想的体会

根据列宁对统一战线妥协策略的一系列论述，我们可以看出：妥协指的就是不同政治势力为了实现共同利益和共同目标，经过协商，在主要问题上达成协议而在次要问题上实行让步，它是巩固和发展统一战线的一项重要策略。通过学习列宁关于统一战线妥协策略的思想，笔者有如下几个方面的体会。

（一）必须正确认识妥协在统一战线巩固和发展中的重要性

妥协对统一战线的巩固和发展具有十分重要的意义。正因如此，列宁认为，一味拒绝妥协、机动、通融的无产阶级政治家是极其糟糕的政治家，是在帮助资产阶级反对无产阶级，是在犯罪。思想是行动的先导，思想认识的程度决定对工作的重视程度和工作的力度。因此，要正确实施妥协策略，必须首先弄清妥协在建立和发展统一战线中的重要作用。这种重要作用可以用几句话来概括：不同主体实行必要的妥协和让步不仅是坚持自身根本利益和根本目标的重要方法，也是处理内部矛盾的重要途径，更是实现统一战线共同利益和共同目标的重要策略。

为什么这么说呢？在统一战线中，为了实现各主体的共同利益和共同目标，既需要各主体坚持自己的根本立场、根本利益和根本目标，又需要尊重和照顾同盟者的利益和要求，在必要时做出必要的妥协和让步。这方面的事例在历史上比比皆是：一些剥削阶级为了巩固、发展自己的统一战线，有时也对同盟者做出让步，甚至对被剥削阶级做出必要的让步。例如，在楚汉之争中，韩信率军平定齐国之后，派使者向刘邦要求封自己为假齐王。正被项羽军队团团围困的刘邦，一听这话就破口大骂；后经张良提醒，他改口说："大丈夫定诸

第七讲
学习列宁关于统一战线的妥协策略思想

侯,即为真王耳,何以假为?"随后就派张良前往齐地封韩信为齐王,又封彭越为梁王。这一着换来了韩信、彭越率领军队参加垓下决战之举,使刘邦彻底打败了项羽。再如,刘邦、刘秀、李世民、朱元璋等,都能汲取前朝过分剥削农民的教训,在建立新王朝后,采取与民休息的一系列政策,对广大农民实行让步,结果取得了"文景之治""光武中兴""贞观之治"等社会大治的局面,为封建史家所称道。恩格斯曾经指出:"没有相互间的让步,我们就永远什么事情也做不成。"① 其意思是说,无产阶级及其政党为了打击最主要的敌人,争取最广泛的同盟者,也需要对同盟者和次要的敌人做出必要的妥协和让步。

其一,为了建立抗日民族统一战线,中国共产党在西安事变和平解决后提出的"四项保证",就是为了救亡图存、共同抗日这一共同利益和共同目标而做的妥协,就是为了换取全民族所需要的和平、民主所做的让步,显然,没有必要的妥协和让步,不可能使统一战线建立起来,更不可能实现统一战线的共同利益和共同目标。

其二,统一战线不同主体既有共同利益和共同目标,又有具体利益和具体目标;有了前者这个基础,各主体就能实现团结合作;而有了后者,各主体就会产生矛盾和冲突。统一战线内部矛盾协调和处理得好还是坏,关系着统一战线的存亡兴衰。为了各主体的团结,有必要开展有限度的斗争,以斗争求团结;如果一味斗争、过度斗争,这种团结就会破裂,所以还需要做必要的妥协。只有这样,才能协调和处理好统一战线内部的矛盾和冲突。例如,为了实现国共第二次合作和全民抗战,国共两党实行妥协和让步,中国共产党将陕甘宁革命根据地政府改名为中华民国特区政府、红军主力部队改名为国民革命军第八路军,在特区政府区域内实行彻底的民主制度,停止武力推翻国民党,停止没收地主的土地;换来的是国民党承认中国共产党的合法地位,承认党领导的军队和地方政权,承诺抛弃内战、独裁和对外不抵抗的政策。显然,妥协是统一战线不同主体协调和处理相互关系和矛盾冲突的重要方法和重要途径。

其三,统一战线中不同主体之间相互做出妥协和让步是必要的、不可避免的,否则就难以达成协议,采取联合行动。十月革命后,由于苏俄还没有建立

---

① 中共中央马克思、恩格斯、列宁、斯大林著作编译局:《马克思恩格斯全集》第27卷,人民出版社1957年版,第512页。

起强大的红军部队，没有力量同德国继续作战；德国国内也不可能马上进行社会主义革命，不能保证德国不会对苏俄展开进攻；在这种情况下要进行革命战争，对于苏俄这个破产的农民国家来说，是不可能的事情。因此，列宁和布尔什维克党同德国签订了《布列斯特－立托夫斯克和约》，牺牲了不小的利益空间，但换取了可贵的喘息时机，巩固了新生的苏维埃政权，使帝国主义再也没有人力和财力对付苏维埃政权。

（二）实行妥协时必须对各种政治势力进行正确估量

是否妥协、如何妥协，不是以人的主观意志为转移的，而是建立在对各种政治势力力量对比的基础之上的。历史上一些政治势力，为了建立和发展统一战线，也会通过对其他政治势力的力量进行对比分析，来确定其妥协策略。马克思主义政党的妥协策略，也是建立在正确估量各种政治势力的力量的基础之上的。只有正确地估量各种政治势力的力量，才能正确解决是否妥协和怎样妥协的基本问题。列宁根据布尔什维克的成功经验指出，无产阶级革命家要保持清醒的头脑，制定策略要注意分析各个阶级力量的发展变化，分析群众的革命情绪，分析各个阶层的动向，客观地做出力量对比，基本原则是："制定策略时，必须清醒而极为客观地估计到本国的（和邻国的以及一切国家的，即世界范围内的）一切阶级力量。"[①] 一旦时机成熟，有能力"布置百万大军（假使可以这样说的话），配置社会的一切阶级力量，准备进行最后决战"[②]，去完成各项伟大的任务。

我国大革命时期，由于工人罢工的失利，中国共产党认识到靠无产阶级单打独斗不能推翻北洋军阀的黑暗统治，不能实现党的最低纲领，于是就与孙中山领导的国民党联合起来，共同对付北洋军阀的黑暗统治。国民党第一次全国代表大会明确提出"联俄、联共、扶助农工"三大政策，共产党员以个人身份加入国民党，国共两党实现第一次合作，之后掀起了轰轰烈烈的第一次大革命高潮，取得了一系列中国革命史上空前的胜利。特别是北伐战争，用不到半年

---

① 中共中央马克思、恩格斯、列宁、斯大林著作编译局：《列宁选集》第4卷，人民出版社1960年版，第219页。
② 同上书，第247—248页。

时间就打垮了军阀吴佩孚，歼灭了孙传芳的主力，占领了半个中国，沉重打击了帝国主义及封建军阀的统治。毛泽东在回忆这段历史时曾说："孙中山先生致力国民革命凡四十年还未能完成的革命事业，在仅仅两三年之内，获得了巨大的成就。"① 以第一次国共合作为基础的民主联合阵线的建立，不仅为国民党注入了新的活力，也使年轻的中国共产党得到迅速发展壮大，党员由"三大"时的400多人，增加到"五大"时的5.7万多人；与此同时，中国共产党还直接掌握了一部分武装力量。中国共产党对敌我力量进行正确估计，实行革命的有原则的妥协，也就赢得了历史的主动权。还有，抗日战争时期，面对武装到牙齿的日本法西斯侵略者，中国共产党正确分析当时的国内外形势和各方面的力量，认为单靠一党一派的单打独斗是不可能打败日本侵略者的。要将日本侵略者赶出中国，必须团结一切可以团结的力量，筑起民族统一战线的坚固长城。于是，中国共产党发表宣言，高扬抗日民族统一战线的旗帜，号召"停止内战，一致对外"。蒋介石也发表谈话，表示准备抗战，说："地无分南北，年无分老幼，无论何人，皆有守土抗战之责任，皆应抱定牺牲一切之决心。"中国共产党依靠以国共第二次合作为基础的抗日民族统一战线，领导中华民族坚持了艰苦卓绝的十四年抗战，终于赢得了反法西斯抗日战争的胜利。

（三）妥协时必须坚持自己的根本利益

无论是其他政治力量，还是无产阶级政党，在实行妥协和让步时，都必须坚持自己的根本利益。这是实行妥协让步必须始终坚持的根本原则，也是革命性妥协和叛卖性妥协的分水岭。列宁在讲《布列斯特－立托夫斯克和约》时指出："当时我们并没有牺牲根本的利益，我们牺牲了次要的利益而保存了根本的利益。"② 毛泽东在谈国共第二次合作时指出："让步是有限度的。在特区和红军中共产党领导的保持，在国共两党关系上共产党的独立性和批评自由的保持，这就是让步的限度，超过这种限度是不许可的。"③ 1949年后，毛泽东在《同一切愿意和平的国家团结合作》一文中指出："在谈判中该让的就必须让，

---

① 《毛泽东著作专题摘编》（上），中央文献出版社2003年版，第557页。
② 中共中央马克思、恩格斯、列宁、斯大林著作编译局：《列宁选集》第4卷，人民出版社1995年版，第314页。
③ 《毛泽东选集》第1卷，人民出版社1991年版，第258页。

该坚持的就必须坚持。"① 如果在让步时贪图暂时的局部的利益而牺牲根本的利益，那就是右倾机会主义的叛卖性妥协。毛泽东反对投降主义的妥协，明确指出："纯消极的让步是有过的，那就是第二国际的劳资合作论，把一个阶级一个革命都让掉了。中国前有陈独秀，后有张国焘，都是投降主义者；我们应该大大地反对投降主义。"② 在解决台湾问题、实现祖国完全统一问题上，中国共产党在坚持"和平统一、一国两制"方针的前提下，做了许多重大的妥协和让步，但始终坚持维护包括台湾同胞在内的中华民族的根本利益。统一战线各主体在目前的、次要的问题上做妥协和让步，是为了更好地坚持自身的根本利益和根本目标。这叫作有所为有所不为，有所得则有所失，退一步则进两步。

（四）妥协必须是不同主体之间的相互让步

统一战线主体各方为了能够实现共同的利益和要求，必须在利益矛盾的方面相互做出让步和妥协。如果各方都强调自己的特殊利益，而且为了自己的特殊利益损害共同利益与他方利益，统一战线就会遭到威胁和破坏。因此，统一战线不同主体只有在利益问题上相互妥协和让步，才能建立、巩固和发展统一战线。历史上一些政治势力在建立、巩固和发展统一战线的过程中，通常能够相互妥协和让步。无产阶级及其政党在同其他政治势力建立、巩固和发展统一战线的过程中，同样要彼此妥协和让步。中国共产党在其领导统一战线的90多年间，也是注意同其他政治势力实行相互妥协和让步的。毛泽东在谈到国共第二次合作时指出，我们党曾经在政治上做过一些让步，国民党也做了让步，这种让步是"为了建立统一战线团结全民共同对敌的必要步骤……这种为了团结抗日、为了长期合作的互让政策，是很好的，很对的"③。周恩来在《关于国共会谈的经验教训》一文中也说过："要互相让步，不要独霸。"④ 在社会主义改造时期，中国共产党同民族资产阶级的统一战线也是互谅互让的：资本家必须接受社会主义改造，而党和政府则答应用和平赎买的办法实行这种改造，照顾了资方的利益。在进一步巩固和发展新时代爱国统一战线的过程中，无论实

---

① 《毛泽东著作专题摘编》（下），中央文献出版社2003年版，第1760页。
② 《毛泽东选集》第2卷，人民出版社1991年版，第538页。
③ 《毛泽东著作专题摘编》（下），中央文献出版社2003年版，第1818页。
④ 《周恩来统一战线文选》，人民出版社1984年版，第113页。

行中国共产党领导下的多党合作和政治协商制度，还是解决台湾问题、实现祖国完全统一等，各党派、各人民团体、各族各界人士仍然需要相互妥协和让步。

（五）实行妥协必须把让步和斗争有机结合起来

在统一战线中，各主体之间的妥协和斗争都是必不可少的。斗争是妥协的基础，妥协是斗争的继续，二者相辅相成、相互促进，绝不能只讲妥协不讲斗争，也不能只讲斗争不讲妥协。只有通过不同主体之间的斗争与较量，才有利于认清各主体的力量对比，从而比较容易达成协议和妥协。解放战争时期，毛泽东谈及对付美蒋政策时指出："如果我党既有相当的让步，而对其无理压迫与无理要求又能出以坚决的斗争，则其结果比较付出更多更大的让步反而要好些；如无坚决斗争精神，则结果将极坏。"① 当然，妥协并不是斗争的结束，而是斗争在新形势下的重新开始和继续。例如，抗日战争时期，中国共产党同国民党通过谈判达成妥协，结成以第二次国共合作为基础的抗日民族统一战线，揭开了中国人民抗日战争的新篇章，同时也是国共两党斗争在抗战条件下新的开始和继续，为抗战胜利后国共两党的斗争埋下了伏笔。又如，在对台工作中，我们在坚持一个中国原则前提下既要实行必要的妥协和让步，又要进行必要的斗争，善于把妥协和斗争有机地结合起来，有利于解决台湾问题、实现祖国完全统一。要坚持毛泽东所强调的："在各个策略阶段上，要善于斗争，又善于妥协。"②

三、列宁关于统一战线的妥协策略思想对社会人际关系的适用性

列宁关于妥协的策略思想，是针对无产阶级统一战线而言的，讲的是政治统一战线，其中的思想精髓对于巩固和发展新时代的爱国统一战线无疑是值得认真学习和借鉴的。其实，妥协策略对于所有的企业、社会团体以及个人建立和发展人际关系也是适用的。俗话说"退一步海阔天空，进一步寸步难行"，讲

---

① 《毛泽东著作专题摘编》（下），中央文献出版社2003年版，第1758页。
② 同上书，第1762页。

的就是妥协在社会性统一战线中的作用。"妥协"一词在人们工作生活中经常被遇到、用到，而且在很多场合都是以贬义的形式出现的，通常人们把它当作软弱可欺、无立场、无原则的代名词。其实，这是对它的误解。列宁将妥协作为建立、发展统一战线的策略，应该说是给妥协正了名、平了反。而且，《现代汉语词典》中将"妥协"的词义解释为："为了避免冲突或争执而让步。"这里的释义显然不是特指政治领域中的妥协策略，而是强调了妥协在其他领域包括社会领域中统一战线的普遍适用性。我们可以将妥协看作一种为人处世的艺术技巧。

社会生活之中，妥协无时不有、无处不在、无人不用。如买卖双方之间讨价还价，最终交易的成功就是买卖双方妥协的结果。社会团体、企业之间联合、合作的过程，也是谈判的过程，如果满足双方的共同利益，实现双赢而不是零和，双方都会皆大欢喜。因此，妥协是事情走向成功的助推器，人生道路不可能总是康庄大道，既笔直又平坦，免不了会有那么一段是坑坑洼洼、难以行走的。应将妥协作为一种处世态度，为使事情能够顺利成功，必要时不妨运用妥协这种处事风格，这样才能使自身立于不败之地。

从哲学角度说，矛盾就是双方既对立又统一，而妥协就是统一的那个方面。一事物与另一事物之间相互妥协，绝不是软弱、懦弱，而应是对某一具体的问题进行详尽的分析后的决定。比如，双方就某个问题争执不下时，要想获得一个完满的结局，就应该先冷静下来，慢慢交谈。在人与人之间的交往中能够妥协，其实是一种智慧的表现。人人都希望事情有个美好的结局，在一定条件下，就要有妥协精神，别放不下架子，别认为那是一种非常丢人的行为，其实那恰恰是一个人修养高的表现。不要把一时的胜利看得过重，要给对手以必要的关怀，而给对手以必要的关怀才是真正成功者的风范。人与人打交道，有时会因为一些鸡毛蒜皮的事产生矛盾。如果双方各执一端，争强斗气，就容易激化矛盾；如果一方气量大一点，眼光远一点，就可以化解矛盾，使各种团体与团体、个人与个人之间的关系更加融洽。清朝时，安徽有个名叫张英的人在朝中当大学士。一天，他收到家里来的一封信，信中说家里为盖房子与邻居之间闹起了地皮纠纷，让他出面说句话。张英沉思了片刻，给家里写了一封回信，信的内容是广为人知甚至可以说是家喻户晓的一首诗："一纸书来只为墙，让他三尺又何妨？长城万里今犹在，不见当年秦始皇。"家人看信后，深受启发和教育，于是主动将院墙向后移了三尺。见到这种情况，邻居也将院墙向后移了三尺。这样一来，两家院墙之间便空出了一个六尺宽的过道，人称"六尺巷"。张英身为重臣，大权在握，不要说三尺土地，就是让邻居搬家，也不是困难的事情。但张英没有仗势欺人，而是说服家人先做出让步，其宽大的胸怀，在历史上留下了一段佳话。

斯人已逝，思想长存。列宁的妥协思想将恒久地指导着我们的思想和行动，大到国家大事，小到人际关系，都能运用这个妥协策略将事情办好。当一件事情能够取得成功时，一定要把握时机，做出必要的妥协，虽然过程让人觉得曲折，会让人失去一些本该属于自己的利益，但结局总归是好的。矛盾双方能否通过妥协达成一致，取决于双方的既得利益。妥协之中蕴含着和谐思想，企业、团体、个人都不可能孤立地存在，都是处于团体与团体、人与人、人与社会的相互关系之中。社会就像一张网，团体、个人就像网上的一个个结，社会离不开人，人也离不开社会。工作、生活中处处有妥协，关键看如何用，怎样用对地方，这样才能促使一件事趋向良性发展。适当做些妥协，这样的事业、人生也是非常精彩的。

第三部分

中国共产党的统一战线

第八讲
中国共产党领导的统一战线与我国历史上统一战线之比较

古罗马政治家西塞罗说过:"不知道他出生以前发生过的事情的人永远是个孩子。"① 这话强调了学习、了解、借鉴历史经验教训的重要性和必要性。众所周知,不少关于统一战线的书籍和论文,都将统一战线区分为狭义统一战线和广义统一战线两种。但迄今为止,除了笔者2014年在《广西社会主义学院学报》发表《党领导的统一战线与我国古代的统一战线之异同——〈东周列国志〉统战谋略研究系列之六》一文外,尚无人系统论及狭义统一战线与广义统一战线,特别是中国共产党领导的统一战线与我国历史上统一战线之联系和区别,这不能不说是统战理论界的一大憾事。其实,弄清这一问题,不仅有利于加深人们对这两种统一战线的理解和把握,弄清楚两种统一战线的相似性即继承性,以古为鉴,古为今用,进一步加强统一战线学学科建设,而且便于人们总结过去,借鉴、汲取历史上的经验教训,以开拓未来,进一步巩固和扩大中国共产党领导的新时代统一战线,因而具有重要的理论意义和实践意义。

---

① 转引自陈延武:《万水朝东——中国政党制度全景》,生活·读书·新知三联书店2011年版,第313页。

一、中国共产党领导的统一战线与我国历史上统一战线之同

(一) 从历史形态上看，两者是过去和现在、继承和发展的关系

人们常说，观今宜鉴古，无古不成今。历史是过去发生的事件，随着时间的流逝，已永远成为过去，也永远成为历史。而现实，即今天发生的事件，则是无数历史事件的延续和必然发展，到明天又将成为历史。正如李大钊所说："'现在'就是所有'过去'流入的世界，换句话说，所有'过去'都埋没于'现在'的里边。"① 中华民族五千年文字记载的光辉历史，就是无数的"过去"向"现在"不断流入而形成的，没有过去的历史，就没有今天的现实。历史与现实，古代与今天，是互相对立的，又是互相联系和密不可分的，何况历史的发展同其他事物的发展一样，也是遵循否定之否定的普遍规律，即螺旋式、波浪式的发展规律前进的。根据历史唯物主义观点，历史事实具有一次性，而历史现象具有相似性，历史规律则具有重复性。正因如此，历史的发展往往有着许多惊人的相似之处；也正因如此，审视现实，展望未来，借鉴过去的历史智慧是很有必要的。我国历代有作为的政治家、思想家都善于从前代兴亡盛衰的历史中吸取教训，汲取经验，作为治世济民的良方。中国共产党也十分重视从历史中汲取治党、治国、治军的智慧，不断地发展和完善自己的统一战线。历史上的统一战线是较低形态的统一战线，不汲取历史上的统一战线智慧，不紧扣时代主题和形势发展与时俱进，就难以形成现在中国共产党领导的统一战线；党领导的统一战线是对历史上统一战线经验教训的总结和升华，是高级形态的统一战线。

西方史学家李维在《罗马史》一书中说过："在历史记载中，你可以一览明示于众的人类经验的形形色色，你可以为自己和自己的国家找到范例和教训；美善者可奉为楷模，鄙腐者可引以为戒。"② 唐太宗李世民也曾经谈论为政

---

① 转引自吴贤明：《〈左传〉今鉴》，四川人民出版社1995年版，第1页。
② 转引自区济文：《中国社会主义政党制度》，广西人民出版社1993年版，第48页。

第八讲
中国共产党领导的统一战线与我国历史上统一战线之比较

之道:"以铜为鉴,可正衣冠;以古为鉴,可知兴替;以人为鉴,可明得失。"[①]列宁说过:"只有确切地了解人类全部发展过程所创造的文化,只有对这种文化加以改造,才能建设无产阶级的文化。"他还在批判无产阶级文化派时指出,无产阶级文化并不是天上掉下来的,它"应当是人类在资本主义社会、地主社会和官僚社会压迫下创造出来的全部知识合乎规律的发展"[②]。在列宁看来,社会主义文化是人类文明发展的必然结果,作为文化的统一战线当然也不例外。1938年,毛泽东就提出了学习历史遗产的任务,指出中华民族"有数千年的历史,有它的特点,有它的许多珍贵品。……今天的中国是历史的中国的一个发展;我们是马克思主义的历史主义者,我们不应当割断历史。从孔夫子到孙中山,我们应当给以总结,承继这一份珍贵的遗产。这对于指导当前的伟大的运动,是有重要的帮助的"[③]。而且,毛泽东本人就是学习、研究历史的楷模,是中国史学的大师。他披阅二十四史,做了很多批注,并从中汲取智慧,用以指导我国的革命和建设。因此,无论是古圣先贤还是革命导师,都反对历史虚无主义,都强调应该借鉴历史经验和学习他人之长。正因如此,那种认为只有共产党会搞统一战线,历史上其他政治势力不搞统一战线的看法是没有根据的,它否定了中国共产党领导和组织的统一战线是在向历史上其他政治势力的统一战线智慧学习、借鉴的基础上形成的,将无产阶级统一战线,特别是现在的统一战线看作无源之水、无本之木,这其实是一种历史虚无主义的表现。

(二) 从物质基础上看,两种统一战线都是建立在某种共同利益基础上的

统一战线作为政治联盟、政治实体,在很大程度上就是一个利益共同体。任何统一战线都是建立在共同利益基础上的,没有共同利益,统一战线就建立不起来,即使建立起来了,也不能持久;而有了共同利益,就能"度尽劫波兄弟在,相逢一笑泯恩仇",结成统一战线,为共同的目标而团结奋斗。春秋时期的大政治家管仲认识到人心向背是决定战争胜败和国家治乱的重要因素,而"得人之道"在于给民众看得见的物质利益:"民利之则来,害之则去。民之从

[①] 《旧唐书·魏徵传》。
[②] 中共中央马克思、恩格斯、列宁、斯大林著作编译局:《列宁选集》第4卷,人民出版社1960年版,第348页。
[③] 《毛泽东选集》第2卷,人民出版社1991年版,第533—534页。

利也，如水之走下。"① 为天下兴利除害，就能得到人民的拥护。在楚汉战争中，项羽不注意照顾同盟者的利益。据韩信说："项王见人恭敬慈爱，言语呕呕，人有疾病，涕泣分食饮，至使人有功当封爵者，印刓敝，忍不能予，此所谓妇人之仁也。"② 项羽打算提拔重用有功将士，印章刻好后拿在手里把玩得光滑没棱角了，也不舍得发给他们。而刘邦则相反，他很注意照顾同盟者的利益，不仅能够提拔重用有功有能之人，有时还十分慷慨大方："使人攻城略地，所降下者因以予之，与天下同利也。项羽妒贤嫉能，有功者害之，贤者疑之，战胜而不予人功，得地而不予人利，此所以失天下也。"③ 结果，有本事的谋士和战将纷纷离项羽而去，投奔到刘邦阵营，导致项羽日益成为孤家寡人，于是越来越强大的刘邦阵营最终打败了项羽集团。对于他们的经验和教训，我们应该牢牢记取。

显然，利益关系是统一战线内部的基本关系，因此尊重、照顾同盟者的利益反映了统一战线建立和发展的基本规律。历代有眼光、有统一战线头脑的政治家、思想家都能认识到这一点，并在建立和发展统一战线的过程中切实注意尊重、照顾同盟者的利益。毛泽东在谈无产阶级及其政党组织和领导统一战线时指出，要对被领导者（同盟者）给予物质利益，至少不损害其利益，同时对被领导者给予政治教育，"如果任何一方受到损害，合作就不能维持下去"④。也就是说，统一战线内部关系是一个各方面参加者互利共赢的关系。因此，照顾同盟者的利益就成了中国共产党领导统一战线的一贯原则。1949 年以后，中国共产党在不断巩固工农联盟的同时，对党外代表人士进行了大量的实职安排和政治安排，尊重、照顾同盟者的政治利益和物质利益，并坚持和完善中国共产党领导下的多党合作和政治协商制度、民族区域自治制度、基层群众自治制度等，不断巩固和壮大统一战线。

这里需要特别说明的是，第一，利益包括物质利益和精神利益。绝对不能只讲物质利益，而不讲精神利益；当然也不能只讲精神利益，而不讲物质利

---

① 《管子·形势解》。
② 《史记·淮阴侯列传》。
③ 《史记·高祖本纪》。
④ 中华人民共和国外交部、中共中央文献研究室：《毛泽东外交文选》，中央文献出版社、世界知识出版社 1994 年版，第 167 页。

第八讲　中国共产党领导的统一战线与我国历史上统一战线之比较

益，不然就会陷入唯物主义的形而上学，或者陷入唯心主义。只有将二者讲全了，才是正确的，才是马克思主义的辩证唯物主义。第二，我们说利益关系是统一战线的基本关系，但不能把利益关系绝对化。因为信仰、价值观、爱好、亲情、友情等因素在统一战线建立和发展的过程中也起着重要作用。如果忽视甚至否认这些，就难以解释统一战线建立和发展过程中的某些现象了。如中国共产党历史上有不少共产党人，始终不忘初心，牢记使命，为了共产主义的远大理想，为了中华民族的独立富强、各族人民的富裕幸福，面对罕见的艰难困苦，面对敌人的酷刑逼供，在死不如生的时候视义如命，视险如夷，坚定不移地活下来；在生不如死的时候，正气凛然，视死如归，义无反顾地就义；等等。

（三）从韬略层次上看，两种统一战线在实施层面都具有一定的策略性，但中国共产党领导的统一战线也是长期性的战略，必须一直做好

谋略包括战略和策略。如果说战略是目的，那么策略则是实现这个目的的手段。毛泽东指出："我们不但要提出任务，而且要解决完成任务的方法问题。我们的任务是过河，但是没有桥或没有船就不能过。不解决桥或船的问题，过河就是一句空话。不解决方法问题，任务也只是瞎说一顿。"[①]

在我国阶级社会的历史上，各民族、国家中的剥削阶级相互之间、一种剥削阶级内部各个集团之间，甚至一些被剥削阶级之间、剥削阶级和被剥削阶级之间，为了某种共同利益都会结成联盟。但由于他们往往是为了自己阶级或集团的私利而结成暂时性的同盟，结盟者常常各怀鬼胎，玩弄政治权术，这种联盟往往是一种策略和权宜之计。也就是说，这些集团往往为形势逼迫，需要时，就会千方百计找驴、诱驴拉磨；一旦达成目的，形势缓和，觉得不需要了，就会卸磨杀驴。如为了雪耻复国，越王勾践信任、重用范蠡、文种等人，他们同心同德，卧薪尝胆，二十年生聚教训，最后灭掉吴国。之后，志得意满的勾践却开始怀疑和诛杀功臣，范蠡被迫逃走，文种被赐剑自裁。再如，为了统一六国，秦始皇广招各种人才为他出谋划策，冲锋陷阵，通过十年努力，最后"强国请服，弱国入朝"，统一了天下。他登上皇帝宝座以后，却忘乎所以，

[①]　《毛泽东选集》第1卷，人民出版社1991年版，第139页。

"不信功臣,不亲士民","以暴虐为天下始",造成天下苦秦的严重局面。又如,实力弱小的刘邦,为了战胜比自己强大的项羽集团,千方百计招降纳叛,团结张良、萧何、韩信、英布、彭越等,最后战胜项羽,荣登皇帝宝座。建汉后,为了保住刘姓一家天下,他开始怀疑、诛杀韩信、彭越、英布等功臣,几年工夫,过去分封的异姓诸侯王仅留下一个。忠心耿耿的萧何也曾遭到怀疑,被投入监狱。为了推翻元朝、削平群雄、统一天下,朱元璋广揽天下贤才,在他们的辅佐下,终于建立大明王朝。但登基为帝后,他大肆杀害原先与他并肩作战、立下赫赫功勋的文臣武将,也上演了一出"狡兔死,走狗烹;飞鸟尽,良弓藏;敌国破,谋臣亡"的悲剧。太平天国前期,洪秀全依靠广大将士奋勇作战,顺江东下,太平军势如破竹,取得了一系列胜利,夺取了天京;但太平天国中后期的洪秀全在洪杨内讧中,不分青红皂白,大肆屠杀与杨秀清有关系的将士,造成人心离散,导致太平天国由盛转衰。这方面的事例在我国历史上有不少。

中国共产党领导的统一战线也是一种谋略,也具有一定的策略性。有些人认为无产阶级统一战线没有策略性,这是不对的,至少是不全面的。笔者说这句话有两方面的根据。一是理论根据,二是实践根据。

先从理论根据上说,第五讲已经讲过,马克思、恩格斯在《共产党宣言》中认为,德国正处在资产阶级革命的前夜,只要资产阶级采取革命的行动,共产党就支持它的革命行动,与它一道去反对封建制度。但是,共产党决不能忽略教育工人尽可能明确地意识到资产阶级是自己的敌人,以便利用资产阶级统治所必然带来的有利条件作为反对资产阶级的武器,立即开始进行反对资产阶级的斗争。① 马克思在《科苏特、马志尼和路易-拿破仑》这封致《纽约论坛报》编辑部的信中,甚至还明确地指出:"在政治上为了一定的目的,甚至可以同魔鬼结成联盟,只是必须肯定,是你领着魔鬼走而不是魔鬼领着你走。"② 列宁在《共产主义运动中的"左派"幼稚病》一书中,全面而又深刻地论述了无产阶级的战略和策略问题,认为敌人既强大而又矛盾重重,要想战胜敌

---

① 中共中央马克思、恩格斯、列宁、斯大林著作编译局:《马克思恩格斯选集》第1卷,人民出版社1995年版,第306、307页。

② 中共中央马克思、恩格斯、列宁、斯大林著作编译局:《马克思恩格斯全集》第8卷,人民出版社1963年版,第443页。

第八讲
中国共产党领导的统一战线与我国历史上统一战线之比较

人,就必须利用敌人之间的利益矛盾,争取暂时同路人,以便集中一切力量打击当前的主要之敌,强调发誓不同强盗达成任何协议或妥协是荒谬的,"谁要是没有在实践上,在相当长的时期内和在相当复杂的各种政治情况中,证明他确实会运用这个真理,谁就还没有学会帮助革命阶级去进行斗争,使全体劳动人类摆脱剥削者的压榨而获得解放"①。显然,马克思、恩格斯、列宁都认为,为了达成无产阶级的目的,要讲究革命策略,注意利用敌人内部的矛盾和裂缝,与一些次要敌人结成暂时的同盟,这些讲的无疑是无产阶级统一战线的策略性。

从实践上来看,无产阶级解放运动中也有不少将统一战线作为策略的事例。如第一国际建立时,为了团结更多的工人团体参加,马克思、恩格斯曾经将蒲鲁东主义者、工联主义者、巴枯宁主义者、拉萨尔派的机会主义派别吸纳入第一国际;十月革命时期,布尔什维克党曾同社会革命党人结成短期的正式政治联盟;为了给新生的苏维埃政权赢得喘息时机,使之免遭帝国主义和国内反动派的联合绞杀,以列宁为首的布尔什维克党与德国单独媾和,签订了《布列斯特-立托夫斯克和约》;抗日战争时期,中国共产党同大地主大资产阶级结成反对日本帝国主义的统一战线;等等。

不过,中国共产党领导的统一战线有长期性与战略性,这与以往历史上的许多统一战线不同。邓小平同志在主持西南局工作时,针对有人把统一战线仅仅看作一种策略、认为统一战线的作用只是分化敌人的片面认识,指出统战工作有其策略性,但更主要的是其战略性。②

(四)从政治目标上看,两种统一战线都是围绕着一致的政治目标而形成和展开活动的

我国自古以来的统一战线具有极其复杂的情况,各种不同的政治力量在不同条件下组成联盟、联合,其性质、范围、相互关系、策略、作用等是各色各样,甚至截然相异的。但是,这些色彩斑斓的统一战线有一个共同点,那就是

---

① 中共中央马克思、恩格斯、列宁、斯大林著作编译局:《列宁选集》第4卷,人民出版社1960年版,第225页。

② 中共中央统战部、重庆市委统战部:《重庆与中国统一战线》,华文出版社2010年版,第280页。

政治目标上有一致性。共同的政治目标是统一战线的政治基础。统一战线之所以建立、巩固和发展，就在于统一战线的参加者之间存在着共同利益和共同目标；统一战线之所以动摇、破裂，就在于统一战线的参加者之间的共同利益和共同目标减弱、消失。如刘邦在楚汉战争中建立的统一战线，就是紧紧围绕着打败项羽集团、建立刘氏王朝的根本目的而开展各项工作和活动的。再如，刘秀在统一战争中建立的统一战线是紧紧围绕着推翻王莽集团、削平群雄、恢复刘氏江山这一目标而开展活动的。还有，朱元璋在起义过程中建立的统一战线是为推翻元朝、削平群雄、建立大明王朝而展开活动的。中国共产党领导的统一战线也是如此。抗日战争时期建立的抗日民族统一战线，是为了共同抗击日寇，恢复中华民族的独立和国家的主权；解放战争时期的人民民主统一战线，是为了打倒蒋介石反动政权，解放全中国；新时期、新时代的爱国统一战线，是为实现"两个一百年"奋斗目标，实现中华民族伟大复兴的中国梦服务，为维护社会和谐稳定、维护国家主权安全发展利益服务，为保持香港澳门长期繁荣稳定、实现祖国完全统一服务。

（五）从政治条件上看，两种统一战线的建立和巩固都需要具有民主的政治空气

统一战线与民主这两者有着密切的内在关系。在我国五千年的历史中，有这样一个规律性现象，那就是统一战线搞得好的时候，往往是统一战线的主持者有民主作风，有虚心听取意见和建议之雅量的时候；统一战线搞得不怎么好甚至遭到破坏的时候，往往是统一战线的主持者作风专断的时候。也就是说，发扬民主，有利于统一战线的巩固和扩大；专制独裁，会使统一战线趋于萎缩乃至被破坏。

周文王、周公旦、齐桓公、晋文公、秦穆公、子产、楚庄王、齐威王、齐宣王、汉高祖、汉光武帝、唐太宗、康熙等，都具有民主作风和雅量，因而都成功地建立了比较广泛的统一战线。这里详细讲一下子产、齐宣王、唐太宗和康熙。春秋时期的郑国，在子产执政时，有一个教育机构叫"乡校"，本来是为中下层大夫、士等贵族而设，后来逐渐演变为议政场所。大夫然明觉得这样不好，就劝子产毁掉乡校。子产却说："夫人朝夕退而游焉，以议执政之善否。其所善者吾则行之，其所恶者吾则改之，是吾师也，若之何毁之？我闻忠善以

第八讲
中国共产党领导的统一战线与我国历史上统一战线之比较

损怨,不闻作威以防怨。岂不遽止?然犹防川。大决所犯,伤人必多,吾不克救也。不如小决使道(导),不如吾闻而药之也。"① 子产不仅没有毁掉乡校,反而倡导国人议政,从中采纳有益的意见,以便补偏救弊。他的政治家风度和民主作风,赢得了广泛的尊重和支持。齐国稷下学宫有位先生,名叫颜斶,他见齐宣王时,宣王叫他过去,他则叫王过来。宣王左右的人批评他,认为大王是人君,他是人臣,怎么可以这样。他回答说,他过去是"慕势",是"好势";宣王过来则是"趋士",是"好士"。于是,齐宣王亲自迎接了他。正因为齐宣王有民主作风和平等精神,才吸引了大批文人志士,各种人才云集稷下,"齐稷下学士复盛,且数百千人"②,开创了学术上"百家争鸣"的局面,丰富了灿烂的齐国文化,对齐国的强盛产生了不可估量的作用。唐太宗是我国古代孜孜求谏的明君,知道"明主思短而益善",因而能兼听于四方,与朝臣协商政治之得失,务求臣下知无不言。由于他鼓励臣下直言敢谏,大臣魏徵提出谏言两百多条,唐太宗都能认真听取,并多予采纳。正因为唐太宗从谏如流,广开言路,鼓励臣民监督朝政,建立了广泛的统一战线,才成就了我国封建社会历史上少有的"贞观之治"。康熙也是我国历史上有名的明君,他即位之初,就向朝臣"求言",广开言路,集思广益。正是在群臣的谏言和辅佐下,他在位期间巩固和发展了统一战线,做到了铲除鳌拜、平定"三藩"、收复台湾、抗击沙俄、安定西藏等,"经文纬武,寰宇一统""天下乐和,克致太平",实现了国家的空前团结和统一。

反面的例子有殷纣王、周厉王、周幽王、吴王夫差、秦始皇、项羽、隋炀帝等,他们拒不纳谏,文过饰非,即便有臣下想提出意见和建议,也畏惧战栗,"足将进而趑趄,口将言而嗫嚅"。这种独裁专制的做法,无疑会使统一战线遭到严重破坏,最终给他们的事业造成不可挽回的致命损失。如周厉王重用贪财好利的荣夷公为卿士,将原归各级贵族和平民共有的山林川泽收归王室垄断。大臣芮良夫劝谏厉王,指出天然的财富是自然所赋予的,不能由个人垄断,不然就会遭到众人反对,造成政治"大难"。然而厉王不听,引起了镐京各阶层的不满,人们纷纷议论,大发怨言。为压制舆论,厉王派卫巫监视谤

---
① 《左传·襄公三十一年》。
② 《史记·田敬仲完世家》。

者,如发现有人议论朝政,立即处死。此举导致国人噤若寒蝉,敢怒而不敢言,"道路以目"。不久,忍无可忍的国人发动暴动,赶跑了厉王。秦始皇统一天下之后,奉行严刑峻法,暴虐天下,天下苦秦。他又采纳李斯的建议,实行文化专制,下令"史官非秦记皆烧之。非博士官所职,天下敢有藏《诗》、《书》、百家语者,悉诣守、尉杂烧之""有敢偶语《诗》《书》者弃市,以古非今者族。吏见知不举者与同罪。令下三十日不烧,黥为城旦。所不去者,医药卜筮种树之书",将大量历史文献付之一炬;接着又以诽谤罪名,将四百六十名儒生坑杀。① 继位的秦二世胡亥,不仅没有缓和秦始皇时期的极端专制政策,反而在加剧社会紧张的方向上越走越远,最后造成天下揭竿而起,"戍卒叫,函谷举,楚人一炬,可怜焦土"的局面。秦朝灭亡后,项羽"引兵西屠咸阳,杀秦降王子婴,烧秦宫室,火三月不灭",然后收集秦朝留下的财宝妇女席卷东归彭城。有个人向他进言说:"关中阻山河四塞,地肥饶,可都以霸。"听到这话,项羽望着被自己"烧残破"的咸阳拒不纳谏,还说:"富贵不归故乡,如衣绣夜行,谁知之者!"那个人鄙夷地评价道:"人言楚人沐猴而冠耳,果然。"② 听了这句刺耳的话,项羽恼羞成怒,令手下将此人烹杀。不愿听取不同意见的项羽,不久就被刘邦集团彻底打败。我国"文化大革命"持续十年之久,就是因为中国共产党的民主集中制遭到严重破坏,严重妨碍下情上达,各种正确的意见和建议难以发表出来,导致决策严重失误,给统一战线和国家各项建设造成了严重损失。

《管子·君臣上》说:"夫民,别而听之则愚,合而听之则圣。"群众的个别看法未必正确,但群众作为一个整体的智慧则是十分伟大的。这就强调了发扬民主、善于听取意见建议对于决策的重要性。中国共产党自诞生之日起,就把实行民主和反对专制写进了自己的纲领,并将统一战线作为决策过程中发扬民主的重要场所和组织形式,充分发挥统一战线各方面政治协商、民主监督和参政议政的民主功能,保证各项重大决策的正确性,推动革命、建设和改革事业不断取得胜利。尤其是党的十八大提出健全社会主义协商民主制度,推进协商民主广泛多层制度化发展;接着,中共中央又颁布《关于加强社会主义协商

---

① 《史记·秦始皇本纪》。
② 《史记·项羽本纪》。

第八讲
中国共产党领导的统一战线与我国历史上统一战线之比较

民主建设的意见》,就经济社会发展的重大问题和涉及群众切身利益的实际问题广泛协商,增进共识,增强合力。党的十九大进一步明确协商民主的地位和特质,"协商民主是实现党的领导的重要方式,是我国社会主义民主政治的特有形式和独特优势";首次明确众人的事情由众人商量是"人民民主的真谛";突出强调"加强协商民主制度建设,形成完整的制度程序和参与实践,保证人民在日常政治生活中有广泛持续深入参与的权利"[1]。中国共产党对社会主义协商民主的日益重视和深入推进,已经并将继续推动新时代爱国统一战线不断巩固和壮大。

二、中国共产党领导的统一战线与我国历史上统一战线之异

(一) 从自觉程度上看,我国历史上的统一战线往往是人们从阶级本能出发自发采取的政治行动,而中国共产党领导和组织的统一战线则是以马克思主义为指导的自觉行动

我国历史上的各种政治势力,往往受到阶级的和历史的局限,他们所从事的统一战线活动没有完整的统一战线理论做指导,因而具有不可避免的自发性。有的剥削阶级代表人物自身对统一战线没有什么认识,由于其谋士或辅臣的建议,才加深了对这个问题的理解和重视,进而采取巩固和扩大统一战线的措施,如齐桓公、晋文公、齐景公、秦始皇、刘邦、朱元璋等。有的统治者本身对统一战线的重要性已经有所认识,加之谋臣充分发挥作用,将统一战线工作做得更好,如商汤、周文王、齐威王、唐太宗、康熙等。有的统治者由于对统一战线没有深刻的认识,虽然接受了谋士们的建议,广施统一战线之策,取得了重大成功,但此后骄傲自大,认为自己不再需要统一战线了,于是为所欲为,过河拆桥,违背、破坏统一战线,最后归于失败或是使自己的事业遭受严重损失,如晋惠公、秦穆公、吴王阖闾、越王勾践、秦始皇、汉高祖、朱元璋等。被剥削、被压迫的农民阶级,同十分落后的生产方式相联系,被剥夺了受教育的权利,整个阶级都不是一个自觉的阶级,他们建立的政治联盟也是以私

---

[1] 本书编写组:《党的十九大报告辅导读本》,人民出版社2017年版,第37页。

有制和阶级私利为基础的，他们造反的目的是推翻腐朽的封建王朝，再建立一个由自己做主的封建王朝，因而他们建立统一战线也不是自觉的，如陈胜、吴广、李自成、洪秀全等。我们就以李自成为例来说明这一问题。李自成在起义中期，与十三家七十二营的起义首领召开荥阳大会，组成联军，加强了内部团结，统一了行动，鼓舞了士气；接着，针对地主豪强兼并土地的现实状况，鲜明地提出"均田免粮""平买平卖"政策，使广大农民得到土地、免交赋税，小手工业者也得到实惠；与此同时，还大整军纪，收揽人才。义军所到之处都受到广大人民的拥护。当时普遍流传着这样一支歌谣："开了大门迎闯王，闯王来时不纳粮。"那时的义军犹如风卷残云，连战连胜，终于推翻了腐朽残暴的明王朝，占领北京。但后期李自成等高层领导人骄傲自满，奢侈腐化；听不进李岩整顿军纪的劝谏，放纵部下胡作非为；对已投降的明朝官员大施酷刑，逼要钱财，大将刘宗敏甚至霸占吴三桂的爱妾陈圆圆，一定限度上致使本已打算与李自成联手对付关外清军的吴三桂"恸哭六军俱缟素，冲冠一怒为红颜"，最终投入清军的怀抱。在清军和吴三桂的两面夹击之下，山海关一战，李自成全线崩溃，起义迅速归于失败。

马克思主义是关于无产阶级寻求自身解放和解放全人类的学说，为无产阶级及其政党提供了科学的世界观和方法论，其中包含着丰富的统一战线理论和战略策略原则，如无产阶级为夺取反对资产阶级的革命胜利必须加强自身的团结统一、无产阶级统一战线应该包括本国本民族的绝大多数人，无产阶级在革命进程中要努力同其他革命的阶级、政党和政治力量结成联盟，无产阶级政党在联合其他阶级和政党时必须保持自己的独立性（包括坚持领导权），无产阶级夺取政权后可以通过国家资本主义对资产阶级进行和平赎买，联合行动是无产阶级获得解放的首要条件之一，以及无产阶级在争取自身解放的斗争中必须将爱国主义与国际主义结合起来，等等。中国共产党是中国工人阶级、中国人民和中华民族的先锋队，是以马克思主义为指导的工人阶级政党，她诞生以来所领导的革命、建设和改革事业，都是以马克思主义理论为指导进行的，因而她组织和领导的统一战线是以马克思主义统战理论为指导的自觉行动。

第八讲
中国共产党领导的统一战线与我国历史上统一战线之比较

（二）从完备程度上看，我国历史上的统一战线理论和政策往往是零碎而不系统、不全面、不完备的，而中国共产党领导和组织的统一战线理论政策则是全面、系统和完备的

我国历史上的统一战线往往是剥削阶级（有时也有被剥削阶级）中有夺取政权野心或者以维护统治为目的的人们或集团，从阶级私利出发或者为客观形势所迫不得不采取的行动，很难说有多么高的自觉性。因此，这种统一战线显然也就很难说有多完备，其理论只有只言片语，其政策往往是零碎而不系统、不全面、不完备的，不仅没有也不可能提出"统一战线"这个科学的概念，展开论述其科学内涵，全面论述其重要性和必要性，明确提出统一战线的范围和对象，概括出做好统一战线工作的原则，找到做好统一战线工作的科学方式、方法乃至艺术，等等。而中国共产党有马克思主义科学理论特别是统一战线理论的武装，非常重视运用和发展统一战线，加之党善于从古今中外统一战线谋略思想和实践以及世界上其他兄弟共产党的经验教训中汲取智慧，因而她组织和领导的统一战线形成了一系列理论、政策、原则、方法等。而且，中国共产党具有实事求是、与时俱进的先进品质，能够根据形势变化和实践发展，不断丰富、充实、完善统一战线理论和政策，使之更加符合实际，更加能够满足时代发展的需要，因而其统一战线理论政策具有历史上任何统一战线理论政策无可比拟的完备性、系统性、全面性，统一战线的威力和作用发挥得也更加充分。

（三）从稳定程度上看，我国历史上的统一战线往往是不稳定、不长久、充满阴谋的，而中国共产党组织和领导的统一战线则是比较稳定长久、光明正大的

在我国历史上的统一战线中，结盟者往往是为了自己阶级或集团的私利而结盟的，他们各怀鬼胎，玩弄政治权术。一旦暂时的、狭隘的利益得到满足，联盟就会走向破裂和瓦解。这方面前文已论，此处不再重复。在此需要特别指出的是，结盟者为了个人或小集团的狭隘利益建立统一战线时，往往绞尽脑汁、处心积虑，将方法和手段用尽。如吕不韦为了巩固与子楚的关系，同时也为了自己的长远利益，将自己已经怀孕的姬妾赵姬送给子楚；春申君为巩固与楚王的关系，长保富贵，将自己已经怀孕的姬妾献给楚考烈王；田常为了扩大宗族势力、颠覆姜齐政权，将整个齐国数百个长得漂亮的姑娘娶回宫中，自己顾不过来，就让手下随从随便出入后宫，结果生了七十多个儿子；为拆散齐楚联盟，秦昭襄王以割地为诱饵欺骗楚国，接着又以割地、结亲为诱饵，诱骗楚怀王至秦订立盟约，致使其客死秦国；平原君赵胜为了讨好门客，将自己宠爱的姬妾杀掉；等等。这些方法和手段，用今天的眼光来看，毫无疑问是血腥、卑鄙甚至是肮脏的。可以说，这些人为了达到不可告人的目的，真是不择手段，耍尽阴谋。

我们知道，在阶级社会里，统治阶级的本性就是自私自利的，而且在统治阶级内部争权夺利的斗争也是十分残酷的。一些结盟者为了个人或小集团的利益，不惜骨肉相残、卖友求荣、血流成河，也不惜背信弃义、耍尽阴谋诡计、出卖尊严和良心。他们深信，只要目的达到，一切手段都是可取的，所出卖的一切都可再次夺回来。因此，人们就都以成败论英雄。只要成功了就是英雄，英雄的光芒掩盖了昔日的丑行劣迹。一旦失败，就是品德高尚、有勇有谋的伟丈夫，他那人性的闪光也会被讥笑成妇人之仁。权力、利益是一种腐蚀剂。法国革命家米拉波曾经说过："卑劣的行为比高尚的道德更具有决定命运的力量，因为它能够摧毁高尚的道德。"马基雅维利写道："在消灭政治对手的过程中，最适合的手段就是干净利落和大胆无耻。"为了获得成功什么事情都可以做，绝不存在任何例外。这就是剥削阶级的逻辑，是应该予以谴责的。

中国共产党是全心全意为人民服务的马克思主义政党，与历史上的剥削阶级截然不同，一切权术，血腥的、残暴的、阴谋的乃至肮脏的东西在这里没有藏身之处。党巩固和发展统一战线，一是靠稳定长久的制度安排和正确的政策，二是靠广大党员干部先锋模范作用的发挥。也就是说，中国共产党领导和组织统一战线，是为了最广大人民群众的利益，其过程、方法和手段是坦荡磊落、光明正大的。而且，中国共产党组织和领导统一战线不仅仅出于策略，不仅仅在力量弱小、面临生死存亡时需要统一战线，即使执政了、力量强大了也不会丢掉，而是要继续坚定不移地巩固和发展统一战线。如前所述，中国共产党领导的统一战线有其策略性，但更重要的是其战略性。统一战线是夺取革命、建设和改革胜利、党执政兴国的重要法宝，是党长期坚持的战略方针，贯穿于我国革命、建设和改革的始终。这是中国共产党领导的统一战线与我国历史上的统一战线最本质的区别之一。这一区别是由党的根本宗旨和先进性决定的。中国共产党是全国各族人民利益的忠实代表，其初心是为中国人民谋幸

第八讲　中国共产党领导的统一战线与我国历史上统一战线之比较

福，为中华民族谋复兴，因此历史上的剥削阶级不能做到的，我们能够做到；他们能够做到的，我们能够做得更好。新民主主义革命时期，中国共产党通过建立民主联合战线、工农民主统一战线、抗日民族统一战线、人民民主统一战线，占据了力量对比的优势，取得了新民主主义革命的胜利。社会主义革命和建设时期，通过统一战线方式，党开展了社会主义改造和思想教育，实行了民族区域自治制度等，使民主党派、党外知识分子、各少数民族、宗教界人士等成为建设社会主义的重要力量。改革开放时期，面对世情、国情、党情的深刻变化，中国共产党充分发挥统一战线凝聚人心、汇聚力量的作用，通过共同理想感召、共同目标激励、共同利益维系，不断促进"五大关系"和谐，为中华民族伟大复兴团结奋斗。中国共产党诞生以来不断从胜利走向胜利、从辉煌走向辉煌的一条基本经验，就是能够始终重视统一战线，从中赢得最广泛的力量支持，团结一切可以团结的力量共同奋斗。

（四）从参加者和利益主体的范围看，我国历史上统一战线的参加范围较小，而中国共产党领导的统一战线的参加范围十分广大

我国五千年的文明史，经历了原始社会、奴隶社会、封建社会、半殖民地半封建社会，现在处于社会主义初级阶段。在奴隶社会里，一般而言，奴隶只是奴隶主的私人财产，他们没有任何个人权利，作为一个阶级没有也不可能成为统一战线成员。不仅如此，他们甚至还经常遭到屠杀。据考古发掘出来的实物和文献资料来看，奴隶主经常用奴隶殉葬和祭祀，一次人殉杀死的人数，少者数十，多者成百上千。在封建社会里，社会的基本阶级是地主阶级和农民阶级。在大多数时间里，农民阶级遭受着地主阶级残酷的剥削和压迫，赋税繁重，劳役繁多，刑法严酷，他们显然不是统一战线成员。正因如此，农民阶级不断地揭竿而起，用暴力反抗剥削和压迫。当起义被镇压下去，新的王朝建立起来后，往往会汲取官逼民反的历史教训，对农民阶级采取休养生息的缓和政策，但一般为时不久，对农民的政策就会再度变得严酷起来，土地兼并日趋激烈，对农民的压迫和剥削愈益沉重，此时农民阶级就不再是统一战线成员了，最后因为生活不下去，不得不重新走上造反的道路。而这正是中国封建社会治乱相循的根本原因。而且，我国自古以来都是农业立国，历代都实行农本政策，重农而轻商、抑商，商品经济受到压制，商人在社会上、政治上地位很低，处于士、农、工、商四民之末。所以，一般地说，商人也不是统一战线成员。至于少数民族，多数朝代信奉"非我族类，其心必异"，采用民族压迫、歧视、分化政策。因此，我国历史上的统一战线，其范围十分狭窄，这是阶级社会的构成特点，特别是剥削阶级自私自利的阶级本性所决定的。

无产阶级及其政党由其阶级先进性和历史使命所决定，其所进行的社会主义运动（包括革命、建设和改革）是绝大多数人参加并为绝大多数人谋利益的运动，因而不仅要团结本阶级及其政党，而且有必要争取联合其他可能联合的民主阶级和民主政党，团结一切可以团结的力量，组成浩浩荡荡的同盟军。中国共产党所领导和组织的统一战线在革命、建设和改革各个历史阶段，都以工农联盟为基础，致力于团结一切可以团结的力量，因而其范围十分广大，对象众多。在不同的历史时期，由中国共产党组织和领导的统一战线的性质、任务有所不同，统战工作对象和范围也有所不同。抗日战争时期，在党的倡议下组成的抗日民族统一战线，不仅包括工人、农民、小资产阶级以及要求抗日的民族资产阶级、海外华侨，也包括中小地主、英美派大地主大资产阶级以及地方实力派。解放战争时期，党领导建立的广泛的人民民主统一战线，包括了工人、农民、城市小资产阶级、民族资产阶级、开明绅士、其他爱国分子、少数民族和海外华侨。在社会主义建设和改革时期，统一战线的范围更加广大。1979 年以来，统一战线工作的范围从 8 个方面扩大到 10 个方面，再扩大到 12 个方面。2006 年 7 月召开的第 20 次全国统战工作会议，把统一战线工作范围确定为 15 个方面。2015 年中央统战工作会议和《中国共产党统一战线工作条例（试行）》，又根据客观情况的变化，将统战范围确定为 12 个方面，主要包括：民主党派成员，无党派人士，党外知识分子，少数民族人士，宗教界人士，非公有制经济人士，新的社会阶层人士，出国和归国留学人员，香港同胞、澳门同胞，台湾同胞及其在大陆的亲属，华侨、归侨及侨眷，其他需要联系和团结的人员。《条例》第二条规定，统一战线是指中国共产党领导的、以工农联盟为基础的，包括全体社会主义劳动者、社会主义事业建设者、拥护社会主义爱国者、拥护祖国统一和致力于中华民族伟大复兴爱国者的联盟。此外，中国共产党还十分注意巩固工农联盟。农民问题是我国革命、建设和改革的基本问题。党紧紧依靠广大农民，走农村包围城市的道路，才取得了新民主主义革命的胜利。在当代，我国的改革与建设依然在很大程度上与广大的农民

第八讲
中国共产党领导的统一战线与我国历史上统一战线之比较

密切相关。改革开放最早的实验点在中国的农村,农业作为国民经济的基础一直在为我国的建设默默地耕耘与付出。特别是近年来"农民工"热潮的出现,使广大农民走出农村,他们为中国经济起飞持续提供了充裕的廉价劳动力,壮大并更新了中国产业大军,解决了农村剩余劳动力难题,为解决"三农"问题困境踏出一条坦途,同时推动了中国城市扩容与小城镇的建设,对中国市场化改革的进程起了独特的作用。因此,要想实现现代化,必须解决好农民问题。为了解决好农民问题,进一步巩固工农联盟,中国共产党在推进改革开放过程中,不断减免农民负担,加大对农业的支持力度,先后实行了减免农业税、农村中小学学生免费入学、"新农合"政策等。这还只是中华民族内部的统一战线,如果再加上中华民族与世界上其他国家和民族的统一战线,那么,党组织的统一战线的范围和规模就更加宏大。这种规模宏大的统一战线,体现了中国共产党的群众路线,依靠这一广泛的统一战线,必将保证我国有一个长治久安的政治局面,保证各项事业的顺利发展,保证中华民族昂首阔步走向中国梦的彼岸。

曾经有一个学员跟笔者谈过,中华人民共和国成立初期,第一届政府中安排了那么多党外人士,那个时期是统一战线和多党合作的黄金时期。他问笔者怎样看待这一问题。在此,笔者就谈一下对这一问题的看法。

首先,说那个时期是黄金时期,似乎是不对的。除了"反右"斗争扩大化以及"文化大革命"时期统一战线遭到破坏以外,中华人民共和国成立以后的其他各个时期,统战工作做得都很好,都是黄金时期。所以,学员这么说有以偏概全之嫌,至少是不准确的。

其次,第一届政府安排的党外人士确实很多,层次也较高,这是历史事实,不容否认。但那是有原因的。根据笔者的理解,原因有几个方面。

一是从"民主联合政府"的庄严承诺来看。1944年8月,毛泽东在南方局关于参政会问题的请示电上批示:"应与张、左商各党派联合政府。"[1] 这是中国共产党首次提出"联合政府"概念。1944年9月国民参政会三届三次会议在重庆举行。中国共产党参政员林伯渠根据中共中央的指示,经与党外人士反复磋商,在本月15日的会议上正式提出,挽救目前抗战危局准备反攻所应采取

---

[1] 中共中央统战部、重庆市委统战部:《重庆与中国统一战线》,华文出版社2010年版,第174页。

的办法是"国民党立即结束一党统治的局面,由国民政府召集各党各派、各抗日部队、各地方政府、各人民团体的代表,开国是会议,组织各抗日党派联合政府",并提出了成立民主联合政府的主张和步骤。① 这一主张反映了党外人士的诉求和全国人民的愿望,从而使与会的党外人士"听者咸感满意"。接着,《新华日报》将这一主张全文发表,向社会公开。应该说,"民主联合政府"主张的提出,是中国共产党的庄严承诺,既然在蒋介石国民党那里没有也不可能实现,那么中国共产党成立的政府就应当兑现这一承诺。所以,甫一建国,成立民主联合政府的承诺就兑现了,党安排了大批党外人士进入中央人民政府、政协及其部门。中国人民政治协商会议第一届全体会议,通过代表选举出第一届全国委员会委员。1954年召开全国人民代表大会之前,国家的一切大政方针必须拿到政协充分协商,然后由中央人民政府施行。在第一届中央人民政府里面,国家副主席6人中党外人士占3个,中央人民政府委员56人中党外人士有27人,政务院副总理4人中有党外人士2人,当时中央人民政府中安排党外人士的数量是空前的。地方各级政府机关、学校、企业都有大量的党外人士。1954年,我国选举产生第一届全国人民代表大会代表,1226个代表里面中共党员是668人,占54.48%,党外人士是558人,占45.52%,最高权力机关中党外人士也将近一半,充分体现了统一战线的战略。1949年以后,从新民主主义到社会主义的过渡时期,我国人民民主专政的实质是无产阶级专政,同时又努力做好了统一战线工作。

二是从革命和建设的实际需要来看。新民主主义革命时期,武装斗争处于首位,所以中国共产党造就了大批军事干部、军事人才,而技术人才、建设人才比较缺乏,这些人才不是短期内能够培养出来的。而党外人士中汇集了一大批具有很高文化科学素质和管理水平的人才,充分利用这部分政治资源,能够保证党和国家中心任务的顺利完成。如林垦部部长梁希是著名林业学家,教育部部长马叙伦是教育家,文化部部长沈雁冰是作家,司法部部长史良是法学家,等等。

三是从政治局势稳定的需要来看。中华人民共和国成立初期的社会主要矛盾是人民大众与三大敌人残余的矛盾,民主革命的任务尚未完成,社会主义革命和

---

① 中共中央统战部、重庆市委统战部:《重庆与中国统一战线》,华文出版社2010年版,第176页。

第八讲
中国共产党领导的统一战线与我国历史上统一战线之比较

建设需要准备。在中央政权机构中安排民主党派和无党派人士，有利于团结大多数，打击敌人。如安排李济深、张治中、傅作义、程潜进入政府，就稳定了几十万原国民党军政人员，也维护了社会稳定。

四是从党外人士的贡献来看。在我们共和国的旗帜上有着无数革命先辈的鲜血，在无数革命先辈中，有许许多多的民主党派、无党派人士，他们与中国共产党一起，为新中国的诞生抛头颅洒热血。如马叙伦、雷洁琼等人为争取和平、制止国民党蒋介石打内战而血洒南京下关；李公朴、闻一多为争取和平、民主而被国民党特务暗杀；冯玉祥将军出席美国国会听证会，向议员们揭露蒋介石独裁专制、打内战、贪污腐败、滥杀无辜的罪行；名将杨杰反对蒋介石的内战政策，针对蒋介石五年肃清"共匪"的谰言，断言共产党有强大的群众基础，十年打不垮，百年肃不清，结果遭国民党特务暗算；等等。而且，民主党派人士积极配合人民解放战争，众多的民主党派成员血染共和国的旗帜。在重庆歌乐山革命烈士纪念馆的院子里，立着这样一块纪念碑——"一一·二七"盟员烈士纪念碑，上面镌刻着重庆解放的前夜，中国民主同盟的27位盟员，在重庆的"白公馆""渣滓洞"，与众多的共产党人一起，为中华人民共和国的诞生而献身之事。其中就有我们所熟悉的"双枪老太婆"的原型邓惠中，她既是共产党员，也是民盟盟员。

另外，还有一个重要因素，就是看重一部分党外人士原有的政治地位和声望。如民盟主席张澜，曾在清朝末年任川汉铁路股东会副会长，发起组织四川保路同志会，领导四川人民开展保路运动；反对清政府卖国，促进了全川人民大起义，成为辛亥革命的导火线，受到孙中山的赞扬；联络川军，响应蔡锷起义，迫使袁世凯取消帝制；曾任四川嘉陵道道尹、四川省省长，时间虽短，建树颇多；发起组织四川乡村建设期成会，推行乡建运动；受四川省主席刘湘邀请，出任四川安抚委员会委员长；等等。他的一生是追求民族独立、追求民主的一生，由于其崇高的品德，他被人们誉为"川北圣人"。

再如，民革中央执行委员会主席李济深，曾任黄埔军校副校长、北伐军总参谋长、广东省政府主席；曾联合十九路军蔡廷锴等在福建组织反蒋抗日的中华共和国人民革命政府，因反蒋被多次开除出国民党。抗日战争爆发后，他积极响应中国共产党一致抗战的号召，反对国民党的反共政策，并在广西组织敌后游击战；抗战胜利后，他联络冯玉祥等反对蒋的内战政策；在解放战争中，他发动一系列旨在分化瓦解国民党、推翻蒋介石独裁统治的活动，还组织反蒋武装，积极开展游击战争，配合人民解放战争；等等。

又如宋庆龄，她是我国民主革命先行者孙中山先生的夫人。孙中山先生逝世后，她坚决维护、忠实执行"联俄、联共、扶助农工"的三大政策，同违反孙中山革命原则的势力进行了不懈的斗争。正当大革命浪潮蓬勃高涨的时刻，国民党右派势力背叛孙中山的革命原则，反对"三大政策"，结成"宁汉合流"，大肆屠杀共产党人、爱国进步人士和劳苦大众。对此，宋庆龄义愤填膺，毅然发表声明，宣布与"宁汉合流者"决裂，"暂时隐退"；积极参加一系列重要的国际反帝活动，1927年12月和1929年8月两次被选为国际反帝同盟名誉主席，之后又成为世界反法西斯委员会的主要领导人之一；"九一八"事变后，无情揭露蒋介石"欲攘外，必先安内"的不抵抗政策；与蔡元培等人在上海组织了"中国民权保障同盟"，并以自己的崇高威望，通过广泛的社会活动和各种形式的斗争，营救过许德珩、罗登贤、邓中夏、陈赓、廖承志、丁玲和救国会的"七君子"等一大批革命者和爱国进步人士；"西安事变"后，在香港创建"保卫中国同盟"，致力于战时的医疗救济和儿童保健工作，同时通过各种方法和渠道向海外华侨和国际社会宣传抗战的真实情况，并向爱国华侨和国际友人募集了大量资金、药品、医疗器械和其他物资支援抗战。许多物资是通过她的精心安排，运往抗日根据地的。她团结和组织国际友人及国际医疗队到共产党领导的抗日根据地去考察和工作；抗战胜利后，将"保卫中国同盟"改为"中国福利基金会"，从事妇幼卫生、文化教育和社会福利救济事业，同时反对蒋介石内战政策，不顾自身安危，继续募集大批医药物资，利用各种机会和条件运往解放区，支援共产党领导的解放战争；等等。可见，她青年时代追随孙中山，献身革命，孙中山逝世后，她坚强不屈，矢志不渝，英勇奋斗，始终坚定地和中国共产党、中国人民站在一起，为中国人民的解放事业做出了不可磨灭的贡献，享有崇高的威望。

当时，对很多具有较高的地位和声望的民主人士，中国共产党做了妥善的安排。我们可以设想一下，广西的李宗仁、白崇禧，如果他们也被策反到人民革命这面来，一个是国民政府副总统、代总统，一个是国民政府国防部长、国民党军队的副总参谋长，怎么安排？其实很简单，那就是把凳子拉长一些。这样的话，安排的党外人士岂不更多？

第八讲
中国共产党领导的统一战线与我国历史上统一战线之比较

中华人民共和国成立初期,虽然中国共产党领导的多党合作制度已经确立,但没有实现规范化、程序化,所以并不稳定,而现在已经实现了规范化、程序化,人事安排都有文件做出明确规定,必须贯彻执行,落到实处。

(五)从领导的力度看,我国历史上统一战线的领导者显得软弱无力,而中国共产党对统一战线的领导显得坚强有力

我国历史上的统一战线纷繁复杂,有的联盟以一家为主,有所谓的"盟主""中心""首领",有的则是平等的联合、协作;有的联盟内部有一定的约束力和组织,有的则是松散的联合。即便是有盟主和中心的,由于其没有共同的理论政策做指导和规范,加之大多是将统一战线作为策略和权宜之计,因而参加者基本上是各自为政,各行其是。如苏秦以合纵之策说服山东六国,于是以赵王为约主,齐、楚、魏、韩、燕等六国之君齐集洹水,歃血盟誓,约定共同抗敌。始推苏秦为纵约长。后来,公孙衍约韩、赵、魏、燕、楚五国伐秦,克期进攻秦国。结果只有韩、赵、魏三国出兵,最终联军被秦庶长樗里疾击败。此类事例在我国历史上举不胜举。而中国共产党作为统一战线的领导者和组织者,十分强调党的领导权问题是统一战线最根本的问题。如何实现党对统一战线的领导呢?根据毛泽东的论述和党的历史经验,一是要依靠党的正确的路线和政策,二是依靠共产党员的先锋模范作用,三是要照顾同盟者的利益,并在政治上说服教育同盟者,与他们一道前进。要制定能为同盟者赞同、接受的正确的政治主张、纲领和方针政策,坚定不移地带领统一战线广大成员为共同目标而奋斗。正因如此,这种统一战线的领导才显得无比坚强有力,其作用比之我国历史上的统一战线也就发挥得无比充分,"喑呜则山岳崩颓,叱咤则风云变色。以此制敌,何敌不摧;以此图功,何功不克!"

(六)从性质和作用看,我国历史上的统一战线有进步和反动之分,而中国共产党领导的统一战线则是进步的、积极的

统一战线是为一定社会政治力量服务的重要工具,因此,它在人类历史发展进程中所发挥的作用会因其服务对象性质的不同而不同。如果它服务的对象是进步的、先进的政治力量,那就会促进人类社会的进步,反之就会阻碍人类的进步。从我国发展的整个历史来看,统一战线既可以被历史上落后的、腐朽

的政治势力所利用，也可以被先进、进步的处于上升时期的政治势力所运用。所以，它是一柄双刃剑。

就我国古代历史而言，进步的统一战线的建立和发展，促进了进步力量的整合和战斗力的增强，也促进了社会的安定团结和进步繁荣，推动了民族的融合和进步。但历史上也有反动的统一战线，这种统一战线会延缓甚至阻碍社会向前发展。当然，进步的、积极的统一战线在我国历史上居于主导的、主要的地位，而落后甚至反动的统一战线居于次要地位。为什么这么说呢？因为先进的政治势力代表着先进生产力的发展要求和社会绝大多数成员的根本利益，往往能够赢得相对多的人民的拥护和支持，这种统一战线的范围也相对广大，作用发挥得较为充分；反之则不同。统一战线究竟是起进步的、积极的作用还是起落后的、反动的作用，要看其领导权掌握在谁的手里。如果其领导权掌握在先进阶级和先进政党手里，它就是进步的，就能发挥其促进历史发展的作用。无产阶级就是先进的阶级，无产阶级政党就是先进的政党，他们代表着社会绝大多数人民的根本利益。中国共产党的根本宗旨是全心全意为人民服务，这是中国共产党区别于其他政党的根本的显著的标志。如抗战时期，美国《时代》杂志记者白修德在延安考察后，就深有感触地说："至今为止，共产党在和国民党相形之下是光耀四射的。在国民党是腐化的地方，它保持洁白。在国民党是愚昧的地方，它是英明的。在国民党压迫人民的地方，它给人民带来了救济。"[①] 党的性质和宗旨，加上党能够与时俱进，根据形势的发展变化提出正确的战略策略和政策，使中国共产党在九十多年的历史上建立的统一战线，尽可能团结了一切可以团结的力量，促进了民族独立、社会进步、国家繁荣、世界和平。

---

① ［美］白修德、贾安娜：《中国的惊雷》，端纳译，新华出版社1988年版，第356—357页。

第九讲
全党要营造大统战工作格局

大统战工作格局问题既是事关世界社会主义运动发展的重大理论和实践问题，也是事关中国共产党和国家事业发展的重大理论和实践问题。对于这一问题，无论是党内还是党外，都有不少人存在着迷惘甚至误解。这一问题搞不清楚，无疑会影响党的十九大精神和中央统战工作会议精神的贯彻执行，影响新时代中国特色社会主义事业的发展和中华民族伟大复兴中国梦的实现，也会影响我国不断走近世界舞台中央、为人类做出更大贡献。为此，十分有必要对大统战工作格局及相关问题进行简明扼要的讲解，以帮助人们加深对这一问题的理解和把握。

一、大统战的含义及相关概念

（一）关于大统战的基本观点

什么是大统战呢？所谓大统战，就是整个中华民族内部，以及中华民族与世界上其他民族、国家和人民的大团结大联合。显然，这不是一个高度理论化的定义，而是一个描述性的具体说明。大统战工作格局适应世界社会主义运动发展历史和现实的需要，是我国革命、建设和改革顺利发展所不可或缺的，也是中国共产党和国家各个部门、群众团体已经和正在营造的。在整个国际无产阶级事业的发展中，在我国工人阶级及其政党——中国共产党事业的发展中，团结和联合的人越多越好，团结和联合的范围越宽越有利。简而言之，坚持大统战工作格局是统一战线大团结大联合主题的内在要求，从根本上说是中国共产党所肩负的伟大历史使命所要求的，也是以习近平新时代中国特色社会主义思想推进统一战线工作，发挥统一战线优势和作用的重要保证。

（二）大统战与广义统战的关系

提到大统战，就不能不提广义统战，因为无论是统战实际工作者还是统战理论工作者，有不少人认为，广义统战就是大统战，其实不然。因为二者既有同，又有异。所谓同，最根本的就是广义统一战线包括自身内部和外部两个联盟。如刘邦在建立汉朝之后，在国内，既依靠地主阶级，又向农民阶级妥协，采取与民休息的政策，争取农民的支持；既团结汉族，又采取和亲政策，争取周边少数民族政权，如匈奴、南越等。后来的汉光武帝刘秀、唐太宗李世民、明太祖朱元璋，以及清代的康熙、乾隆等都是如此。无产阶级及其政党，在国内强调工人阶级内部的团结和工农联盟，注重争取中间势力，分化瓦解敌对势力；对外则强调国际无产阶级的团结联合，注重争取其他国家、民族、政党与人民的同情和支持。也就是说，广义统战和大统战都是要团结、争取更多的人。在这个意义上，也仅仅在这个意义上，才能说广义统战就是大统战。所谓异，最根本的是，历史上其他阶级、阶层和政治势力，由于受其阶级、阶层、集团的阶级本性和狭隘私利所驱使，没有也不可能代表最广大人民群众的根本利益，更不可能代表全人类的利益，所以为了达到某种政治目的，只能局部地、一时地团结尽可能多的人，绝不可能从全局上持续不断地团结绝大多数人。而无产阶级及其政党，由其阶级本性和历史使命决定，与广大人民群众利益具有一致性，其只有实现全人类的彻底解放，才能实现自身的解放，所以其建立的统一战线无比广大，是任何其他阶级、阶层和政治势力建立的统一战线所无法比拟的。因此，从这种意义上讲，只有无产阶级及其政党建立的统一战线才是大统战，而其他阶级、阶层和政治势力所建立的统一战线都不是真正意义上的大统战。

二、习近平新时代中国特色社会主义思想与大统战工作格局

党的十八大以来，中国特色社会主义进入新时代。以习近平同志为核心的

第九讲
全党要营造大统战工作格局

党中央，准确把握中国特色社会主义事业所处的历史方位，科学判断我国社会矛盾的深刻变化，全面审视国际国内新的形势，提出了一系列新思想、新理念、新战略，从理论和实践的结合上系统回答了新时代坚持和发展什么样的中国特色社会主义、怎样坚持和发展中国特色社会主义这个重大时代课题，推动了中国特色社会主义事业的稳步健康发展。党的十九大将十八大以来党的理论创新成果概括为习近平新时代中国特色社会主义思想，并写进《党章》，明确指出，这一思想"是对马克思列宁主义、毛泽东思想、邓小平理论、'三个代表'重要思想、科学发展观的继承和发展，是马克思主义中国化最新成果，是党和人民实践经验和集体智慧的结晶，是中国特色社会主义理论体系的重要组成部分，是全党全国人民为实现中华民族伟大复兴而奋斗的行动指南，必须长期坚持并不断发展"①。以习近平同志为核心的党中央，在创立这一思想的过程中，对大统战工作做了大量论述，提出了许多新论断、新思想、新要求。

1. 明确提出"大统战工作格局"的新概念，为做好新时代大统战工作提供了新观念和实践依据。针对长期以来存在的"统一战线不统一"的突出问题，习近平在2015年5月召开的中央统战工作会议上，强调坚持党委统一领导、统战部牵头协调、有关方面各负其责的大统战工作格局，形成工作合力。2019年10月召开的十九届四中全会更加明确地指出"坚持大统战工作格局"，不断巩固和壮大新时代的爱国统一战线。上述论断，特别是这一新概念的提出，无疑有助于全党各级组织和共产党员树立大统战的思想观念，形成大统战工作格局，合力推动大统战工作的深入开展。

2. 明确提出"以人民为中心"的发展思想，为推进新时代大统战工作奠定了更加坚实的唯物史观基础。党的十九大报告在回顾十八大以来的历史性变革时指出："深入贯彻以人民为中心的发展思想，一大批惠民举措落地实施，人民获得感显著增强。"② 在阐述新时代中国特色社会主义基本方略时又指出："必须坚持以人民为中心的发展思想，不断促进人的全面发展、全体人民共同富裕。"③ 以人民为中心的发展思想是坚持人民主体地位这一唯物史观在发展理

---

① 本书编写组：《党的十九大报告辅导读本》，人民出版社2017年版，第20页。
② 同上书，第5页。
③ 同上书，第19页。

论上的创造性运用，是对中国特色社会主义建设过程中经济社会发展的根本目的、动力、趋向等问题的科学回答，体现了中国共产党为人民服务的根本宗旨，体现了党对共产党执政规律、社会主义建设规律、人类社会发展规律的深刻认识和自觉运用。

以人民为中心的发展思想内涵十分丰富。第一，发展为了人民，这是发展的目的。正如习近平同志所指出的那样："人民对美好生活的向往，就是我们的奋斗目标。"① 发展为了人民，就是把增进人民福祉、提高人民生活水平和质量、促进人的全面发展作为根本出发点和落脚点，就是把实现好、维护好、发展好最广大人民的根本利益作为发展的根本目的。第二，发展依靠人民，这是在发展动力问题上的主张。发展依靠人民，就是把人民作为发展的力量源泉，充分尊重人民的主体地位，充分尊重人民所表达的意愿、所创造的经验、所拥有的权利、所发挥的作用，充分尊重人民群众的首创精神。自觉拜人民为师，向能者求教、向智者问策，不断从人民群众中汲取智慧和力量。第三，发展成果由人民共享，这是对发展方向的阐释。发展成果由人民共享，就是使发展的成果惠及全体人民，逐步实现共同富裕。

可以说，以人民为中心，是中国共产党诞生乃至长期执政的根本出发点和落脚点，是党做出改革开放战略决策和全部工作的根本出发点和落脚点，当然也是党统一战线的根本出发点和落脚点。回顾党的历史，战争年代以战争胜利为中心，新中国成立后较长时期内以阶级斗争为中心，改革开放四十年以经济建设为中心。无论各个时期的工作重点有怎样的差异，党以人为本、以人民为中心的思想都是始终如一、一以贯之的。坚持以人民为中心，就能赢得人民的拥护和支持，就能为在国内构建中华民族共同体开辟广阔前景，也为在国际上构建人类命运共同体创造了前提。因此，以人民为中心的发展思想为做好新时代大统战工作进一步奠定了唯物史观的理论基础。

3. 明确了大统战包含两个联盟的基本内容，为开展新时代大统战工作提供了基本框架。党的十八大报告指出："中国特色社会主义事业需要全体中华儿女万众一心、团结奋斗。团结就是大局，团结就是力量。全党同志要用坚强的党性保证团结，用共同的事业促进团结，自觉维护全党的团结统一，巩固全国

---

① 《习近平谈治国理政》第1卷，外文出版社2014年版，第3页。

各族人民大团结,加强海内外中华儿女大团结,促进中国人民同世界各国人民大团结。"① 这段话十分精辟,连续讲了九个"团结",从党内团结到国内各族人民团结,再到全世界中华民族的团结,最后到中国人民同世界各国人民的团结,其中包含着两个联盟,即整个中华民族的联盟和中华民族与世界其他国家及其人民的联盟。在国内构建中华民族共同体,在国际上构建人类命运共同体,实际上这是国内、国际两个统一战线。显而易见,这指明了大统战的总体范围,而且指明了这个范围包含的具体内容,为做好新时代大统战工作提供了总体框架和基本内容。

4. 明确要凝聚共识就要"谋求"最大公约数,为开展新时代大统战工作提供了新的理念和新的方法。党的十八大以来,面对错综复杂的国际国内形势,以习近平同志为核心的党中央审时度势,从战略高度提出要谋求各方面的最大公约数。党的十九届四中全会通过的《中共中央关于坚持和完善中国特色社会主义制度 推进国家治理体系和治理能力现代化若干重大问题的决定》更进一步指出,"谋求最大公约数,画出最大同心圆",促进五大关系和谐,巩固和发展最广泛的爱国统一战线。在国际国内的政治社会领域,最大公约数理念要求在面对利益格局多元、价值取向多样的复杂局面时,要最大限度地寻求利益共同点和共同价值观。寻求最大公约数的方法与统一战线求同存异、体谅包容的理念高度契合。可以说,谋求最大公约数是我们开展新时代大统战工作的新理念和新方法。

5. 明确了正确处理一致性和多样性的关系,为做好新时代大统战工作提供了新的指导方针。习近平同志在十九大报告中强调,要"牢牢把握大团结大联合的主题,坚持一致性和多样性统一,找到最大公约数,画出最大同心圆"②。我们知道,统一战线是一致性和多样性的统一体。只有一致性,没有多样性,或者只有多样性,没有一致性,都不能建立和发展统一战线。要做好统战工作,必须正确处理一致性和多样性的关系,不断巩固共同的思想政治文化基础。包容的多样性半径越长,画出的同心圆就越大。这就揭示了统一战线工作的基本规律,是在丰富的实践经验基础上的创新。这一论断既适用于国内,也

---

① 本书编写组:《十八大报告辅导读本》,人民出版社 2012 年版,第 57 页。
② 本书编写组:《党的十九大报告辅导读本》,人民出版社 2017 年版,第 39 页。

适用于国外,既适用于中华民族内部的团结,也适用于中华民族与世界上其他国家及其人民的团结,因而为我们做好新时代大统战工作提供了新的指导方针。而且,画出最大同心圆是统一战线共同体的新表述,也是做好新时代大统战工作的努力方向和战略目标。

6. 明确了加强协商民主建设的要求,为做好新时代大统战工作指明了一种有效方式。发展社会主义民主政治、加强社会主义协商民主建设,就是为了发扬民主、集思广益,避免发生大的失误。通过发扬民主、广泛协商,可以使广大统一战线成员更加普遍地认同党的主张,更加自觉地团结在党的周围、跟党走。习近平在十九大报告中进一步指出:"有事好商量,众人的事情由众人商量,是人民民主的真谛。"他指出要"加强协商民主制度建设,形成完整的制度程序和参与实践,保证人民在日常政治生活中有广泛持续深入参与的权利"①,着力增进共识、促进团结。协商民主无疑是巩固和发展国内统一战线的有效方式。而协商民主的方式对处理国际关系问题、构建人类命运共同体也同样适用。十九大报告就倡导"以对话解决争端、以协商化解分歧"②,反对使用武力和强权来解决国际争端。

7. 明确了我们党是爱国主义和国际主义统一论者,为我们做好新时代大统战工作指明了国内责任和国际使命。习近平同志在十九大报告中第一次郑重指出:"中国共产党是为中国人民谋幸福的政党,也是为人类进步事业而奋斗的政党。"③ 这是马克思主义的一贯主张,也是中国共产党一贯奉行的基本准则。党的十四大修改后的《党章》不再提国际主义,主要是因为世界社会主义运动中,有些党推行大党主义、大国主义,损害了国际主义的声誉;同时也有在国际上韬光养晦,集中力量搞好国内建设,以便先使自己富强起来的战略策略考量,并不是中国共产党放弃了国际主义义务。近三十年之后,在中华民族站起来、富起来,正在走向强起来的历史条件下,党的十九大报告重提"大国责任""国际义务",就意味着重提国际主义,在强调"为中国人民谋幸福、为中华民族谋复兴"这一国内责任的同时,也提"为人类作出新的更大贡献"

---

① 本书编写组:《党的十九大报告辅导读本》,人民出版社 2017 年版,第 37 页。
② 同上书,第 58 页。
③ 同上书,第 56—57 页。

第九讲 全党要营造大统战工作格局

"为解决人类问题贡献中国智慧和中国方案"的国际责任,其中蕴含着国内责任与国际义务相统一的基本主张,是对马列主义、毛泽东思想一贯倡导的爱国主义与国际主义相统一思想的重大创新和发展。

8. 明确了中国特色大国外交要推动构建新型国际关系和推动构建人类命运共同体,为推进新时代国际范围内大统战工作确立了基本目标。十九大报告指出,"中国将高举和平、发展、合作共赢的旗帜","坚定不移在和平共处五项原则基础上发展同各国的友好合作,推动建设相互尊重、公平正义、合作共赢的新型国际关系","我们呼吁,各国人民同心协力,构建人类命运共同体,建设持久和平、普遍安全、共同繁荣、开放包容、清洁美丽的世界。要相互尊重、平等协商,坚决摒弃冷战思维和强权政治,走对话而不对抗、结伴而不结盟的国与国交往新路","中国积极发展全球伙伴关系,扩大同各国的利益交汇点,推进大国协调和合作,构建总体稳定、均衡发展的大国关系框架,按照亲诚惠容理念和与邻为善、以邻为伴周边外交方针深化同周边国家关系,秉持正确义利观和真实亲诚理念加强同发展中国家团结合作"。中国坚持对外开放的基本国策,"积极促进'一带一路'国际合作,努力实现政策沟通、设施联通、贸易畅通、资金融通、民心相通,打造国际合作新平台,增添共同发展新动力"[①]。加大对发展中国家特别是最不发达国家的援助力度,支持发展中国家在国际事务中的代表权和发言权。中国将继续发挥负责任大国作用,积极参与全球治理体系改革和建设,不断贡献中国智慧和中国方案。这些论述,突出强调了日益富强起来的中国要承担更多的国际义务,为解决人类问题贡献出中国智慧和中国方案。在国际上构建人类命运共同体,是中国共产党大统战的工作范畴,是我们处理与其他国家、政党、团体和人民关系的奋斗目标,也是中国共产党以天下为己任宽广胸怀的生动体现。

上述八个方面包含了大统战工作格局概念、以人民为中心的人民史观理论基础、大统战工作的范围和内容、大统战工作新理念、大统战工作新的努力方向和战略目标、巩固大统战的有效方式、构建国际统一战线的具体谋划以及中国共产党国内使命与国际任务的统一等。这些内容相互关联、彼此贯通、相辅相成,形成了一个严密的有机整体,是习近平新时代中国特色社会主义思想的

---

① 本书编写组:《党的十九大报告辅导读本》,人民出版社 2017 年版,第 57—59 页。

重要实践内容。对中国共产党新时代大统战工作格局做如此全面、深刻、系统的归纳和概括，在党 90 多年的历史上是第一次。显而易见，这是以习近平同志为核心的党中央立足于建设新时代中国特色社会主义伟大事业、实现中华民族伟大复兴中国梦的大统战战略构想，也是立足于"继续实现推进现代化建设、完成祖国统一、维护世界和平与促进共同发展这三大历史任务"的宏观谋划，充分展示了中国共产党包容内外、容纳各方的宽广胸襟，再次极大地丰富和发展了马克思主义统一战线的思想宝库，开辟了马克思列宁主义统战基本原理中国化的新境界，是我们进一步做好新时代大统战工作的思想指南和锐利武器。

三、全党树立大统战思想观念的必要性

在中华人民共和国成立前，中国共产党的历史使命是推翻帝国主义、封建主义和官僚资本主义，建立独立、富强、自由的民主共和国。由于当时沦为半殖民地半封建社会的中国内部，无产阶级和大地主、大资产阶级都只占人口的少数，而农民、城市小资产阶级及其他中间阶级却占了全国人口的绝大多数。在这种情况下，处在中间地位的阶级、阶层，往往在革命中具有举足轻重的作用。中国共产党能否领导革命取得胜利，不仅在于能否实现无产阶级特别是中国共产党内部的团结，更在于能否处理好与这些阶级、阶层的关系，能否在一定的形式下建立并保持革命的统一战线。同时，也由于中国革命所面临的敌人异常强大，不但有帝国主义列强和顽固的封建势力，还有与帝国主义和封建势力沆瀣一气、与人民为敌的大资产阶级，这就决定了中国革命的长期性和残酷性。不建立十分广泛、浩浩荡荡的革命大军，就不能战胜强大的敌人，完成自己异常艰巨的历史使命。因此，中国共产党以马克思主义关于统战的基本原理武装自己的头脑，在革命过程中逐步形成了符合中国国情的统战基本观点，并在这些基本观点的指导下，建立了统一战线，陷敌人于人民革命的汪洋大海之中，从而取得了新民主主义革命的胜利。

1949 年以后，中国共产党成为执政党。在执政的历史条件下，中国共产党为什么必须牢固树立大统战的思想观念呢？

第一个必要性应当从中国共产党巩固自己执政地位的社会基础来看。在当

第九讲
全党要营造大统战工作格局

今世界上，无论什么社会性质的国家中的执政党，失去执政的阶级基础和群众基础，都会丧失政权，这是已经为无数国家的政党政治实践反复证明的一条铁律。东欧剧变、苏联解体，原因固然很多，但最根本的原因就是执政的共产党长期脱离人民群众，党的干部高高在上，享有特权。也就是说，失去阶级基础和群众基础，或迟或早都会丢掉政权。正如习近平同志在党的十九大报告中所指出的那样："人民是历史的创造者，是决定党和国家前途命运的根本力量。"①因此，对中国共产党来说，不断增强自己的阶级基础和扩大群众基础，是执政规律的一个最根本的内在要求。而统一战线具有整合国内社会各阶层和各个方面人们利益与愿望，团结一切可以团结的力量，甚至化消极因素为积极因素、构建中华民族共同体的功能作用。充分发挥统一战线的功能作用，最广泛最充分地调动一切积极因素，争取人心，凝聚力量，就是在增强中国共产党执政的阶级基础和群众基础。也就是孔子所说的，通过为政以德的途径，达到"譬如北辰，居其所而众星共（拱）之"②的理想境界。因此，中国共产党的全体党员，特别是各级领导干部，理应高度自觉地从增强党执政的阶级基础和扩大群众基础出发，树立大统战的思想观念，做好大统战工作。

第二个必要性应当从中国共产党所肩负的三大历史任务和"两个一百年"奋斗目标来看。社会主义革命、建设和改革事业是绝大多数人的、为绝大多数人谋利益的伟大事业。中国共产党作为中国工人阶级的先锋队和中国人民、中华民族的先锋队，肩负着推进现代化建设、完成祖国统一、维护世界和平与促进共同发展三大历史任务，既要在国内实现"两个一百年"奋斗目标，实现中华民族伟大复兴的中国梦，又要在世界上为解决人类问题提供中国智慧和中国方案，为人类做出新的更大贡献，这是前无古人、宏伟无比的伟大事业，也是亿万人民群众自己的事业，只能依靠亿万人民群众来完成。人民群众是党实现战略目标、完成自己肩负的历史使命的唯一主体力量。团结、联合的人越多，党的力量就越大，实现目标的可能就越大，花费的时间就越短，这是十分明显的道理。正因如此，习近平同志才坚持"以人民为中心"的光辉思想，这一思想的着眼点，就是把人民尽可能都团结起来，构建中华民族共同体。统一战线

---

① 本书编写组：《党的十九大报告辅导读本》，人民出版社2017年版，第20—21页。
② 《论语·为政》。

历来是中国共产党总路线、总任务的一个十分重要的组成部分,其基本作用就在于为实现党的总路线、总任务服务。新民主主义革命时期,革命的统一战线是为实现革命的目标服务的;社会主义建设和改革时期,建设的统一战线则是为社会主义建设事业服务的,是为政治建设、经济建设、文化建设、社会建设和生态文明建设服务的。离开了党在各个历史时期的总路线、总任务,统一战线就毫无价值可言。而实现党的总路线、总任务必须有依靠的主体力量,离开了统一战线去争取人心,凝聚力量,空谈实现党的总路线、总任务,无异于画饼充饥,是根本没有可能的。因此,从党实现总路线、总任务所依靠的主体力量来看,统一战线工作是执政党的全体党员特别是党员领导干部最主要和最重要的工作之一。以经济建设为中心的全面建设,只有通过统一战线去争取人心,凝聚力量,才可能顺利地、成功地进行。人民群众是实践的主体,是历史的创造者。对于共产党人来说,无论是革命,还是建设和改革,都是人民群众自己的事业。从实质上说,党对整个社会、国家、人民的全面领导,其出发点和落脚点就在于通过坚持以人民为中心,把人心、人力凝聚起来,为实现人民群众自己的利益而奋斗,而绝不是靠共产党人包办代替和"恩赐"。因此,完全可以说,党员特别是党员领导干部如果没有大统战的思想观念,不懂得或者不重视做争取人心、凝聚力量的统一战线工作,只能成为孤家寡人或光杆儿司令,要想做好工作,完成三大历史任务,在实现"两个一百年"宏伟目标和中华民族伟大复兴中国梦的过程中为党和人民做出最大贡献,最大限度地实现自己的人生价值,是绝对不能没有大统战思想观念的。

  第三个必要性应当从工人阶级统一战线的根本指导思想来看。无产阶级的最终目标是解放全人类,在全世界实现共产主义。《共产党宣言》的基本思想是:无产阶级不但要解放自己,而且要解放全人类。如果不能解放全人类,无产阶级自己就不能最后得到解放。毛泽东还把这一基本思想明确地规定为无产阶级统一战线的根本指导思想,是党制定统一战线政策、战略策略的理论基础。[①] 要实现解放全人类这个最终目标,需要一个相当漫长的历史过程,必须把最高纲领与每个历史阶段上的最低纲领统一起来。在这个历史过程中,无产阶级自己的最后解放依赖于全人类的解放,因为个体只有在全人类的解放中才

---

① 转引自林远:《统一战线概论》,华东师范大学出版社1987年版,第4页。

能获得解放。具体地说，无产阶级个人的解放依赖于自己阶级的解放，无产阶级的解放又依赖于整个社会和全人类的解放。因此，无产阶级的博大胸怀就是解放全人类的胸怀，必须以这种胸怀认识和从事国内和国际这两个范围的统战工作，只有这样才符合统一战线根本指导思想的要求。而且，解放全人类要以无产阶级解放为前提条件。马克思一贯把无产阶级看成全人类解放的"心脏"和"物质武器"，认为无产阶级解放是全人类有实际可能获得解放的关键所在，如果离开无产阶级的解放，所谓全人类解放就必然陷入抽象空洞的说教。早在《1844年经济学哲学手稿》中，马克思就论述了全人类解放，并且把它看作解放资本与劳动的对抗，彻底扬弃私有制的一种结果，而不是凌驾于无产阶级解放之上的一种目标，明确指出："社会从私有财产等等解放出来，从奴役制解放出来，是通过工人解放这种政治形式来表现的，这并不是因为这里涉及的仅仅是工人的解放，而是因为工人的解放还包含普遍的人的解放；其所以如此，是因为整个的人类奴役制就包含在工人对生产的关系中，而一切奴役关系只不过是这种关系的变形和后果罢了。"[1] 无产阶级要获得解放，首先要争得民主，从资产阶级的压迫下解放出来，并以无产阶级获得政治解放为基础，再使无产阶级获得经济解放和社会解放，而这种政治解放、经济解放和社会解放，必然包含并导致其他被剥削阶级，乃至原来是剥削者的人们，也逐步地获得解放，最终实现全人类的解放，使人不仅成为自然的主人，而且也成为社会结合和自己的主人。正如恩格斯所说的那样，"一旦社会占有了生产资料……人在一定意义上才最终地脱离了动物界，从动物的生存条件进入真正人的生存条件"，"人们第一次成为自然界的自觉的和真正的主人，因为他们已经成为自身的社会结合的主人了"[2]。无产阶级及其政党，要不忘初心，牢记使命，去解放全人类，这不是单靠无产阶级自己所能完成的，也不是靠无产阶级像"救世主"那样包办代替或"恩赐"所能实现的，无产阶级要领导人民群众自己解放自己。这就要靠制定既能反映客观规律，又能反映人民群众利益要求的正确路线、方针、政策，还要靠引导和组织、团结、凝聚人民群众，在正确的路线、方针、

---

[1] 中共中央马克思、恩格斯、列宁、斯大林著作编译局：《马克思恩格斯全集》第3卷，人民出版社2002年版，第278页。

[2] 中共中央马克思、恩格斯、列宁、斯大林著作编译局：《马克思恩格斯选集》第3卷，人民出版社1995年版，第757—758页。

政策指引下，自己为实现自己的利益而奋斗。在这个过程中，人民群众自己教育自己，自己解放自己，在改造客观世界的同时，自己的主观世界也得到改造。这个组织、团结、凝聚的工作，就是统一战线工作。这样，统一战线实际就成了人民群众自己教育自己、自己解放自己的一所大学校，无产阶级也在这个过程中得到教育和解放。这无疑就使统一战线显露出巨大的人文价值，当然这种人文价值是同其工具性价值一同显露出来的。我们说，全党必须树立大统战的思想观念，并在其指导下做好大统战工作，这是无产阶级统一战线这个根本指导思想的内在要求，是共产党人解放全人类的共产主义世界观和博大胸怀的内在要求。因此，从一定意义上说，凡是不认识、不重视统一战线和统战工作的共产党员，都还未真正树立起共产主义的世界观，还缺乏解放全人类的博大胸怀。

四、如何理解"统战工作是全党的工作"的论断

统战工作必须由全党来做并不是一个新话题。邓小平早就指出："统战工作是全党各部门的工作，如果不使每个干部、每个党员都懂得这一点，这项工作是做不好的。"[①] 江泽民指出，统一战线工作是全党的工作，而不仅仅是统战部门的事。如果没有全党的重视和支持，这项工作是做不好的。胡锦涛强调，各级党委一定要把统一战线工作作为事关党和国家工作全局的重要工作，加强组织领导，纳入重要议事日程，着力研究解决重大问题，特别是要抓紧解决统一战线工作面临的突出矛盾和困难，为统一战线工作创造良好条件。[②] 习近平在2015年5月召开的中央统战工作会议上的讲话中指出，统战工作是全党的工作，必须全党重视，大家共同来做[③]，还说统战工作不光是统战部门的事[④]。

---

① 《邓小平文选》第1卷，人民出版社1994年版，第188页。
② 中共中央文献研究室：《十六大以来重要文献选编（下）》，中央文献出版社2011年版，第563页。
③ 转引自中央社会主义学院理论学习中心组：《画出最大的同心圆：习近平中央统战工作会议重要讲话精神学习讲座》，中共中央党校出版社2015年版，第209页。
④ 本报评论员：《统战工作要靠全党共同来做》，载《人民日报》2015年5月25日第1版。

第九讲
全党要营造大统战工作格局

邓小平、江泽民、胡锦涛、习近平等，显然是从大统战的视野来谈"统战工作是全党的工作"的。但自从这一论断提出以来，有不少人（既有党内的，也有党外的）仍然是从小统战的视角来理解的。因此很有必要对这一论断进行大统战解读，以便人们更全面、更正确地理解并贯彻其基本精神，进一步巩固、壮大中国共产党领导和组织的新时代统一战线。

一是从统一战线在党的事业中的法宝地位、作用来看。对统一战线在党的事业中的法宝地位、作用，毛泽东、邓小平、江泽民、胡锦涛和习近平都做过论述，这些论述在第五讲的第二个问题中都已引述过，在此不再重复。从这些论述可以看出，人心向背、力量对比是决定党和人民事业成败的关键，是三大法宝之一，是硬道理；它解决的就是人心和力量问题。我们知道，统一战线是马克思主义基本战略策略问题，涉及党和国家的核心利益。具体地说，政党关系、民族关系、宗教关系、阶层关系、海内外同胞关系以及中国与世界各国及其人民的关系，都是涉及党和国家工作全局的重大关系，也是统一战线需要全面把握和正确处理的重大关系。这些重大关系处理得如何，直接关系到社会的稳定、国家的统一、改革的推进、发展的成败。统一战线具有凝聚人心、汇聚力量，人才荟萃、智力密集，协调关系、化解矛盾的优势，能够不断凝聚各方力量，激发各方创造活力。中国共产党长期执政的根本在于人心。习近平总书记在庆祝中国共产党成立95周年大会上的讲话中强调指出："党与人民风雨同舟、生死与共，始终保持血肉联系，是党战胜一切困难和风险的根本保证，正所谓'得众则得国，失众则失国'。"习近平总书记在党的十九大报告中指出："一个政党，一个政权，其前途命运取决于人心向背。"① 这些论断的真理性已经被中国共产党的历史证实。统一战线巩固发展之时，就是党领导能力、执政能力增强，革命和建设事业顺利发展之日。作为执政党，中国共产党要为人民执好政、掌好权，就必须始终保持同人民群众的血肉联系，使党的各项决策和工作顺应民意、赢得民心。要真正跳出"其兴也勃焉，其亡也忽焉"的历史周期律，更需要通过统一战线这种暖人心、聚人心、得人心的方式，不断巩固党的执政基础。因此，统一战线是需要全党花大心思、下大决心全力解决好的重大战略策略问题。

---

① 本书编写组：《党的十九大报告辅导读本》，人民出版社2017年版，第60页。

二是从党内存在的模糊乃至错误的认识和做法来看。1949年后，全国统战工作会议召开过多次，几乎每次都将提高全党对统战工作的思想认识问题作为一项重要内容。总体来看，各级党委对统一战线和统战工作高度重视，贯彻落实党中央决策部署切实有力。但仍有部分党内领导干部对统一战线的历史不熟悉，对统一战线存在的必要性、重要性和长期性不太认同，对党对统一战线领导的性质不太了解，对其内涵、特点和方法把握不准，等等。他们由此产生了模糊甚至错误的认识和做法。

第一是不重视统一战线。如有的同志认为过去共产党曾经力量薄弱、人才匮乏，所以需要通过统一战线赢得党外人士的支持，而现在党内人才济济，拥有大量的执政资源，统一战线可有可无。有的同志认为统一战线虽然是一支重要的力量，但政治协商、党外干部安排是自找麻烦，做民族宗教工作很麻烦，与非公有制经济人士打交道很麻烦，因此多一事不如少一事。有的同志认为统战工作是党委的事，与其他方面无关；是统战部门的事，与别的部门无关；是组织上的事，与党员个人无关。还有些同志认为统战工作是敲边鼓、软任务，做多了出不了彩，做少了出不了事，觉得不做不好意思，多做没啥意思，无非是迎来送往，做做样子而已，因而采取敷衍应付的态度。这些认识，在实践中会表现为轻视、忽视统一战线工作的倾向，有些人甚至把统战部当成"安置所""退休中转站"，对统战干部的交流选拔不关心，使许多统战干部一岗定终身。

第二是不会做统战工作。有不少同志不熟悉统战工作的特点，不善于团结党外人士，具体说来就是不会领导、不懂政策、不讲方法。如某市党派换届选举，党委统战部部长认为这很简单，将党派主委相互对调就可以了。再如，某市政府换届，共有10个党外副职，结果有8个在选举中落选。此类例子还有很多。这种情况客观上要求党中央要更加突出地强调统一战线和统战工作，进一步明确要求全党同志树立统战意识，学习统战政策，掌握统战工作方法，切实做好统一战线工作。

为了更好地说明轻视、忽视统一战线的问题，以便加深大家对统一战线和统战工作重要性和必要性的理解，笔者给大家讲三个寓言故事。

（魏文侯问扁鹊）曰："子昆弟三人，其孰最善为医？"扁鹊曰："长

第九讲
全党要营造大统战工作格局

兄最善，中兄次之，扁鹊最为下。"魏文侯曰："可得闻邪？"扁鹊曰："长兄于病视神，未有形而除之，故名不出于家。中兄治病，其在毫毛，故名不出于闾。若扁鹊者，镵（以针刺）血脉，投毒药，副（切开）肌肤间，而名出闻于诸侯。"

——《鹖冠子·世贤》

扁鹊认为，自己的大哥医术最高，他看人的精神头就能看出病来，提前就帮人将病治好了，所以他的医术只有家里人知道；二哥的医术也比较高，他在疾病稍有症状时就能看出来，也是提前帮人将病治好了，所以只有村上的人知道；扁鹊的医术最差，他是在人病得要死要活的时候，才给人扎针灸、动手术、下猛药，帮人把病治好的，所以他名闻天下。

臣闻客有过主人者，见其灶直突，傍有积薪。客谓主人："更为曲突，远徙其薪；不者，且有火患。"主人嘿（默）然不应。俄而，家果失火，邻里共救之，幸而得息。于是杀牛置酒，谢其邻人，灼烂者在于上行，余各以功次坐，而不录言曲突者。人谓主人曰："乡使听客之言，不费（破费）牛酒，终亡火患。今论功而请宾，曲突徙薪亡恩泽，焦头烂额为上客耶？"主人乃寤而请之。

——《汉书·霍光传》

有一户人家的烟囱靠近柴火垛，有位客人看到这一情况，向这家主人建议：将烟囱改建成弯的，再把柴薪弄远一些；不然就会发生火灾。但主人不以为然，不当回事。不久果然失火，幸得邻居共同帮忙救火，才灭了火。主人杀牛宰羊，设宴答谢所有帮助救火的邻居，而且论功排座次，就是没请提前向他提出建议的人。有人对主人说：假如当时你接受了客人的建议，就不会发生火灾，更不需花钱摆酒请客。你如今论功请客，怎么能曲突徙薪无恩泽，焦头烂额为上客呢？主人醒悟过来，就赶紧将客人请过来参加答谢宴会。

扁鹊见蔡桓公，立有间。扁鹊曰："君有疾在腠理，不治将恐深。"桓侯曰："寡人无疾。"扁鹊出。桓侯曰："医之好治不病以为功。"居十日，扁鹊复见曰："君之病在肌肤，不治将益深。"桓侯不应。扁鹊出，桓侯又不悦。居十日，扁鹊复见曰："君之病在肠胃，不治将益深。"桓侯又不应。扁鹊出,桓侯又不悦。居十日,扁鹊望桓侯而还走,桓侯故使人问之,扁鹊曰:"疾在腠理,汤熨之所及也;在肌肤,针石之所及也;在肠胃,火齐之所及也;在骨髓,司命之所属,无奈何也。今在骨髓,臣是以无请也。"居五日,桓侯体痛,使人索扁鹊,已逃秦矣。桓侯遂死。

——《韩非子·喻老》

在疾病尚未发作之时,扁鹊三次见蔡桓公,发现他已经生病,反复建议他赶快治病,不然就会加重,但蔡桓公认为自己没病,很不高兴,甚至认为"医之好治不病以为功"。到最后一次见面时,扁鹊一看到桓公,扭头就走,桓公派人追上他问是怎么回事,扁鹊回答说:病在腠理、肌肤、肠胃时,都有办法治好。现在病已经深入骨髓,这是要命的,自己已经无能为力了。又过了几天,桓公感觉身体疼痛,就派人找扁鹊,但扁鹊已逃往秦国。于是桓公就病死了。

从上述事例可以看出,统一战线工作就相当于扁鹊大哥、二哥的工作,是争取人心、凝聚力量的工作,它需要一叶知秋,见端知末,见微知著,"见几而作,不俟终日";需要"迨天之未阴雨,彻彼桑土,绸缪牖户""拯溺休规步,防虞要徙薪",也就是未雨绸缪,提前采取措施加以预防,从源头上就将病治好,绝不能临时抱佛脚;需要由少到多,日积月累,久久为功,绝不能幻想"毕其功于一役"。从社会管理角度说,做好统战工作,是最节省成本、损失最少的社会管理办法。统一战线的重要性、必要性是毋庸置疑的,如果我们始终不提高思想认识,从思想上高度重视这一工作,切实巩固党的执政基础,那就会发生"曲突徙薪"故事中的一幕。那一幕还算好的,火灾总算扑灭了,而且在别人的建议下,主人总算认识到在答谢救火邻居时也应该答谢建议并警告他的人。如果火灾没有扑灭,那将是灾难性的后果。蔡桓公就是因为从表象看问题,抱着自己固有的错误认识,听不进医生的建议,最后病死了。虽然他后来认识到医生说得有道理,但病入膏肓,为时已晚。苏联解体、东欧剧变的原因很多,是各种因素综合发挥作用的结果,但其中有一个重要的原因,那就是长期忽视甚至轻视统一战线和统战工作,严重削弱、丧失了执政的群众基础,在关键时刻无人帮忙说话、无人站出来支持,结果执政70年的大党一朝而垮。而且,人们之所以对统一战线产生误解,轻视甚至忽视统战工作,主要

第九讲
全党要营造大统战工作格局

是因为统战工作是从源头、苗头上治病的,这种病在平时看不到也感受不到,其重要性从表面上显示不出来;只有在社会矛盾激化、阶级斗争激烈时才能真正感受到、体验到,但当感受、体验到其重要性时,往往为时已晚,再做就来不及了。这正是欧阳修在《新五代史·伶官传序》一文中所说的"祸患常积于忽微,而智勇多困于所溺"这句话的道理所在。所以,希望党内同志能够真正懂得"明者远见于未萌,而知者避危于无形,祸固多藏于隐微,而发于人之所忽者"①的历史经验,从上述三个故事以及苏联解体、东欧剧变中吸取教训,提高思想认识,将统战工作放到应有的位置,这样有利于保持党长期执政和国家的长治久安,可以为实现中华民族伟大复兴的中国梦提供广泛的力量支持。

三是从统一战线范围的广泛性来看。在中国共产党的历史上,统战对象的分布是比较广泛的,做好统战工作需要全党共同努力。在新的历史时期,由于市场经济的发展和人员往来的频繁,统战成员更加广泛地分布于社会各领域各方面,统一战线工作社会化趋势越来越明显,单靠统战部门单打独斗更显不足,更加需要各级党委其他部门、政府各部门、各级群团、各级党组织和全体共产党员共同努力,才能把这一工作做好。提出"统战工作是全党的工作"这一论断,是应对这一现实状况的迫切要求,是党中央对党政各部门、党的各级组织和全体共产党员提出的殷切希望和期待。从大统战的角度来看,中国共产党所领导的统一战线,是以工农联盟为基础的,包括全体社会主义劳动者、社会主义事业建设者、拥护社会主义爱国者、拥护祖国统一和致力于中华民族伟大复兴爱国者的联盟。显而易见,这四个方面组成的联盟的范围十分广泛,基本上可以说是全民统一战线。再说明白一点,就是在大陆范围内,除了被判刑并被剥夺政治权利的人之外,大多数人都在这个统一战线之中。即便是被判刑并被剥夺了政治权利的人,也有一个化消极因素为积极因素的问题,而这恰恰是统战工作的最高境界。因此,应做好这个统一战线工作,在巩固工农联盟的同时,把所有的劳动者、建设者、爱国者都团结起来,同时还要争取、转化中间势力、敌对势力,化消极因素为积极因素,使之团结在党的周围,共同为建设中国特色社会主义事业,实现中华民族伟大复兴服务。以上还只是谈了中华民族内部的统一战线,而对中华民族与世界上其他国家、民族、人民的国际统

---

① 《汉书·司马相如传》。

一战线尚未谈及。要加上这一部分工作，统一战线工作和任务的宏伟性、繁重性是可想而知的，单靠统战部门进行工作是远远不够的，没有全党各个部门、政府各个部门、群众团体以及党的各级组织和全体共产党员参与其中，是不可能完成的。正是基于这种实际情况，提出"统战工作是全党的工作"的论断，不仅是对统战部门的干部提出了要求，是对其他部门各级领导干部提出了要求，也是对广大党员提出了要求。

四是从非统战工作部门与统一战线的关系来看。就现在12个方面的统战对象来说，做好他们的工作是党委统战部门的责任，毫无疑问，这些属于统战工作。做好这些工作，不仅需要统战部门发挥主体作用，也需要党委、政府各部门和人民团体同心协力，负起自己应负的责任。那么，是不是除了这些之外，其他部门和团体做的工作就不是统战工作了呢？绝不能这么说，因为这些部门能够做好他们的本职工作，对党的统一战线工作也有着重要的作用，也是为统战工作做出了贡献。

举几个例子来说明这一问题。先拿扶贫工作来说，假如扶贫部门做好了扶贫工作，使长期贫困的群众实现了脱贫致富的梦想，无疑会使这些群众更加拥护共产党，感谢人民政府。再拿社会保障部门来说，社会保障被人们称为"减震器"和"安全阀"，社会保障部门将这一工作做好了，使社会上那些由于多种原因生活在贫困线以下的群众的基本生活得到保障，党和政府的威信就会进一步提高。还有党建工作，我们坚持全面从严治党，党的建设搞好了，党的凝聚力增强了，全国各阶层人民就会从党的身上看到希望，这样无疑会增强党的向心力、号召力，从而使党执政的群众基础、社会基础更加巩固。特别是干部选拔任用问题，如果各级党委和组织部门能够严格按照德才兼备的原则选拔任用干部，消除要官、跑官、买官、卖官的现象，党的干部能够严于律己、廉洁奉公，不仅有利于实现党内的团结，也有利于提高党的威信和感召力，等等。这些工作做好了，就能够更好地团结全国各族人民乃至整个中华民族为实现中华民族伟大复兴的中国梦而努力奋斗。

陈嘉庚的事例也可以说明问题。抗日战争时期，南洋华侨领袖陈嘉庚先到武汉考察，国民政府招待他，一顿饭花掉八百大洋；接着，他又到了延安，毛泽东亲自招待他，这顿饭用的材料都是自己菜地里种的蔬菜，鸡是老乡养的，老乡看到来了贵客，主动拿出来招待客人。回到南洋后，陈嘉庚感慨，过去对国事"忧虑悲观，无时或已"，访问延安后，"衷心无限兴奋"。他从对延安的观感中，从国共双方的对比中，认识到共产党代表中华民族的未来。他说："县长概是民选，官吏如贪污50元者革职，500元者枪毙，余者定罪科罚，严令实行，犯者无情面可袒护优容。"他将延安同重庆做了比较，发自肺腑地认为中国的希望在延安。因此，回到南洋后，他将华侨捐献的、支持国内抗战的大量物资，源源不断地援助了延安。① 这是历史。

再从现实来说，党的十八大以后，以习近平同志为核心的党中央，深刻认识到人民群众最痛恨腐败现象，腐败是党面临的最大威胁，密集部署全面从严治党，深入落实八项规定，严格整治"四风"，标本兼治，严肃查处周永康、薄熙来、郭伯雄、徐才厚、孙政才、令计划等人的重大腐败案件，实现了反腐败斗争的压倒性态势，巩固了党执政的社会基础。党建工作、扶贫工作、社会保障工作等，涉及党委从上到下的各部门，涉及政府系统各个部门，涉及我国社会的各个角落，这些部门业务工作做好了，就是为统一战线的巩固和发展做出了贡献。从这个意义上说，全党都需要做统战工作，都在做统战工作。

五是从敌对势力"西化""分化"的图谋来看。从内容和本质上来说，共产主义、社会主义事业是国际性的事业。正因为如此，共产党、共产主义在世界上一诞生，资产阶级等敌对势力就开始结成统一战线，妄图剿灭这个"幽灵"。世界上第一个无产阶级专政的政权巴黎公社，就是被法国、普鲁士的资产阶级联合绞杀的。十月革命胜利后，苏维埃政权建立了。西方敌对势力就纠集帝国主义国家，妄图联合起来将这个新生的红色政权扼杀在摇篮之中。第二次世界大战以后，世界上诞生了一系列社会主义国家，西方敌对势力更是感到共产党和社会主义对资本主义体系的威胁，于是千方百计联合起来遏制、分化甚至颠覆共产党和社会主义国家。

毛泽东最先觉察到帝国主义势力对社会主义国家实施"和平演变"战略的危险。1959年，毛泽东谈及，杜勒斯所说的和平转变，就是转变我们这些国家，搞颠覆活动，内部转到合乎他的那个思想。他还进一步指出："帝国主义说，对于我们的第一代、第二代没有希望，第三代、第四代怎么样？有希望。

---

① 安振华等：《延安时期与延安精神研究》，陕西人民出版社2014年版，第174页。

帝国主义的话讲得灵不灵？我不希望它灵，但也可能灵。"① 可以说，苏联解体、东欧剧变，就是西方敌对势力分化、西化"和平演变"战略思想和实践的成功。正因如此，我们党始终高度重视抵御西方敌对势力的"西化""分化"图谋。统战工作是团结人、争取人的工作，我们做，敌对势力也在做。近些年来，敌对势力通过捐助、宗教传播等途径，与我们争夺干部、青年和基本群众。假如我们不用"大统战"理念做好相关工作，就等于把这些干部、青年和群众推给了敌对势力，削弱中国共产党执政的群众基础，同时，会给我们协调推进"四个全面"战略布局和"五位一体"总体布局，实现中华民族伟大复兴中国梦带来障碍，也会给我国发挥负责任大国作用，构建新型国际关系和人类命运共同体，为人类做出更大贡献带来阻力。因此，我们绝不能掉以轻心。

六是从中国共产党 90 多年的历史来看。前面已经说到，民主革命时期，中国共产党全党各级组织和全体共产党员（包括军队）都高度重视统战工作，并且卓有成效，这一点已在我们党战胜一个又一个强大敌人，尤其是战胜日本帝国主义和推翻国民党的反动统治，最终建立中华人民共和国的成功上得到证明。老一辈无产阶级革命家中的很多人，如毛泽东、周恩来、刘少奇、朱德、董必武、陈毅、聂荣臻等，都是统战能手，他们的许多统战佳话广为人知。这里，我们仅举一下贺龙、刘伯承和李达的事例。

> 1925 年初的一天，贺龙和谷青云等人商讨怎样扩大队伍的问题，得知这一带活动着一支民间武装，有几百条枪，也了解到只有柏家厚能将这支队伍招来。但此人是贺龙的杀父仇人，贺龙唯一的弟弟贺文掌也是被柏家厚捆在笼子里用火蒸死的。几位旅长当场就愤然说道："他是师座的仇人，哪能去请他！"贺龙将手一摆说："不，为国家办事，个人私仇不能计较。"说完，贺龙立即修书一封，派人带着信去找柏家厚。柏家厚见信后，始则惊愕，继而大受感动，对贺龙派去的人说："请转告贺师长，他如此宽宏大量，不计私仇旧怨，家厚敢不竭尽全力以效犬马之劳？我一定不负师座的重托！"后来，柏家厚几经努力，终于把这支队伍拉了过来。贺龙委任

---

① 中共中央党史研究室科研管理部：《全国党史界纪念毛泽东同志诞辰 120 周年学术研讨会论文集》上册，中共党史出版社 2014 年版，第 40 页。

第九讲
全党要营造大统战工作格局

他为这支队伍的团长，让他率这支队伍与自己一起参加北伐。①

1935年遵义会议后，中央军委决定组成强渡大渡河先遣队，由刘伯承任先遣队司令，开辟北上道路。临行前，毛泽东对刘伯承说："先遣队的任务，不是去打仗，而是宣传党的民族政策，用政策的感召力与彝民达到友好。只要我们全军模范地执行纪律和党的民族政策，取得彝族人民的信任和同情，彝民不会打我们，还会帮助我们通过彝族区，抢先渡过大渡河。"先遣队向四川大凉山彝民区进发，当部队行进到大桥镇北的袁居海子（今彝海子）时，忽然一声螺号长鸣，成群结队的彝民手持大刀、长矛、土枪、弓箭等武器，从四面八方涌来，占领了周围的山头，红军队伍被围在中间。刘伯承沉着应对，在布置自卫阵地的同时，派人向对方喊话，说明红军是人民的军队，是帮助人民的，经过彝民区仅仅是借路，绝不久住。经过喊话，老伍家族表示中立；沽基家族表示愿意谈判，但要求红军按照他们的传统风俗，歃血为盟。刘伯承当即表示："我们和彝族不结盟是兄弟，结了盟更是兄弟。我们共产党人应做团结的模范。"结盟仪式在彝海边举行。刘伯承一行骑马来到海子边。过一会儿，彝民头领小叶丹带10名随从，骑马来了。小叶丹说："按照我们的传统习惯，我们今天歃血结盟，兄弟相称，你同意吗？"刘伯承爽快地答道："同意！"小叶丹喊了一声，几个彝人跑上来，手里提着一只大公鸡，端着两碗清清的酒水。小叶丹左手抓鸡，右手握着大镰刀，口里念道："5月22日，刘司令、小叶丹在彝海湖边结义为兄弟，以后如有反悔，如同此鸡。"说完举刀割断鸡喉，鲜红的鸡血滴进碗里。刘伯承、小叶丹跪在碗前，在蓝天下，刘伯承举碗发誓："我刘伯承对着苍天和大地发誓，我愿与小叶丹结拜为兄弟。"说罢两人举碗一饮而尽。静静的海子边，顿时一片欢腾。当晚，二人彻夜长谈，亲如兄弟。第二天，刘伯承要带领部队出发了，依依不舍的小叶丹掉下了眼泪。刘伯承送给他一支手枪、几支步枪，小叶丹则以自己最心爱的马相赠，又派了许多彝民作为向导，沿途疏通关系。红军大部队平平安安地通过了彝民区。彝海结盟，不仅粉碎了敌人企图利用彝民杀害

---

① 胡继堂：《海纳百川——老一辈无产阶级革命家的统战艺术》，武汉出版社2004年版，第225—226页。

红军、阻止红军前进的阴谋,而且增进了彝汉民族团结。①

  1941年12月,日军奇袭珍珠港,太平洋战争爆发。美军在太平洋战场与日军角逐外,开始利用设在中国的军用机场轰炸日军目标。一些美国空军的轰炸机被击伤或击毁,飞行员跳伞降落在太行山区。美国方面提出:为了营救飞行员和观测气象,希望在八路军控制的太行根据地设立观察组。经中共中央同意后,美军观察组从延安来到了太行军区。李达到美军观察组看望美军人员时,发现他们不习惯吃中餐,就与生产部长张克威商量,尽量给美军观察组供应一些肉、蛋、奶。张克威执行了李达的指示,可机关的一些同志却想不通,提了不少意见:"眼下根据地这样困难,连军区首长都经常吃黑豆饭,凭什么对美国兵特殊优待?""八国联军侵略中国,不是也有美国一份吗?"李达听到反映,耐心地向同志们解释说:"美军观察组来太行也是为了抗战嘛。把他们的生活搞得好一点,对抗战是有利的。"有一次,美军观察组的一名军官来拜访李达司令员,看到李达吃的是粗粮,非常惊讶。他回到观察组一说,全体成员都很感动,他们开始主动帮助八路军做一些事。从此,共产党、八路军的高级干部从延安来前方,或是从前方回延安,都可以搭乘美军的便机了。在李达指挥的安阳战役中,美军观察组呼叫了从西安起飞的2架美军轰炸机,在安阳城投弹轰炸了日伪军。这次轰炸的规模虽不大,却使日伪军大为震惊。因为多少年来都是日军飞机对抗日军民狂轰滥炸,想不到如今八路军竟也有了空中支援。美国空军配合八路军作战,这是历史上少有的一次。后来,美军观察组撤离太行时,将一些当时比较先进的通信器材留了下来。这些通信器材为晋冀鲁豫军区部队所用,在解放战争中发挥了很大的作用。

  这方面的例子举不胜举。正是因为做好了这一工作,把能够团结的人都团结过来,或者至少使之保持中立,我们才建立起浩浩荡荡的革命大军,最终将反动势力淹没在人民战争的汪洋大海之中。1949年后的各个历史时期,中国共产党充分地认识到,没有全民族的统一战线,要保持住已经取得的胜利是不可能的;没有良好的国际环境和国际支持,搞好国内革命、建设和改革也是不可

---

① 胡继堂:《海纳百川——老一辈无产阶级革命家的统战艺术》,武汉出版社2004年版,第250页。

能的。因此，党继续号召全党开展统战工作，先后巩固和发展了尽可能广泛的国内、国际统一战线，保证党取得了革命、建设和改革的一个又一个胜利。因此，全党做统战工作既是历史的宝贵经验，更是现实的客观要求。

总之，大统战工作具有战略性、全局性，工作范围广，既涉及党内，又涉及党外，既涉及国内，又涉及国外。这样重要且涉及面广泛的工作，需要各级党委重视，各级政府及有关部门支持，必须全党共同来做。全党做统战工作，是全面落实党的各项统一战线方针政策、巩固和发展统一战线的必然要求。笔者认为习近平总书记提出"大统战工作格局"的概念，目的有二：一是解决"统战工作不统一"问题，加强对统一战线工作中贯彻落实中央重大方针、政策、法律法规情况的研究、协调指导和督促检查，以便更好地促进统战部门做好自己的工作。这样就有了中央统一战线工作领导小组的设立，有了各省、自治区、直辖市，地级市、县（市、区）统一战线工作领导小组的设立。二是要求全党树立大统战的思想观念。习近平总书记提出"大统战工作格局"概念的深刻用意，在于以大统战思想观念武装全党，以便使全党同志更加重视统战工作，无人不做统战工作，无处不做统战工作，无时不做统战工作，切实巩固和壮大我们党领导和组织的广泛统一战线，为实现中华民族伟大复兴的中国梦和党的三大历史任务提供强大的力量支持。

五、全党如何牢固树立大统战思想观念

一是加强对马列主义统战基本原理的研究力度。现有的统战教程，基本上都是党和政府统战部门工作所涉及方面的教材。这样既不适应客观形势发展的要求，也不适应党中央的要求，更不符合马克思主义的一贯主张。因此，应加强顶层设计，组织力量加大对马列主义、毛泽东思想、邓小平理论、习近平新时代中国特色社会主义思想关于统战基本观点的研究力度，争取出更多的成果，并在此基础上编写统战教材，以适应各种相关培训对象和培训班次的教学之用，适应全体共产党员和党的各级领导干部学习之用。这是一项基础性工作，是关系全党能否树立大统战思想观念的重大工作，理应抓紧抓好。

二是加强对马列主义关于统战基本观点的宣传力度。当前，党内和社会上存在着这样一些错误认识：只有统战部门做的工作才是统战工作，其他部门做

的工作都不是统战工作。众所周知,思想认识的高度决定着工作的自觉程度和工作的力度。宣传工作肩负着引导舆论、弘扬主旋律、解疑释惑的重大使命,加强对马列主义关于统战的基本观点和大统战工作的宣传力度,不仅有助于解答疑难,纠正思想偏差,增强非统战部门干部做好大统战工作的自觉性、主动性和积极性,也有助于宣传大统战工作的基本内容,特别是其中的基本方针政策,为做好大统战工作提供基本依据。因此,做好马列主义统战基本理论观点和大统战工作的宣传工作,是宣传部门义不容辞的责任和义务。

三是对全体共产党员尤其是领导干部进行马列主义大统战理论观点的教育培训。对全体共产党员尤其是各级领导干部进行大统战理论观点的教育培训,是一项战略性、基础性工作。做好这项工作,必须从如下两个方面入手:一是要将其列入各级党组织党课内容;二是将其列入各级党校、干部学院、社会主义学院教学内容。通过培训,让广大党员尤其是领导干部正确认识、全面掌握大统战的基本内容和基本要求,为在本职岗位上做好大统战工作奠定坚实的思想认识基础。

四是将大统战工作列为共青团团课内容。青年是祖国的未来、民族的希望,也是中国共产党的未来和希望,是中国特色社会主义事业的接班人,中华民族伟大复兴的中国梦终将在一代代青年的接力奋斗中变为现实。李大钊曾经说过,青年要"为世界进文明,为人类造幸福,以青春之我,创建青春之家庭,青春之国家,青春之民族,青春之人类","资以乐其无涯之生"。全党要关心和爱护青年,为他们实现人生理想搭建舞台。因此,全党树立大统战思想观念要从青年抓起。要让广大青年团员对大统战有一个基本的认识,就需要各级团校将大统战的基本理论观点列为团课内容,使之成为团员的必修课。

附录
巴黎公社的又一重要原则：
建立尽可能广泛的统一战线

1871年3月18日至5月28日，巴黎工人阶级举行了震撼世界的武装起义，建立了世界上第一个无产阶级专政的政权。这次起义尽管终因当时历史条件的限制和没有无产阶级先锋队共产党的领导，在占优势的国内外资产阶级势力的联合围剿下，仅存71天就遭到失败，但他们以冲天的革命气概和伟大的首创精神，为各国无产阶级和全世界劳动人民树立了光辉的榜样，开辟了解放的道路，留下了许多极其宝贵的经验教训，揭开了创造新世界的序幕。巴黎工人阶级的英勇业绩及其对世界社会主义运动所做出的伟大贡献已彪炳史册，其原则将永远激励着全世界无产者高唱《国际歌》，为"英特纳雄耐尔一定要实现"和全人类的彻底解放，进行前仆后继、英勇顽强的斗争。当国内外敌对势力联合向巴黎革命工人疯狂反扑，双方尚在殊死决斗的时候，革命导师马克思就富有远见地明确指出："即使公社被搞垮了，斗争也只是延期而已。公社的原则是永存的，是消灭不了的；在工人阶级得到解放以前，这些原则将一再表现出来。"①

巴黎"公社的原则"究竟是什么呢？对于这个问题，试图对公社进行指导并及时总结巴黎公社经验教训的马克思、恩格斯并没有直接做出明确的概括和回答。后来，理论界的一些学者根据马克思、恩格斯在1872年6月为《共产

---

① 中共中央马克思、恩格斯、列宁、斯大林著作编译局：《马克思恩格斯全集》第17卷，人民出版社1963年版，第677页。

党宣言》撰写的德文版序言中所引述的《法兰西内战。国际工人协会总委员会宣言》的一个著名论断,"工人阶级不能简单地掌握现成的国家机器,并运用它来达到自己的目的"①,认为公社的原则有两个,即用暴力打碎资产阶级国家机器的原则和无产阶级专政的原则。这种理解无疑是正确的。但是,笔者认为,上述原则并不是巴黎公社原则的全部。理由有两个,一是马克思、恩格斯的这段话中用的是"这些原则",可能表明巴黎公社的原则不止两个,应该是两个以上,因为人们一般不将两个东西称为这些东西。这是从语言习惯上来考虑的,这是笔者的个人猜测。二是最关键的,就是只有在科学社会主义基本理论和世界社会主义运动的广阔背景中加以考察,才能准确而又全面地把握公社的原则,而绝不能仅仅从马克思、恩格斯关于巴黎公社革命斗争问题的某些片言只语中去寻找现成的答案。

针对这一问题,胡传明在《南昌大学学报(人文社会科学版)》1989年第4期发表的《国际无产阶级联合是巴黎公社的原则之一》一文,提出准确理解巴黎公社的原则首先必须把握三个前提:①公社的原则必须是与科学社会主义基本原理相一致或者相吻合的;②公社的原则必须是巴黎无产阶级在革命实践中所体现出来的、无产阶级解放和人类解放所必须遵循的规律和法则,必须是各国无产阶级在自身获得彻底解放之前反复表现出来的、具有普遍意义的法则;③公社的原则必须是对带有巴黎无产阶级革命的特色和特点,又被公社革命实践所检验的基本经验教训的概括和总结。② 笔者认为,这一看法是符合巴黎公社实际的,也是符合科学社会主义基本原理的。根据这一看法,巴黎公社的原则不仅包括暴力革命的原则和无产阶级专政的原则,还应该包括坚持无产阶级先锋队领导的原则和建立尽可能广泛的无产阶级统一战线的原则。对于坚持无产阶级先锋队领导这一原则姑且不谈,对建立尽可能广泛的无产阶级统一战线这一原则,笔者拟分别从科学社会主义理论、巴黎公社革命斗争的实践两方面来加以论述,补充以往人们对巴黎公社原则理解上的不足。

---

① 中共中央马克思、恩格斯、列宁、斯大林著作编译局:《马克思恩格斯选集》第1卷,人民出版社1995年版,第249页。

② 参见胡传明:《国际无产阶级联合是巴黎公社的原则之一》,《南昌大学学报(社会科学版)》1989年第4期。

附录
巴黎公社的又一重要原则：建立尽可能广泛的统一战线

一、巴黎工人阶级的国际联合

无产阶级的国际联合和团结是科学社会主义理论的一个重要原则，也是无产阶级统一战线的一个基本问题。马克思、恩格斯在《共产党宣言》中就十分强调无产阶级的国际团结，提出了"全世界无产者，联合起来"这个响彻云霄的口号。这种无产阶级的国际统一战线，就是全世界各国、各民族的无产阶级，为了共同反对资产阶级，实现共同的利益，解放全人类，在全世界实现共产主义这一共同目标而团结起来。无产阶级的国际联合反映了全世界无产阶级的利益、要求和共同愿望。

无产阶级的国际联合，是由资本统治和无产阶级解放斗争的国际性质所决定的。随着资本主义的发展，资本从国内扩展到国外，打破了过去那种地方的和民族的自给自足和闭关自守状态，形成了统一的国际市场，出现了各民族、各方面相互往来和相互依赖的局面，"民族的片面性和局限性日益成为不可能"，资本的统治和压迫成为一种国际的势力。各国资产阶级之间以及一国资产阶级内部，虽然存在着各种各样的矛盾和冲突，但总是沆瀣一气，共同剥削和压迫各国的无产阶级。和资本的国际性相联系，无产阶级的阶级地位也成为国际性的了："现代的工业劳动，现代的资本压迫，无论在英国或法国，无论在美国或德国，都是一样的，都使无产者失去了任何民族性。"[①] 正是在这个意义上，马克思、恩格斯才提出："工人没有祖国。"[②] 他们认为，无产阶级要完成自己的历史使命，埋葬资本主义社会，解放全人类，在全世界实现共产主义，单靠一个或几个国家的无产阶级是不可能的。因此，无产阶级的解放事业是国际性的事业，其阶级利益的充分实现不能离开全人类的总体利益。如果忽视在各国工人间应当存在的兄弟团结，不鼓励他们在解放斗争中团结协作，并肩战斗，就会使他们分散的努力遭到共同的失败。各国家、各民族的无产阶级只有联合起来，为着共同的利益、共同的要求和共同的目标，对着共同的敌人

---

① 中共中央马克思、恩格斯、列宁、斯大林著作编译局：《马克思恩格斯选集》第1卷，人民出版社1995年版，第283页。

② 同上书，第291页。

——整个资产阶级进行坚决的斗争，才能最终战胜资产阶级，将这个剥削压迫根子彻底拔除，从而获得无产阶级自身的解放和整个人类的彻底自由和解放。由此可见，无产阶级的国际联合和团结，是马克思、恩格斯一以贯之的思想，是科学社会主义基本原理的重要内容，是无产阶级获得彻底解放的基本条件，当然也应该是巴黎公社的一个重要原则。

再从实践来看，巴黎公社自始至终的全部言论和行动，都蕴含着无产阶级国际联合的精神，这是巴黎公社革命实践的基本经验之一。

首先，公社的建立与马克思、恩格斯关于无产阶级国际联合的思想和第一国际的影响密切相连。陶渊明在《读山海经》中有"刑天舞干戚，猛志固常在"两句诗，歌颂斗士刑天虽遭失败，但不屈不挠，坚持战斗。巴黎工人阶级也具有这种不屈不挠的斗争精神，他们秉承法国工人阶级顽强斗争、争取胜利的优良历史传统，凭借他们的阶级本能与主观能动精神，进行建立无产阶级政权的尝试，具有明显的自发性质。但是，如果将公社理解为纯粹自发的、完全由工人阶级本能造就的革命成果则是不全面的，公社应是19世纪60年代法国和国际工人运动发展的延续和升华。1848年欧洲革命失败后，资产阶级反动的政治气焰笼罩着整个欧洲。当时英、法、德等欧洲主要国家的资产阶级，由于害怕人民群众的革命运动，同封建势力勾结起来，肆意扼杀民主，摧残工人运动，致使工人阶级所有组织及其机关报都被资产阶级的暴力摧毁，工人阶级最先进的分子在绝望中纷纷逃亡，各国的工人运动普遍进入低潮。如英国的资产阶级利用掠夺殖民地所获得的超额利润，收买工人贵族，分化工人阶级队伍，使机会主义思潮到处泛滥，工人运动陷入停滞状态。德国的一批工人运动领袖被资产阶级投入监狱，工人阶级的所有政治性组织活动一概遭到禁止。法国的数万名优秀工人及其领袖遭到屠杀、监禁和流放，工人组织受到极大破坏。当时，只有少数工人参加一些秘密社团活动，他们也只开展一些零星的罢工，根本没有爆发过大规模的工人斗争，工人阶级还处在力量聚集的过程之中。

1857年，资本主义国家爆发了新的世界性经济危机，工人阶级与资产阶级的矛盾日益加剧，从此欧美工人运动重新高涨起来。英国的煤矿、纺织、建筑等行业的工人相继举行大罢工，伦敦各业工人组成伦敦工会委员会，还举行了声援波兰人民反对沙俄压迫的群众大会。在德国，工人组织如雨后春笋般地涌现，还成立了全德工人联合会。在法国，工人运动和工人组织重新抬头，他们

附录
巴黎公社的又一重要原则：建立尽可能广泛的统一战线

提高了阶级觉悟，开始意识到自己独立的阶级利益，要求工人组织合法化，给工人以普选权，使工人获得集会、出版和结社自由等政治权利。随着欧洲工人运动浪潮的日益高涨和深入发展，团结起来，相互支援，彼此交流经验，为共同的利益和目标而奋斗，已成为各国工人的共同愿望和国际工人运动深入发展的客观要求。这样，建立工人阶级的国际联合组织的条件渐趋成熟，正如恩格斯在1888年为《共产党宣言》所写的英文版序言中所指出的那样："当欧洲工人阶级重新聚集了足以对统治阶级发动另一次进攻的力量的时候，产生了国际工人协会。"[1]

1864年9月，英、法等国工人再次声援波兰人民的正义斗争，在伦敦圣马丁教堂召开大会，决定建立国际工人协会，即第一国际。马克思清楚地认识到，"国际的任务就是为迎接即将到来的斗争，把工人阶级的力量组织并团结起来"[2]，把各国工人阶级团结和统一成一个共同战斗的整体。因此，第一国际成立后，马克思、恩格斯始终以无产阶级国际联合的思想教育参加协会的各国工人阶级及其代表，要求他们在争取解放的共同斗争中不仅相互间应具备同志和兄弟的感情，还应像同志和兄弟那样去抱团行动。第一国际的成立，促进了马克思主义国际联合思想的广泛传播，使之愈益深入各国工人的心。从此，各个国家的工人运动不再是孤军奋战，而是能够获得其他国家无产阶级的广泛支持和声援。第一国际及其巴黎支部的建立，也深刻地影响和推动了法国工人运动，它不断向法国工人灌输国际团结联合的思想，宣传国际的精神和主张，培养工人运动的领袖和骨干，教育他们采取正确的斗争方式和策略，这些无疑对法国工人运动产生了不容置疑的积极影响。虽然第一国际没有直接创造巴黎公社，其巴黎支部也没有直接指挥公社的各种革命活动，但第一国际的无产阶级国际联合思想却孕育了公社。也就是说，没有国际思想对法国工人的影响，仅仅依靠巴黎工人的自发斗争，公社的水平不可能达到如此高的程度。因此，公社是在无产阶级国际联合与团结思想影响下诞生的，是这一思想的实践形式。正是在这种意义上，马克思在《法兰西内战》中说："公社是国际的精神

---

[1] 中共中央马克思、恩格斯、列宁、斯大林著作编译局：《马克思恩格斯选集》第1卷，人民出版社1995年版，第255页。

[2] 中共中央马克思、恩格斯、列宁、斯大林著作编译局：《马克思恩格斯选集》第3卷，人民出版社1995年版，第126页。

产儿。"

其次，公社所始终秉持的革命思想主张具有鲜明的国际联合性质。公社的革命工人们始终把自己的革命斗争看作国际性的事业。在公社成立之前，巴黎许多革命组织公布的宣言就曾提出建立自由的世界共和国的主张。如1871年，国民自卫军召开代表会议，阿尔诺德在代表临时中央委员会所做的报告中指出，国民自卫军坚持国际主义原则，"向全世界人民伸出友谊之手，他们也是我们的兄弟"，并表示"首先建立法兰西共和国，然后建立世界共和国"。公社成立之后，公社发布的许多文件对公社事业国际性质的认识更加明确，声称公社的事业不仅是法国无产阶级的事业，也是整个世界革命事业的重要组成部分。这些文献指出：巴黎人民"深信公社是各国人民国际革命原则的体现，本身就孕育着社会革命的萌芽"，"毫无疑问，您们会达到最终的目的——建立世界共和国"。诸如此类的语句在公社发布的各种文献中随处可见。那么巴黎无产者心目中的"世界共和国"究竟是个什么样子呢？巴黎公社本身就是最好的解答。他们的革命愿望和实践表明，这种共和国绝不是资产阶级所专有的少数人的旧式共和国，而是新型的社会共和国，即为劳动人民所共有的最大多数人的共和国。他们理想的世界，是没有阶级剥削和民族压迫的世界。一位公社委员在敌人法庭上听取死刑宣判时响亮地高呼："在帝国时期，我为共和国而奋斗；而在资产阶级共和国时期，我为社会共和国而奋斗。"5月6日，保卫巴黎和救护伤员妇女联盟中央委员会的宣言中写道："公社是各族人民的世界，国际原则和革命原则的代表者。"这些都反映公社的革命者们把自己的事业看作国际无产阶级革命事业的一个组成部分，把公社的胜利看作整个国际无产阶级解放的前奏。尽管建立世界共和国的崇高理想在那个时代是不可能实现的，但在当时的历史条件下，这一思想无疑体现了全世界无产者联合起来、建立广泛的无产阶级统一战线的原则。

再次，公社的施政实践和许多施政措施始终体现无产阶级的国际团结精神。鲜明体现巴黎公社国际团结性质的一个实际行动是公社允许和欢迎外国人参加公社的革命斗争事业。巴黎工人阶级认为，公社的旗帜是世界共和国的旗帜，公社得以建立，不仅是法国工人阶级和其他劳动群众斗争的结果，也与其他国家工人阶级的积极支持和参加密不可分。因此，公社选举委员会通过决议，欢迎并允许外国人参加公社的斗争和进入公社的领导机构："每个城市都

附录
巴黎公社的又一重要原则：建立尽可能广泛的统一战线

有权授予为它服务的外国人以公民的称号……公社委员的称号是比公民的称号更大信任的标志；委员会认为外国人可以加入公社，并且建议你们批准弗朗克尔的加入。"团结战斗在公社旗帜下的外国国际主义战士为数很多，其中有波兰人、匈牙利人、奥地利人、比利时人、俄国人、意大利人以及其他国家的很多人。据统计，仅波兰人就有五六百位。他们参加了公社的政权机关、国民自卫军、劳动人民的各种群众组织，并且担任了各种各样的职务，发挥了重大的作用。他们为着共同的事业，不分国籍地同巴黎工人并肩战斗。不少著名的革命家担任了公社极为重要的领导工作，如匈牙利工人弗朗克尔被选为公社委员，并负责劳动和交换委员会的工作，波兰人民的英雄儿子东布罗夫斯基、符卢勃列夫斯基是国民自卫军的卓越领袖，俄国女革命家德米特里耶娃是公社妇女团体出色的领导者，等等。公社时期的武装力量中还有相当多的义勇军，如波兰军团、比利时军团等，虽然他们不属于国民自卫军，但在保卫公社的战斗中也发挥了显著的作用。

鲜明体现公社国际团结精神的又一个实际行动，就是其摧毁了象征拿破仑军国主义的旺多姆圆柱。这个圆柱是为纪念奥斯特里茨战役的胜利，用历年缴获的大炮制成的。拿破仑军国主义者妄想以此来骗取法国人民永世将拿破仑奉为无上的至尊，其实质是宣扬军国主义和沙文主义，是对各国人民友好感情的践踏。正因如此，公社应广大人民的要求，于 5 月 16 日把这个庞然大物和高高立于其尖顶的拿破仑铜像一起推倒在地，同时为了体现各族人民和平友好的原则，公社把旺多姆广场改名为国际广场。这是公社的革命者和巴黎人民以实际行动来表达法国人民的国际主义感情，展现了巴黎工人阶级将国际无产阶级联合的原则实施到底的气概，表明公社毅然决然地与过去的军国主义和沙文主义决裂的决心，是对无产阶级国际联合原则的服膺和践行。巴黎人民的这一国际团结行动受到马克思、恩格斯的高度赞扬和肯定。

最后，公社始终得到第一国际与各国无产阶级的广泛支持和有力声援。马克思、恩格斯是巴黎公社最积极的鼓舞者和导师。巴黎工人革命刚一爆发，马克思、恩格斯及其领导的第一国际总委员会立即以满腔的热情赞扬巴黎工人的革命创举，支持他们的革命斗争，号召在巴黎的第一国际会员立即投入公社的革命斗争，第一国际会员中的许多人也自觉地成为这场革命斗争的骨干和中坚力量。巴黎工人起义胜利后，在普选产生的全部公社委员中，就有 36 名第一国际的会员。他们参加了公社的领导工作，促使公社实施了一系列反映国际思想的措施。第一国际总委员会还专门召开会议，研究巴黎工人起义问题，并号召各国工人举行集会和游行，声援巴黎工人阶级，支持他们的革命行动。马克思、恩格斯及其领导的国际总委员会为支持巴黎起义者的斗争，还决定派出一些国际通讯员去巴黎，并通过他们同公社建立联系，以便指导公社的革命斗争。另外，他们从各种报刊上广泛收集有关公社的消息，进行深入的分析研究，对公社的政治经济措施、军事部署、斗争策略和加强内部团结等问题提出建议，从各方面给巴黎革命工人以坚定有力的支持。

巴黎工人的革命行动受到欧美各国工人阶级兄弟的热情支持和景仰。马克思在《内战》中说，由于巴黎工人阶级走在社会运动的最前列，体现了世界各国工人阶级的愿望，因此，"公社立刻被欧美工人阶级当作求解放的法宝来欢迎"[①]。巴黎起义的消息一传出，在欧美工人阶级中就引起了强烈的反响，他们举行大会和发表宣言来表示自己对公社的支持和声援。在德国，汉诺威的工人在集会上通过了给法国工人的致敬信："在向全世界的解放而前进的大军中，你们是先锋队，全世界在注视着你们，同情你们，并把希望寄托在你们身上。"在英国，伦敦市民在海德公园举行了三四万人的群众大会，以"世界社会共和国万岁"的名义向公社祝贺说，巴黎工人是"新的社会制度的创建者和开拓者"，表示："伦敦市民坚信你们是为全人类的自由与解放而斗争。"在俄国彼得堡，革命家也发出了传单，"革命从巴黎的废墟上升起，将飞绕全世界各国的首都，将到我们农家茅舍中来"，并且号召人们："拿起武器！"当时，美国、瑞士、比利时等国也都举行了支持公社的集会和革命斗争，他们的贺信和发言指出：3月18日事件是"社会改组时代的开端"，"你们所宣布的原则，也就是国际协会在历次全协会代表大会上公开承认的原则"，"公社不仅是巴黎人建立的，公社的建立是整个社会主义欧洲的事业，是国际的事业"，也"是我们的事业，全体劳动者的事业，只有公社才能结束人剥削人的制度"。总之，欧美各国的劳动阶级都高举无产阶级国际联合的旗帜，热情讴歌巴黎人民的英勇业绩和革命行动，坚定地声援和支持他们的革命斗争，把公社的革命事业看成

---

① 中共中央马克思、恩格斯、列宁、斯大林著作编译局：《马克思恩格斯选集》第3卷，人民出版社1995年版，第94页。

附录
巴黎公社的又一重要原则：建立尽可能广泛的统一战线

整个国际无产阶级的革命事业，看成无产阶级解放运动的序幕。这表明，第一国际所宣扬的国际联合思想已被各国工人阶级所接受，巴黎公社的国际主义性质已被各国工人阶级所认识。在公社遭到失败之后，各国无产阶级为营救公社战士，使他们免受反动派的迫害，做了大量的工作，并抗议反动派对公社的野蛮镇压和对公社战士的残暴屠杀。

二、巴黎工人阶级自身的团结统一

一个国家内无产阶级的团结与统一是无产阶级统一战线的一个根本问题。马克思早在1847年《哲学的贫困》一文中指出："劳动者最初企图联合时总是采取同盟的形式。"[①] 这实际上就肯定了工人阶级内部存在统一战线问题。在马克思、恩格斯看来，工人阶级自身的团结统一包括两个方面，一是世界各国无产阶级的国际联合，这是无产阶级革命的内容，前已论及。二是一个国家内工人阶级自身的团结统一。就形式而言，"无产阶级反对资产阶级的斗争首先是一国范围内的斗争。每一个国家的无产阶级当然首先应该打倒本国的资产阶级"[②]。只有国际团结和国内团结紧密结合起来，才能形成强大的无产阶级统一战线，才能足以战胜资产阶级。1871年9月，马克思、恩格斯在分析巴黎公社经验时指出：巴黎公社就是"工人阶级中一切组织和派别的反对资产阶级的联盟"[③]；同时深刻阐明，工人阶级在反对资产阶级联合权利的斗争中，只有组成与资产阶级建立的一切旧政党相对立的独立政党，才能作为阶级来行动。也就是说，一个国家的无产阶级必须在本国共产党领导下结成本国无产阶级内部的统一战线，在国际无产阶级的支持下，才能打倒本国的资产阶级，掌握政权。但当时，世界各主要国家包括法国的独立的共产党大多没有建立起来，为了指导各民族国家建立各自独立的共产党，马克思、恩格斯做了不懈的努力。建立共产主义者同盟、成立第一国际，就是马克思、恩格斯为了教育、培养各国工人阶

---

① 中共中央马克思、恩格斯、列宁、斯大林著作编译局：《马克思恩格斯选集》第1卷，人民出版社1995年版，第193页。
② 同上书，第283—284页。
③ [英] 珍妮·德格拉斯：《共产国际文件》第一卷（1919—1922），北京编译社译，世界知识出版社1963年版，第332页。

级，宣传科学社会主义，为各国共产党的建立奠定组织和思想基础所做的努力。

巴黎公社的无产阶级不同程度地实践了马克思、恩格斯关于一国内无产阶级团结统一的设想。巴黎起义之初，马克思就注意到巴黎与其他城市无产阶级配合行动的问题，认为："如果所有大城市都按照巴黎的榜样组成公社，那么，任何政府都无法以猝不及防的反动行动来镇压这个运动。"① 1871年4月，马克思劝巴黎公社向法国各中心城市派遣代表，在他给各省市的第一国际支部的指令中，曾经提出配合作战的具体计划。虽然继巴黎之后，里昂、马赛和图卢兹等城市的工人阶级也发动起义并建立了公社，但由于缺乏统一的领导，先后被镇压下去，事实上没有给巴黎公社以任何帮助。也就是说，巴黎公社没有得到其他城市工人联合一致的共同行动的配合，而只限于巴黎一城孤军奋战，这是巴黎公社陷入失败的原因之一。尤为重要的是，巴黎各派工人联合一致行动，成功推翻了国防政府，而在公社成立后，各派之间陷于派别斗争而不能自拔，使巴黎公社迅速走向失败。法国工人阶级联合与团结的这些经验教训，留给后人不少有益的启示。

（一）巴黎各派工人联合起来进行了巴黎起义，取得了初步胜利

当时，主导法国工人运动的是蒲鲁东派、布朗基派和新雅各宾派。蒲鲁东派主张以和平的改良方法建立一个小生产者的、无政府状态的"自由社会"。从蒲鲁东派中分化出来的蒲鲁东左派，在许多问题上与正统蒲鲁东派的主张不同，他们主张进行政治斗争，消灭私有制，但在经济纲领上还保持着蒲鲁东主义的传统思想。他们的最大功绩是努力巩固与第一国际、本国工会组织、民主俱乐部的联系，接触工人群众，反映工人群众的社会改革要求。布朗基派自称是社会主义者，但是他们并没有提出达到社会主义的具体路线、方针和政策。附和布朗基派的是新雅各宾派，实际上就是激进共和派。这一派在第二帝国时期曾为共和制、民主自由进行过斗争，到19世纪70年代，他们已经堕落成为科学社会主义的反对者。工人阶级队伍中几个派别并存的状况，严重影响了法国工人运动的健康发展。为了实现法国工人阶级不同派别的联合与团结，第一

---

① 中共中央马克思、恩格斯、列宁、斯大林著作编译局：《马克思恩格斯选集》第3卷，人民出版社1995年版，第97页。

附录
巴黎公社的又一重要原则：建立尽可能广泛的统一战线

国际的巴黎支部以及左派蒲鲁东主义者进行了极大的努力。马克思、恩格斯也通过第一国际提出了他们的批评和建议，要求法国工人阶级竭尽全力实现"本国分散的工人团体联合"。正因如此，法国工人运动的不同派别出现了要求加强联合与团结的愿望。在马克思、恩格斯与第一国际的影响下，法国工人阶级的觉悟有了很大提高，19世纪60年代末70年代初，工人运动再次进入高潮。普法战争爆发以后，国防政府对内实行打着"共和"旗帜反对共和的政策，对外则投降卖国，这种行径激起了工人和其他劳动人民的愤怒，推翻国防政府成为人民群众的普遍要求。蒲鲁东派、布朗基派以及新雅各宾派，尽管各自在不少问题上的主张截然不同，但在这个大方向上趋向一致，最终实现了彼此的团结联合。当国防政府与普鲁士政府内外勾结，狼狈为奸，共同向人民举起屠刀时，三派携起手来，共同领导巴黎工人阶级和劳动人民举行起义，一举推翻了国防政府，成立了巴黎公社。

（二）巴黎工人内部统一战线的破裂，加速了革命的失败

各派联合一致的行动持续时间很短。随着政权的建立和公社委员会的成立，巴黎工人内部各派的联合与团结让位于彼此的争吵和冲突，这造成了巴黎工人阶级内部统一战线的破裂。这一错误导致了公社革命的迅速失败。

各派联合起来领导了推翻国防政府的起义，所以成立公社时，各派的代表人士都被选入公社委员会，掌握了公社的领导权。但他们在对政权性质、巩固政权的途径、巩固革命成果的办法等问题上见解不一，主张各异，这些分歧使各派之间的矛盾开始暴露并日益尖锐，严重破坏了工人阶级内部的团结，给公社带来严重损失。

3月26日，公社进行选举，同月28日公社正式成立，世界上第一个无产阶级政权问世。马克思认为，公社"中央委员会就是革命的临时政府"①。公社下面设有十个相当于政府各部的委员会。公社委员分为多数和少数两派：多数派是布朗基派，少数派是国际工人协会会员，他们多半是蒲鲁东社会主义学派的信徒。布朗基派在政治性较强的执行委员会、军事委员会、公安委员会里居

---

① 中共中央马克思、恩格斯、列宁、斯大林著作编译局：《马克思恩格斯选集》第3卷，人民出版社1995年版，第46页。

多数。而蒲鲁东派则在作为经济部门的财政委员会、劳动与交换委员会里占多数。按道理说，公社已经成立，就应该把建设、巩固政权作为第一要务。但是这两派有分歧、争吵以至发展到对立，严重影响了这一任务的完成。对公社政权性质的认识不同使两派开始争吵起来。布朗基派和新雅各宾派认为公社是全国性质的政权机关，它同凡尔赛政府彼此敌对，不应并存，而蒲鲁东派则认为，公社仅仅是巴黎的市政机构，其地位同法国其他城市是平等的，只能采取"自治与联合"的原则。当时，公社面临的首要问题是如何解决巴黎的防御问题，可是每天召开会议时，大量时间被浪费在诸如会议记录如何公布、某个委员发言记录是否准确等枝节问题上，众说纷纭，争吵不休，没有领袖，没有权威，议而不决。由于局势的日趋严重和公社领导的软弱无力，布朗基派的代表于4月底提议建立由五名委员组成的社会治安委员会，这个委员会只对公社负责，对其他委员会享有最广泛的权力。就这一提案公社会议连续几天展开辩论。蒲鲁东派代表认为，社会治安委员会是"伪装的君主制度"，建立社会治安委员会就会使人想起雅各宾专政，因此他们表示坚决反对专政。在这种情况下，最后公社用按名询问的办法进行表决，有68人参加投票，赞成的45人，反对的23人，治安委员会便宣告成立。由于社会治安委员会采取了一些镇压反革命的果断措施，与蒲鲁东派意见分歧更大，蒲鲁东派在公社会议上不断对委员会进行指责，纠缠不休，使委员会的工作处处受到掣肘，不能发挥集中领导的作用。这样，两派的分歧进一步加剧。

5月1日以后，逃往凡尔赛的梯也尔军队各处骚扰，市内反革命分子也到处捣乱破坏，形势变得异常紧张。但公社会议一味地热衷于派系斗争，而不是研究部署兵力保卫巴黎或镇压反革命等事宜。如5月1日，公社决定组织一个拥有广泛权力的社会拯救委员会时，两派意见分歧，有22个蒲鲁东派委员借口反对独裁，投了反对票。5月15日，由于社会治安委员会的职权问题，蒲鲁东派又召开会议，在斯泰的主持下草拟、通过了一个宣言，采取步骤，实行分裂。宣言提出，公社把自己的政权交给一个叫社会治安委员会的专政机关，放弃了自己的政权，他们不承认这个专政机关，声称要离开公社委员会。会后，斯泰等人带着21人签名的宣言到市政府去参加当日的公社会议，准备在会上宣读，但会议没有开成，于是蒲鲁东派便把宣言交给巴黎各报发表。5月16日，各报刊登了这个宣言。布朗基派则乘机从许多重要岗位上撤掉了蒲鲁东派的成员，换上自己一派的人，并踢开公社委员会，在自己一派的会议上解决一切问题。于是派系斗争公开化。此后的巴黎满城风雨，人们议论纷纷，两派报纸也展开激烈论战，相互指责、辱骂，两派冲突达到高潮。

两派斗争的尖锐化在巴黎工人阶级中引起强烈的反响。广大工人出于革命要求，非常关注公社的分裂，认为这种分裂是关系到公社生死存亡的大问题。第四区选民2000多人先后在5月20日、21日连续召开大会，讨论公社两派斗争问题。在会上，选民详细听取了两派代表的发言，两派代表又都要求团结。如蒲鲁东派代表阿尔努说："一般说来，少数派的宣言不是为居民所理解的。许多人从宣言中只明白两件事，发生了分裂和我们脱离了组织。分裂的决定让我们惶恐不安。人们指望公社起来领导他们进行防御，把他们从敌人手中拯救出来。"布朗基派代表昂里希发言说，既然他们经常宣传团结，那就应该带头维护团结，反对分裂，"代表应该服从多数人的意见"。听到这话，听众发出了一阵热烈的掌声。于是，大会通过决议，要求蒲鲁东派的委员重新回到公社，坚守岗位，发挥作用。

激烈的派系斗争，无疑会使亲者痛，仇者快：一方面，它使有头脑的工人痛心疾首，造成了极为恶劣的影响，削弱了公社的力量，转移了人民对千钧一发严重局势的注意力；另一方面，它使梯也尔等反动势力拍手称快，反动势力认为这是公社覆灭的先兆，更加拼命地乘机大肆活动。5月21日下午，凡尔赛军队轻而易举地占领了圣克鲁门和附近的堡垒。看到这种形势，两派的斗争完全停止，公社社员奋不顾身地开始了5月流血周的最后决战。

在公社成立后的50多天里，其内部派系斗争没有停止过，两派彼此揭短，愈演愈烈，严重地影响了巴黎公社革命政权的建设。巴黎工人阶级夺取政权之后，没能保证工人阶级各派别的真诚联合与团结，是巴黎公社革命失败的重要原因之一。

（三）巴黎内部派系斗争和分裂的原因分析

既然巴黎工人阶级在各派联合与团结问题上犯了严重错误，导致了工人阶级内部统一战线破裂，那错误的根源在哪里呢？

马克思、恩格斯认为，工人运动中各派的真诚联合与团结只有在无产阶级先锋队领导下才能实现。缺少一个以科学社会主义理论为指导的团结一致的领导核心，是巴黎公社工人阶级内部统一战线破裂的根本原因。公社一诞生，马克思就十分重视各派的联合与团结问题。为此，马克思曾和巴黎国际支部的弗兰克尔、瓦尔兰、瓦扬等人有过联系，通过他们向公社领导人及时指出，为了工人阶级的利益，要以大局为重，正确处理工人阶级内部的纠纷和冲突，不要在私人争执和琐碎事务上纠缠不休。遗憾的是，马克思的这些指示没有引起公社领导人的注意。到5月中旬，随着公社派系斗争的白热化，马克思已经觉察到公社的失败在所难免。领导公社的蒲鲁东派、布朗基派以及新雅各宾派都不是真正的马克思主义政党，这注定了他们之间所结成的工人阶级内部统一战线只能是暂时的，是迟早要走向破裂的，这正是法国工人阶级不成熟的重要表现。工人阶级内部统一战线只有在马克思主义政党领导下才能建立起来并得到巩固。这是巴黎公社留给后人的深刻教训和启示之一。正因如此，公社革命失败以后，马克思、恩格斯逐步把工作的重心放到建立各国独立的马克思主义政党方面。他们强调，第一国际的任务，就是为迎接即将到来的斗争高潮，把工人阶级的力量有效地组织并团结起来。这个组织和团结的首要标志就是共产党的建立。随着各国独立的无产阶级政党的建立，共产党成为工人阶级联合与团结的核心。在共产党的领导下，统一各个民主运动、为推行民主改造而结成工人阶级的联盟，必须采取正确的战略策略。马克思、恩格斯认为，工人阶级和劳动人民的主要敌人是资产阶级以及维护他们利益的整个资本主义制度，工人阶级为了反对这些敌人并取得胜利，必须使一切民主力量、反对资本主义制度的力量，首先是工人阶级的力量联合起来，结成工人阶级的联盟。共产党人必须承担起工人阶级各派联合与团结的重任。同时强调，共产党以外的其他工人阶级派别具有动摇性、不彻底性，共产党人必须善于在坚持原则的条件下实行必要的妥协，以达到联合与团结的目的，但在斗争中要坚持自己的独立性和领导权，这是联合与团结中必须绝对坚持的根本原则。在争取工人阶级联合与团结的斗争中，共产党人都不追求任何区别于工人阶级利益和目的的特别利益与目的。加强整个工人阶级的团结以增强战斗力，这是无产阶级取得革命胜利的根本保证。

反对共同敌人的斗争，客观上要求工人阶级中的不同派别在一定历史条件下联合与团结起来，结成工人阶级内部的统一战线。但工人阶级内部统一战线的建立，不会自然而然地消除工人运动中的矛盾，这种矛盾的解决是保证工人

附录
巴黎公社的又一重要原则：建立尽可能广泛的统一战线

运动朝着正确方向发展所必需的。只是，斗争应该以思想工作为主要手段，通过深入的思想工作，达到团结的目的。共产党人应竭尽全力对其他工人阶级派别进行马克思主义教育。在此需要强调指出的是，一国内工人阶级的联合与团结，首先要靠共产党人自身的团结一致。只有共产党人自身实现了团结统一，尤其是领导核心的团结统一，才能为全党做出表率，最终巩固和加强工人阶级内部的团结统一。所以，在与其他非马克思主义工人阶级派别联合和团结中，共产党应时刻不要忘记对党员的思想教育工作，要教育全体共产党员尤其是党的领导干部坚决忠诚于马克思主义，识大体，顾大局，同时还要坚持以民主为基础的集中，避免各自为政、各行其是。

三、巴黎工人阶级与农民的联盟

工农联盟，是无产阶级取得革命胜利的关键和建设没有剥削压迫新社会的重要条件。在马克思、恩格斯看来，1848年欧洲革命失败的重要原因，就是没有解决好工农联盟问题。马克思指出，在革命进程迫使农民和小资产者"承认无产阶级是自己的先锋队而靠拢它以前，法国的工人们是不能前进一步，不能丝毫触动资产阶级制度的"①。相反，如果获得了农民的支持，"无产阶级革命就会得到一种合唱，若没有这种合唱，它在一切农民国度中的独唱是不免要变成孤鸿哀鸣的"②。马克思、恩格斯不仅强调了建立工农联盟的重要性、必要性，而且阐明了建立工农联盟的可能性。马克思指出："农民所受的剥削和工业无产阶级所受的剥削，只是在形式上不同罢了。"剥削工人和农民的剥削者是相同的，那就是资本。③ 共同受剥削的经济地位和共同摆脱资本剥削的政治要求，构成了工农联盟的共同利益和共同目标。因此，农民就把负有推翻资产阶级制度使命的城市无产阶级看作自己的天然同盟者和领导者。而城市无产阶

---

① 中共中央马克思、恩格斯、列宁、斯大林著作编译局：《马克思恩格斯选集》第1卷，人民出版社1995年版，第386页。
② 同上书，第684页。
③ 同上书，第456页。

级就在农村中"找到自己人数最多的天然同盟者"农民。①

巴黎公社时代，欧洲大陆上任何一个国家的无产阶级都没有占人民的多数，只有无产阶级与农民的联盟，才能形成人民的多数。要打碎资产阶级国家机器，必须先有无产者同贫苦农民的联盟。巴黎公社曾开辟过实现这个联盟的道路，但由于内部和外部的许多原因，这个联盟始终没有建立。

巴黎工人起义前夕，只有巴黎无产者中的绝大多数有了武装起义和进行战争的决心，而以梯也尔反动政府为政治代表的法国资产阶级及其国内外的同盟者还是极其强大的，同时绝大多数农民并不了解公社，甚至反对公社和巴黎的工人。所以，1870年9月马克思说："当敌人几乎已经在敲巴黎城门的时候，一切推翻新政府的企图都将是绝望的蠢举。"② 然而，当巴黎无产阶级面临"或是接受挑战，或是不战而降"的抉择，那"起决定作用的'偶然情况'迫使他们起义了的时候"，马克思就同他们一同前进，以期在斗争中学习。因为他深深地懂得，当时巴黎无产者所进行的殊死斗争，即使是为了一件没有胜利希望的事业，对于进一步教育无产阶级，训练他们去做下一次斗争也还是必需的。

1871年4月下旬至5月10日左右，马克思在仔细研究3月18日革命后有关巴黎公社材料的基础上，写成了《法兰西内战》的初稿。其目的就在于及时总结并指导巴黎及整个欧洲的无产阶级运动。《法兰西内战》初稿对法国农民的状况做了认真分析，指出公社成立之前，国民自卫军中央委员会就通过《法兰西共和国公报》明确宣布："战争的费用要让真正的战争发动者来偿付。"③ 在这个攸关切身利益的问题上，公社不仅代表着工人阶级和小资产阶级的利益，实际上也代表着除了资产阶级以外的全体中等阶级的利益，而且它首先代表着法国农民的利益，"是农民的向往，是农民解放之先声"④。公社诞生前，工人阶级就意识到他们需要农民，他们与农民有着一致的根本利益，甚至认为

---

① 中共中央马克思、恩格斯、列宁、斯大林著作编译局：《马克思恩格斯选集》第2卷，人民出版社1995年版，第629页。
② 中共中央马克思、恩格斯、列宁、斯大林著作编译局：《马克思恩格斯选集》第3卷，人民出版社1995年版，第29页。
③ 同上书，第62页。
④ 同上书，第97页。

附录
巴黎公社的又一重要原则：建立尽可能广泛的统一战线

"公社的胜利是他们的唯一希望"。公社成立以后，宣布废除征兵制，免除这种缚在农民身上的"血税"；废除常备军，代之以武装的人民；废除警察的政治职能，取消警察制度；所有公职人员都只领取与其他工人相同的工资，建立廉价政府；用人民选举的、领取低薪的工作人员代替剥削压迫农民的官僚政客；一切学校对人民免费开放；等等。这些措施无疑都是有利于农民的。但是，在公社存在时，农民始终与公社处于隔阂和敌对之中。

法国农民为什么这样误解甚至反对巴黎工人呢？

第一，法国无产阶级与农民过去始终存在着深刻的矛盾。无产阶级所追求的，是本阶级运动的物质基础，即大规模的有组织的劳动，生产资料尽可能地集中，并希望把目前这种有组织的劳动和生产资料集中的资本主义转变为自由联合的劳动形式和社会的生产资料。而农民所追求的则是独立的劳动和属于自己的零星的生产资料。在这种经营差异的基础上产生的，必然是迥然不同的社会政治观点。正因如此，当时的法国与大多数欧洲大陆国家一样，在城市生产者和农村生产者之间、在工业无产阶级和农民之间存在着深刻的矛盾。

第二，资产阶级、地主和天主教神父对巴黎消息的封锁和对农民的欺骗宣传。公社的权力没有越出巴黎，农民群众根本不了解公社，而资产阶级、地主和天主教神父们却大肆进行煽惑挑拨。他们知道，"如果公社治理下的巴黎同外省自由交往起来，那么不出三个月就会引起一场农民大起义，所以他们才急于对巴黎实行警察封锁，以阻止这种传染病的蔓延"[①]。他们利用农民早已产生的对临时政府决定加征 45 生丁[②]附加税的极大不满，企图把 50 亿法郎的战争赔款也转嫁给农民，并把这一切归咎于巴黎的工人和国民自卫军。他们造谣说，公社要瓜分农民的东西，公社委员不干活，坐拿干薪；焚毁一切在巴黎出版的报纸，检查一切来自巴黎和寄往巴黎的信件；在国民议会中，谁如果斗胆要替巴黎说句话，立刻就会被呵斥住；等等。其目的就是封锁巴黎的准确消息，让农民成为反革命的后备军。这些封锁和欺骗，使原已存在的农民和工人之间那堵隔阂的高墙更加难以逾越。因此，马克思说："把农民同无产阶级分

---

① 中共中央马克思、恩格斯、列宁、斯大林著作编译局：《马克思恩格斯选集》第3卷，人民出版社1995年版，第63页。

② 生丁，法国辅币，100 生丁合 1 法郎。

开的已经不是农民的实际利益,而是他们的错觉偏见。"①

第三,公社对工农联盟的重要性缺乏认识,没有在现有的经济条件下给农民以实惠。公社政权无论在理论上还是在实际上都没有构建工农联盟的基础。当时公社并没有一个无产阶级专政的纲领,对公社影响甚大的布朗基主义者信奉的是少数革命者的专政,忽视蕴藏着深厚革命潜力的广大农民群众;蒲鲁东主义者的无政府主义思想,也妨碍公社与农民的沟通和联合。如果公社能如马克思所指出的那样:①保证改变农民目前的经济状况;②拯救他们免遭大农场主随时随刻的剥夺;③把他们名义上的土地所有权变成他们对自己劳动果实的实际所有权;④保证他们既享受当时的现代农艺学之利,又保留他们作为真正独立生产者地位的话,农民"既然能立即受惠于公社共和国,必将很快地对它产生信任"②。遗憾的是,从3月18日至4月2日,巴黎被凡尔赛反动军队围困前的整整两周时间里,公社并没有,或者说还没有来得及给农民这些实惠,从而坐失了农民的支持。这是公社所犯的错误。

理论上,工人阶级的利益无疑代表包括农民在内的广大劳动群众的根本利益,但实践中毕竟有具体问题。公社委员、劳动与交换委员会代表弗兰克尔在公社会议上说:"3月18日革命完全是由工人阶级完成的……如果我们不替这一阶级做一点事情,那么,我就看不出公社的存在有任何意义。"这话无疑是正确的。为了自身的生存,公社在其存在的全部时间中,共做出414个决议、法令,发出398个公告,其中有不少是保护与改善工人阶级利益和改善广大劳动人民生活的法令和措施。可惜,由于主客观原因,这些政策并没有得到切实的贯彻。当凡尔赛反动军队包围巴黎以后,公社的当务之急是用血与火保卫自己的存在,更无力把这些法令和措施付诸实施。这种理论与实践的错位,便酿成了工农的对立和工人孤军奋战的悲剧。

当凡尔赛的反革命军队将巴黎围得水泄不通时,公社意识到只有农民同自己站在一起,并拿起武器支援工人,巴黎才有可能转危为安。于是,工人们用氢气球向外散发了十万份《告农村劳动人民书》,说道:"兄弟,你受了欺骗,我们的

---

① 中共中央马克思、恩格斯、列宁、斯大林著作编译局:《马克思恩格斯选集》第3卷,人民出版社1995年版,第102页。

② 同上书,第102页。

附录
巴黎公社的又一重要原则：建立尽可能广泛的统一战线

利益是一致的，我所要求的，也正是你所希望的；我所争取的解放，也将成为你的解放。""你们要帮助巴黎打胜仗，无论如何，你们要牢牢记住土地给农民，劳动工具给工人，人人都要干活这些话，因为革命将一直进行到这些话实现为止。"但为时已晚，特别"善于算账"、讲求现实的农民始终被"错觉偏见"蒙蔽，使他们置工人兄弟的生死于不顾，仍安然地拨弄着小私有者的算盘。

四、巴黎工人阶级同其他社会政治力量的联盟

尽管无产阶级是最革命的阶级，但单靠一个阶级的力量，要想战胜强大的资产阶级是不可能的。必须联合一切可能联合的革命的阶级、阶层和政治势力，组成浩浩荡荡的革命大军，才能完成自己的伟大历史使命。马克思、恩格斯指出："共产党人到处都支持一切反对现存的社会制度和政治制度的革命运动。"[①] 一是关于同小资产阶级的联盟。马克思、恩格斯认为"革命的工人政党同小资产阶级民主派的关系是：同小资产阶级民主派一起去反对工人政党所要推翻的派别"[②]。他们本人就以民主派的旗帜参加过《新莱茵报》的创办和编辑工作，并同资产阶级、小资产阶级民主派进行过成功的合作。二是关于同资产阶级的联盟。一方面，为了反对封建制度，无产阶级可以而且必须同资产阶级联合。马克思、恩格斯指出："在德国，只要资产阶级采取革命的行动，共产党就同它一起去反对专制君主制、封建土地所有制和小市民的反动性。"[③] 另一方面，为了顺利由资本主义向社会主义过渡，尽可能快地增加生产力的总量，无产阶级夺取政权以后绝不拒绝用赎买的方式同资产阶级结成联盟。恩格斯指出"我们决不认为，赎买在任何情况下都是不容许的……假如我们能赎买下这整个匪帮，那对于我们最便宜不过了"[④]。用赎买的方式剥夺资产阶级，实质上就是无产阶级同资产阶级结成的一种合同、联盟。三是关于同民主政党的

[①] 中共中央马克思、恩格斯、列宁、斯大林著作编译局：《马克思恩格斯选集》第1卷，人民出版社1995年版，第307页。
[②] 同上书，第367页。
[③] 同上书，第306页。
[④] 中共中央马克思、恩格斯、列宁、斯大林著作编译局：《马克思恩格斯选集》第4卷，人民出版社1995年版，第503页。

联盟。马克思、恩格斯指出:"共产党人到处都努力争取全世界民主政党之间的团结和协调。"① 他们根据这个策略原则,结合当时欧洲的情况,具体地阐明了对各民主政党的态度,指出在法国,共产党人同社会主义民主党联合起来反对保守的和激进的资产阶级;在瑞士,共产党人支持激进派;"在波兰人中间,共产党人支持那个把土地革命当作民族解放的条件的政党"②。

巴黎工人阶级凭着对马克思主义关于争取同盟军思想的部分了解,凭着自己阶级的革命本能,以及革命形势发展的客观需要,尝试了与其他阶级、阶层和社会力量的联盟。正因如此,马克思说:"公社也做了很多正确的事情。"③

一是在工人领导的革命政权中首次开创了独特的多派联合执政政治体制,而不是一派垄断权力。1871年2月,即巴黎公社革命前夕,第一国际巴黎支部联合会已协同巴黎二十区中央委员会和巴黎工人联合会,筹备建立社会主义革命党,然而工人政党尚未建成,民族矛盾与阶级矛盾的激化就导致了革命的爆发。公社并不排斥资产阶级,3月16日选出的85位公社委员中,资产阶级代表占21名,后来他们消极抵抗自行退出,公社才重新补选。在被选举出来的公社委员中,除了布朗基派和蒲鲁东派之外,还有一部分属于小资产阶级民主派,即新雅各宾派,此外还有一些不属于任何政治派别的人士。总的说来,巴黎公社内部是以一派相对为主的三派合作,并不是像资产阶级多党制那样互相拆台,我上你下。三派都没有建立正式的组织,都不严格按照各派的主张行事,在决策中平等协商、平等争论,遵循少数服从多数的原则进行表决,付诸实践。这种构成虽然造成了内部的分歧和争吵,但作为一种统一战线性质的政府模式,还是有其借鉴价值的。在这种意义上可以说,巴黎公社的这种一派为主、多派合作的政治体制,无疑是巴黎工人阶级的一个创举。

二是在社会生活中实行联盟政策。巴黎工人广泛争取、联合、团结广大小资产阶级,包括小手工业者、小商人、知识分子,甚至一些中等资产阶级人士,特别是资产阶级共和派人士。公社关于免交拖欠房租、无偿发还低档典押物

---

① 中共中央马克思、恩格斯、列宁、斯大林著作编译局:《马克思恩格斯选集》第1卷,人民出版社1995年版,第307页。
② 中共中央马克思、恩格斯、列宁、斯大林著作编译局:《马克思恩格斯选集》第3卷,人民出版社1995年版,第306页。
③ 同上书,第10页。

附录
巴黎公社的又一重要原则：建立尽可能广泛的统一战线

品等的法令都是有利于小资产阶级的，关于允许私商贩运出售粮食和肉类等的措施也是保护有利于国计民生的私人资本主义和爱国资本家的。刚刚夺取政权的巴黎工人在大敌当前的情况下并不急于消灭资本主义和资产阶级。公社还尽力争取到中小资产阶级的各种社会团体，如共济会、中央共和主义联盟、各省共和主义联盟、各省协会联合会等不同程度的支持。这些情况表明，"公社不仅代表着工人阶级和小资产阶级的利益，实际上也代表着除了资产阶级（富有的资本家、富有的地主，以及他们的国家寄生虫）以外的全体中等阶级的利益"[①]，是真正的国民政府。因此，公社得到巴黎广大人民群众的衷心拥护，历史上破天荒第一次使得小资产阶级和中等资产阶级公开地团结在工人革命的周围。

在马克思、恩格斯看来，开展联合行动，建立浩浩荡荡的无产阶级大军，是无产阶级获得解放的首要条件；我国元末明初谋略家刘伯温认为"耳齐则聪，目齐则明，心齐则一。万夫一力，天下无敌"[②]；而巴黎工人阶级则用血与火的实践雄辩地证明，工人固然是开创新世界的先锋和主力，但是绝不能孤军作战，而必须联合一切可以联合的力量，尽量壮大革命队伍，分化、孤立、瓦解最反动的敌人。孤鸿哀鸣，尽管悲壮，必是绝唱；只有人多势众，齐心协力，才能地动山摇，改天换地。

综上所述，巴黎公社的短暂历史和现实都表明，由于"面对无产阶级，各民族政府乃是一体"[③]，无产阶级需要实现本阶级的国际联合和国内团结，需要建立巩固的工农联盟，还需要争取尽可能广泛的同盟军。统一战线思想，是无产阶级获得彻底解放所必须遵循的思想，只有无产阶级建设起浩浩荡荡的国内革命大军，同时获得各国、各民族无产阶级与其他革命阶级的同情和支持，才足以形成能推翻整个资产阶级统治的强大力量，才能完成无产阶级的历史使命，使无产阶级和整个人类社会获得彻底解放。众人拾柴火焰高，团结起来力量大。因此，建立尽可能广泛的统一战线的原则，毫无疑问是巴黎公社的原则，它将是各国无产阶级在获得自身解放之前一再表现出来的基本革命法则。

---

① 中共中央马克思、恩格斯、列宁、斯大林著作编译局：《马克思恩格斯选集》第3卷，人民出版社1995年版，第99页。
② 《郁离子·省敌》。
③ 中共中央马克思、恩格斯、列宁、斯大林著作编译局：《马克思恩格斯选集》第3卷，人民出版社1995年版，第80页。

参考文献资料

一、著作类

1. 中共中央马克思、恩格斯、列宁、斯大林著作编译局. 马克思恩格斯选集：1—4卷［M］. 北京：人民出版社，1995.

2. 中共中央马克思、恩格斯、列宁、斯大林著作编译局. 列宁选集：1—4卷［M］. 北京：人民出版社，1960.

3. 毛泽东著作选读：上下册［M］. 北京：人民出版社，1986.

4. 罗振建、吴文华. 统一战线学研究［M］. 重庆：重庆出版社，2005.

5. 高放. 国际共产主义运动别史［M］. 北京：中国书籍出版社，2002.

6. 阎志民. 马克思主义统战学说概论［M］. 北京：中国文史出版社，1990.

7. 陈延武. 万水朝东——中国政党制度全景［M］. 北京：生活·读书·新知三联书店，2001.

8. 朱真，崔俊峰，朱士高. 马列统一战线学说史［M］. 北京：国防大学出版社，1990.

9. 朱真，萧建中，余忠泉. 中国古代统战谋略［M］. 北京：中国国际广播出版社，1993.

10. 张树桐. 我国多党合作的历程［M］. 北京：华文出版社，1999.

11. 何晓明等. 中华文化与统一战线［M］. 北京：中国文史出版社，2005.

12. 中共延安市委统战部. 延安时期统一战线研究［M］. 北京：华文出版社，2010.

13. 中共中央统战部，重庆市委统战部. 重庆与中国统一战线［M］. 北京：华文出版社，2010.

14. 艾新强. 读《史记》学统战［M］. 北京：华文出版社，2013.

15. 艾新强. 说东周话统战［M］. 南宁：广西人民出版社，2015.

16. 温克勤，王玉顺，周兴春. 中华名人与治国［M］. 北京：中国青年出版社，1993.

17. 周远廉. 中国封建王朝兴亡史［M］. 南宁：广西人民出版社，1996.

18. 柴宇球. 谋略家［M］. 南宁：广西人民出版社，1993.

19. 刘先廷，姚有志. 说东周话权谋［M］. 北京：解放军出版社，1987.

20. 萧枫. 文白对照　全注全译　史记［M］. 延吉：延边人民出版社，2000.

21. 中央统战部研究室. 统一战线100个由来［M］. 北京：华文出版社，2010.

22. 谭锐. 中国共产党统一战线理论与实践形式研究［M］. 成都：西南财经大学出版社，2012.

23. 中央社会主义学院理论学习中心组. 画出最大的同心圆：习近平总书记在中央统战工作会议上重要讲话精神学习讲座［M］. 北京：中共中央党校出版社，2015.

24. 王继宣. 统一战线辩证法［M］. 北京：中国统计出版社，1993.

25. 本书编写组. 党的十九大报告辅导读本［M］. 北京：人民出版社，2017.

26. 区济文. 中国社会主义政党制度［M］. 南宁：广西人民出版社，1993.

27. 柏杨. 中国人史纲：上下卷［M］. 长春：时代文艺出版社，1987.

28. 袁梅、刘焱、李永祥、徐北文. 古文观止今译［M］. 济南：齐鲁书社，1983.

二、论文类

1. 艾新强. 广义统一战线的含义辨析——《东周列国志》统战谋略研究系列之七［J］. 广西社会主义学院学报，2015（1）：35—38.

2. 艾新强. 党领导的统一战线与我国古代的统一战线之异同——《东周列国志》统战谋略研究系列之六［J］. 广西社会主义学院学报，2014（6）：22—30.

3. 艾新强. 统一战线的起源：据恩格斯《家庭、私有制和国家的起源》所作的考察——统一战线研究系列之一［J］. 广西社会主义学院学报，2016（6）：22—30.

4. 赵曜. 马克思主义战略和策略的通俗讲话——读《共产主义运动中的"左

派"幼稚病》[J]. 中国高校社会科学，2006（9）：24—29.

5. 张子凡. 巴黎公社和国际主义[J]. 历史研究，1961（2）：41—58.

6. 胡传明. 国际无产阶级联合是巴黎公社的原则之一[J]. 南昌大学学报（社会科学版），1989（4）：18—22.

7. 文宗瑜. 工人阶级内部统一战线与巴黎公社[J]. 科学社会主义，1991（2）：14—17.

8. 熊宗仁. 巴黎公社与农民问题[J]. 贵州社会科学，1991（8）：58—61.

9. 赵扬. 列宁关于执政党要善于妥协的思想策略[J]. 西南科技大学学报（哲学社会科学版），2009（5）：72—76.

10. 周太山. 十月革命后列宁妥协思想与构建和谐社会[J]. 社会主义研究，2007（2）：40—42.

11. 艾新强. 统一战线战略策略的通俗讲话：读列宁《共产主义运动中的"左派"幼稚病》——统一战线研究系列之二[J]. 广西社会主义学院学报，2017（1）：20—27.

12. 彭润金. 战略和策略是社会主义从科学到实践的指南——读列宁的《共产主义运动中的"左派"幼稚病》[J]. 江西行政学院学报，2012（4）：15—18.

13. 贾熟村. 清政府对太平军的分化瓦解[J]. 广西师范大学学报（哲学社会科学版），2007（3）：84—88.

14. 刘旭雯. 抗战时期中共分化瓦解日伪军策略[J]. 延边党校学报，2016（1）：21—23.

15. 艾新强. 先轸的统战谋略——《东周列国志》统战谋略研究系列之一[J]. 广西社会主义学院学报，2013（6）：25—28.

16. 艾新强. 《共产党宣言》的统一战线思想及其启示[J]. 广西社会主义学院学报，2015（2）：25—29+54.

17. 王继宣. 执政党各级领导干部必须树立大统战观[J]. 重庆社会主义学院学报，2003（5）：8—10.

18. 马金花，艾新强. 浅论唐太宗民本思想及其产生条件[J]. 石油大学学报（社会科学版），1998（1）：3—5.

19. 艾新强. 习近平"统战工作是全党的工作"论断的大统战观解读——统一战线研究系列之三[J]. 广西社会主义学院学报，2017（2）：21—26.

后 记
学与思的回眸

  本书前后共经过七次修改，总算脱稿，我也终于可以喘口气了。但根据本书写作和修改的具体情况，不再写一篇后记似乎说不过去。怎么写呢？我还真一时拿不定主意。吃过晚饭，随便翻阅《论语》，再次看到"学而不思则罔，思而不学则殆"这句话，觉得以其主旨"学"与"思"的关系为题，回眸、反思一下自己的学习与思考，可以说是再合适不过了。

  孔老夫子这句话的意思是"只学习而不思索就会陷入迷惑，只思索而不学习就会精神倦怠"。在上中学时，老师就用这句格言来教导我们，所以多年来，我就是按照这一教导来做学问的，既注重学习，又注重思考。而现在回过头来对照检查，我觉得有两句话应该告诉读者：一是我既学且思，遂成此书，此书可说是我既学且思的成果；二是学、思不足，遂拖此书。始则有初步设想并形成专题进行讲授，继则深入构思并收集资料，再则写出初稿后因不满意而多次修改，终则根据评审意见而反复修改定稿。整个过程中我耗费了大量的时间和精力，可以说艰辛备尝，我深感为学之不易，饱尝磨剑之辛苦。何以如此呢？看来，回眸、反思一下自己的学习与思考是十分必要的。

  通过认真回眸、反思，我首先发现自己"好读书，不求甚解"。说实在的，我很喜欢、钦佩陶渊明，但于我国这位田园诗的鼻祖，我只能仰视，从未妄想与之比肩。要说与陶令有某些相同或相似之处的话，其一就是摆脱世俗与喧嚣，向往筑室乡野，归隐田园，或躬耕西畴，或饮酒赋诗。近年来，我也想象着退休之后，回归桑梓，卜居山林，效仿陶令品鉴"采菊东篱下，悠然见南山"的自娱自得，体味"晨兴理荒秽，带月荷锄归"的稼穑辛劳，欣赏"木欣欣以向荣，泉涓涓而始流"的自然美景，享受"登东皋以舒啸，临清流而赋诗"的俊雅疏放，留恋"欢来苦夕短，已复至天旭"的闲适无虑。其二就是"好读书，不求甚解"了。陶令在其自传《五柳先生传》中说自己"好读书，不求甚解"，这既是他老人家的自谦自抑之词，也体现了他自得其乐、与世无争的雅趣高致。我读书也是出于爱好，更是为了生存，因好读书而爱上学。我从束发就学始，由小学，到中学，到大学本科，到硕士研究生，到博士研究生，最后获得博士学位，一路读书。如果不爱读书，这一路就走不下来，走不到底。参加工作后，我仍然保持着以前形成的读书习惯。如今，尽管早已鬓多华发，但仍手不释卷，就连出差去外地也要带上书，可以说以书为伴、与书为伍，故而读的书还真不少。我读书范围较广，尤其喜欢国学。仅就国学而言，我读过先秦诸子及相关论著，读过中国史学及相关论著，读过古典文学及相关论著，凡此种种，不一而足。人们常说"旧书不厌百回读"，所以，有些书我还不仅仅读一遍，而是读了很多遍，自认为好的、重要的篇章会熟读，甚至背诵下来。读书，毫无疑问拓宽了知识面，拓宽了看问题的视角和视点，也提升了综合素养。这本书是我学习马列主义理论，并运用马列主义基本立场、观点和方法分析广义统一战线问题的成果；为了更好地说明和论证，我运用了国学典籍中的大量史实和言论，因而可以说此书是马列主义与国学相结合的成果。这些成果已经得到评审专家的一致赞扬。但是，我读书贪大求多、不求甚解、读完了事。如《共产党宣言》，已经记不清读过多少遍了，但后来重读总觉得以前有些问题没注意到；再如《左传》，我已读了五遍，但每次重读都是将其中的难点、疑点丢下来不予深究，不求弄懂弄通、融会贯通。应该说，本书的写作进度和初稿的成熟程度，都与这一习惯有着或多或少的关系。还好，一切问题俱往矣。《论语》中不是早就说过"往者不可谏，来者犹可追"吗？以后多多注意就是了。

通过认真回眸、反思，我还发现自己思得不深广，疑得不到位。思考在做学问中十分重要，不认真思考，读书再多也会人云亦云，鹦鹉学舌，原地踏步，而不能有所发现，有所创新，有所前进。孟子说："尽信《书》，则不如无《书》。"《中庸》说："博学之，审问之，慎思之，明辨之，笃行之。"圣贤这些话，都在强调独立思考与辨析质疑的重要性。我是注意思考、质疑的，就因为思考、质疑，才深感统一战线学学科建设中存在的一些问题有待进一步探

后记
学与思的回眸

讨；就因为思考、质疑，才有了"统一战线若干问题研究"专题课的讲授，才有了这本书的谋划和撰写。但思考、质疑得如何呢？不看不知道，一看吓一跳。回头一看，我深感自己思得不够深广、疑得不够到位。于是，评审专家对书稿提出不少修改意见和建议，也就理所当然、不足为怪了。本书的写作和修改过程，更加证实了思考、质疑的重要性，证实了"好书稿是改出来的"的道理，也督促我在未来时日里更加注重学与思的紧密结合、相得益彰。由此不难看出，本书的修改和完善，蕴含了诸位评审专家的辛劳和奉献。这些专家是：

张献生　中央统战部原副秘书长、四局局长

邢福有　《中国统一战线》杂志社原社长

贾小明　中央社会主义学院科研部原主任，教授

李仁质　《中央社会主义学院学报》原执行主编，编审

姚俭建　上海市社会主义学院原副院长，教授，博士生导师

吕　池　广西社会主义学院原副书记，副院长

黄龙杰　广西社会主义学院二级巡视员

蒲　跃　云南省社会主义学院科研处原处长，教授，学报执行主编

任世红　江苏社会主义学院教研室主任，教授

袁树平　河北省社会主义学院科研部主任，教授

在本书即将付梓之际，中央社会主义学院原副院长张峰教授在百忙中审阅书稿，并欣然命笔赐序，使本书增色良多；本书的写作和出版，还得益于我院领导班子的高度重视，得益于岳劲、曾志东、吴红博、农晓芬、杨绪强、刘昂等同事的热情帮助，得益于华文出版社的大力支持，在此一并致以谢忱。

走笔至此，忽然想起南宋爱国诗人郑思肖的一首诗——《画菊》，读来颇有意趣，现抄录于下与读者共享，聊作这篇后记的收束吧：

花开不并百花丛，独立疏篱趣未穷。
宁可枝头抱香死，何曾吹落北风中。

艾新强
2018 年 10 月 30 日